ΚΛΙΚ
στα ελληνικά

επίπεδο Α2

ΕΛΛΗΝΙΚΗ ΔΗΜΟΚΡΑΤΙΑ

ΥΠΟΥΡΓΕΙΟ ΠΑΙΔΕΙΑΣ, ΕΡΕΥΝΑΣ ΚΑΙ ΘΡΗΣΚΕΥΜΑΤΩΝ

ΚΕΝΤΡΟ ΕΛΛΗΝΙΚΗΣ ΓΛΩΣΣΑΣ

ΜΕΛΟΣ ΤΗΣ ΕΥΡΩΠΑΪΚΗΣ ΟΜΟΣΠΟΝΔΙΑΣ

ΕΘΝΙΚΩΝ ΙΔΡΥΜΑΤΩΝ ΓΙΑ ΤΗ ΓΛΩΣΣΑ (EFNIL)

Μαρία Καρακύργιου
Βικτωρία Παναγιωτίδου

Ειδικός σύμβουλος: Jay Schwartz

Επιμέλεια: Θωμαΐς Ρουσουλιώτη

Εκδοτική Επιμέλεια: Μαρία Χρίτη

Σχεδιασμός βιβλίου - εξωφύλλου: Καλλιόπη Πιπελίδου

Ηθοποιοί: Νόπη Ράντη

  Μιχάλης Σιώνας

  Ευανθία Σωφρονίδου

Μουσικοί: Στηβ Βασιλακόπουλος (σύνθεση, ενορχήστρωση, κιθάρα)

  Φίλιππος Κωσταβέλης (πιάνο, ενορχήστρωση)

  Albena Kutova (σύνθεση, ενορχήστρωση, φωνή)

  Τατιάνα Οκαλίδου (σύνθεση, ενορχήστρωση, φωνή)

  Jay Schwartz (σύνθεση, ενορχήστρωση, φυσαρμόνικα, κιθάρα, beats)

  Jaxz Viewland (beats)

Στίχοι: Παναγιωτίδου Βικτωρία

© Κέντρο Ελληνικής Γλώσσας

Καραμαούνα 1, Πλατεία Σκρα, 551 32 Καλαμαριά, Θεσσαλονίκη

τηλ.: +302313 331 500

φαξ: +302313 331 502

ηλεκτρονικό ταχυδρομείο: centre@komvos.edu.gr

ιστοσελίδα: http://www.greeklanguage.gr/

Θεσσαλονίκη 2014

Ανατύπωση 2015

ISBN: 978-960-7779-65-6

ΚΕΝΤΡΙΚΗ ΔΙΑΘΕΣΗ: ΚΕΝΤΡΟ ΕΛΛΗΝΙΚΗΣ ΓΛΩΣΣΑΣ

ΕΛΛΗΝΙΚΗ ΔΗΜΟΚΡΑΤΙΑ
ΥΠΟΥΡΓΕΙΟ ΠΑΙΔΕΙΑΣ, ΕΡΕΥΝΑΣ ΚΑΙ ΘΡΗΣΚΕΥΜΑΤΩΝ
ΚΕΝΤΡΟ ΕΛΛΗΝΙΚΗΣ ΓΛΩΣΣΑΣ

ΚΛΙΚ
στα ελληνικά

Μέθοδος εκμάθησης της ελληνικής
ως δεύτερης / ξένης γλώσσας

επίπεδο Α2
Βασικός Χρήστης

Κατά τα νέα επίσημα
εγκεκριμένα επίπεδα

Εγχειρίδιο έντυπο
και ηλεκτρονικό

Μαρία Καρακύργιου   Βικτωρία Παναγιωτίδου

Θεσσαλονίκη

ΠΡΟΛΟΓΙΚΑ

Ο καταστατικός στόχος του Κέντρου Ελληνικής Γλώσσας (ΚΕΓ) είναι η προβολή και η διάδοση της ελληνικής γλώσσας εντός και εκτός της Ελλάδας, η οργάνωση της διδασκαλίας της σε αλλοδαπούς και ομογενείς, η στήριξη των διδασκόντων και η παραγωγή διδακτικού υλικού.

Το ΚΕΓ εκπληρώνει τον ιδρυτικό του σκοπό με έρευνα, εκδόσεις και ψηφιακές εφαρμογές. Οργανώνει συνέδρια και σεμινάρια και καταρτίζει τους διδάσκοντες την ελληνική ως δεύτερη / ξένη γλώσσα, καλύπτοντας ένα κενό της επίσημης εκπαίδευσης. Εκπόνησε και διαρκώς εμπλουτίζει ολοκληρωμένα περιβάλλοντα ψηφιακής εργασίας: τον «Ηλεκτρονικό Κόμβο για την υποστήριξη των διδασκόντων την ελληνική γλώσσα» και την «Πύλη για την ελληνική γλώσσα και τη γλωσσική εκπαίδευση» (www.greek-language.gr). Για εκπαιδευτικούς αποσπασμένους σε πανεπιστημιακές έδρες του εξωτερικού, λειτουργεί ζωντανή ψηφιακή κοινότητα πρακτικής, τις «Φρυκτωρίες». Για φιλολόγους που επιθυμούν να διδάξουν την ελληνική ως ξένη λειτουργεί ένα εξ αποστάσεως πρόγραμμα επιμόρφωσης μεταπτυχιακού επιπέδου, τις «Διαδρομές στη διδασκαλία της νέας ελληνικής γλώσσας». Από το 1998, με ανάθεση του Υπουργείου Παιδείας, διεξάγει τις Εξετάσεις Πιστοποίησης Επάρκειας της Ελληνομάθειας για όλες τις κατηγορίες ενδιαφερομένων στο εσωτερικό και, με τη βοήθεια 120 εξεταστικών κέντρων, στο εξωτερικό. Οι υποψήφιοι εξετάζονται σε τέσσερις γλωσσικές δεξιότητες (κατανόηση και παραγωγή προφορικού και γραπτού λόγου) σε όλα τα επίπεδα.

Από τον Μάιο του 2010, ισχύει επισήμως και για την ελληνική –όπως και για όλες τις γλώσσες του Συμβουλίου της Ευρώπης– η εξάβαθμη κλίμακα επιπέδου ελληνομάθειας (Α1-Γ2) κατά το Κοινό Ευρωπαϊκό Πλαίσιο Αναφοράς (ΚΕΠΑ). Για τη διευκόλυνση των διδασκόντων, το ΚΕΓ μετέφρασε και εξέδωσε τον πολύτιμο τόμο του Συμβουλίου της Ευρώπης, με τίτλο: *Κοινό Ευρωπαϊκό Πλαίσιο Αναφοράς για τις γλώσσες: Εκμάθηση, διδασκαλία, αξιολόγηση* (2008). Την επιστημονική αναπροσαρμογή των παλαιότερων τεσσάρων επιπέδων ελληνομάθειας την εκπόνησε το ΚΕΓ, το οποίο μάλιστα δημιούργησε και ένα νέο επίπεδο, το Α1 για παιδιά 8-12 ετών, για να τονώσει την εκμάθηση της ελληνικής γλώσσας στις πολύ μικρές ηλικίες. Με βάση την αντιστοίχιση αυτή συντάχθηκε νέο Αναλυτικό Πρόγραμμα διδασκαλίας και αξιολόγησης, που βασίζεται στα επίπεδα του ΚΕΠΑ, προσαρμοσμένο βέβαια στις ιδιαιτερότητες της ελληνικής γλώσσας. Το απολύτως απαραίτητο vade mecum για όλους τους διδάσκοντες εκδόθηκε σε βιβλίο από το ΚΕΓ με τον τίτλο *Πιστοποίηση Επάρκειας της Ελληνομάθειας: Νέο Αναλυτικό Εξεταστικό Πρόγραμμα* (2013).

Το *ΚΛΙΚ στα ελληνικά Α2* ανοίγει μια νέα σελίδα στη μακρά συμβολή του ΚΕΓ στον χώρο διδασκαλίας της ελληνικής ως δεύτερης / ξένης γλώσσας. Συνιστά μια μέθοδο διδασκαλίας σχολαστικά εναρμονισμένη με το «Αναλυτικό Πρόγραμμα των Εξετάσεων για την Πιστοποίηση Επάρκειας της Ελληνομάθειας» και με τις αρχές του ΚΕΠΑ. Εφαρμόζει τις αρχές της σύγχρονης διδακτικής, που γνωρίζουν καλά οι δύο συνεργάτιδες του ΚΕΓ Β. Παναγιωτίδου και Μ. Καρακύργιου, και καινοτομεί παρέχοντας στους χρήστες του βιβλίου –εκτός από ένα CD με υλικό εξεταστικό, ακουστικό, και ευχάριστα και πρωτάκουστα τραγούδια– πρόσβαση στο ηλεκτρονικό «Κλικ στα Ελληνικά», εντός της Πύλης του ΚΕΓ, με επιπλέον υλικό. Εκεί οι ενότητες του εγχειριδίου θα εμπλουτίζονται συνεχώς με διδακτικό υλικό, πράγμα που θα καταστήσει για χρόνια το εγχειρίδιο αυτό «γνώριμο και μαζί και νέο». Θερμές ευχαριστίες οφείλονται προς όλους τους συντελεστές της έκδοσης: προς τις δύο συγγραφείς και τον σύμβουλο κ. Jay Schwartz, προς τη συνάδελφο κ. Γλ. Φίστα για τον συμβουλευτικό της ρόλο και την εφαρμογή του υλικού στην τάξη της, προς τους επιμορφούμενους δασκάλους του προγράμματος «Διαδρομές στη διδασκαλία της νέας ελληνικής γλώσσας», καθώς και προς το φιλολογικό, τεχνικό-οικονομικό και καλλιτεχνικό επιτελείο που εξασφάλισε ένα αποτέλεσμα άρτιο από κάθε άποψη.

Καθηγητής Ι. Ν. Καζάζης,
Πρόεδρος του Δ. Σ. του Κέντρου Ελληνικής Γλώσσας

Αγαπητοί / -ές συνάδελφοι,

Σας καλωσορίζουμε στις σελίδες του διδακτικού εγχειριδίου της ελληνικής ως δεύτερης / ξένης γλώσσας *ΚΛΙΚ στα ελληνικά Α2*. Το βιβλίο που κρατάτε στα χέρια σας είναι το δεύτερο της σειράς «ΚΛΙΚ στα ελληνικά» και συγκεντρώνει όλα τα χαρακτηριστικά μιας μεθόδου που υπόσχεται την επιτυχία των μαθητών σας στις Εξετάσεις Πιστοποίησης Επάρκειας της Ελληνομάθειας και την ανάπτυξη της επικοινωνιακής τους ικανότητας στην ελληνική γλώσσα. Είναι σύγχρονο, γιατί ο σχεδιασμός, η δομή και το υλικό του βασίζονται στις πιο σύγχρονες μεθόδους διδασκαλίας, όπως αυτές αποτυπώνονται σε θεωρητικά και πρακτικά βιβλία διδακτικής των ξένων γλωσσών. Είναι καινοτόμο, γιατί στις σελίδες που ακολουθούν συνδυάζονται αρμονικά όλες οι αρχές της σύγχρονης διδακτικής και οι μαθητές έχουν την ευκαιρία, τόσο να διδαχτούν την ελληνική γλώσσα, όσο και να αναπτύξουν στρατηγικές εκμάθησης και συμμετοχής στις Εξετάσεις Πιστοποίησης Επάρκειας της Ελληνομάθειας με ασκήσεις και δραστηριότητες που κάνουν τη διδασκαλία και την εκμάθηση της γλώσσας ευχάριστη και αποτελεσματική. Τέλος, είναι δυναμικό, καθώς διαθέτει ηλεκτρονική μορφή, η οποία πρόκειται να εμπλουτίζεται συνεχώς με νέο υλικό δημιουργώντας ένα αποθετήριο κειμένων, ασκήσεων και δραστηριοτήτων που θα σας παρέχει μεγάλα περιθώρια ευελιξίας ώστε να επιλέγετε υλικό κατάλληλο για κάθε μαθητή σας. Η ηλεκτρονική εκδοχή του υλικού θα μετατρέψει το διδακτικό εγχειρίδιο σε μια τράπεζα γνώσης για την ελληνική γλώσσα και τον ελληνικό πολιτισμό.

Το δεύτερο βιβλίο της σειράς «Κλικ στα ελληνικά» στην έντυπη μορφή του απευθύνεται σε εφήβους και ενηλίκους που είτε ενδιαφέρονται να συμμετάσχουν στις Εξετάσεις Πιστοποίησης Επάρκειας της Ελληνομάθειας επιπέδου Α2 του Κέντρου Ελληνικής Γλώσσας (ΚΕΓ) είτε έχουν στόχο την ανάπτυξη της επικοινωνιακής τους ικανότητας στην ελληνική γλώσσα. Μετά το τέλος των ενοτήτων, οι μαθητές θα έχουν κατακτήσει το επίπεδο του βασικού χρήστη της γλώσσας και θα μπορούν να ανταποκριθούν ικανοποιητικά στις καθημερινές περιστάσεις επικοινωνίας που καλύπτει η ύλη του βιβλίου, η οποία ανταποκρίνεται πλήρως στο επίπεδο Α2, όπως αυτό ορίζεται στον τόμο *Πιστοποίηση Επάρκειας της Ελληνομάθειας: Νέο Αναλυτικό εξεταστικό πρόγραμμα* και στο *Κοινό Ευρωπαϊκό Πλαίσιο Αναφοράς για τις Γλώσσες* του Συμβουλίου της Ευρώπης (ΚΕΠΑ).

Κοινό-στόχος

Το υλικό απευθύνεται σε εφήβους και ενηλίκους που μαθαίνουν την ελληνική γλώσσα εντός ή εκτός της Ελλάδας. Πρόκειται για ένα κοινό που διαφοροποιείται, τόσο ως προς την ηλικία και το πολιτισμικό υπόβαθρο, όσο και ως προς τους στόχους που οδηγούν τον κάθε μαθητή στην τάξη εκμάθησης της ελληνικής γλώσσας, καθώς και τις προσδοκίες που αυτός έχει από το μάθημα. Ωστόσο, η πληθώρα των ασκήσεων που υπάρχει στο βιβλίο δίνει τη δυνατότητα στους διδάσκοντες να επιλέξουν αυτές που ανταποκρίνονται στις ανάγκες, στους στόχους και στις προσδοκίες της τάξης τους.

Πολύ συχνά οι μαθητές που θα χρησιμοποιήσουν το συγκεκριμένο βιβλίο καλούνται να παίξουν παιχνίδια με τους συμμαθητές τους, για να κάνουν πρακτική και εξάσκηση στη νέα γνώση. Το BINGO, ο λαβύρινθος, το τένις, τα σταυρόλεξα, τα κρυπτόλεξα, τα επιτραπέζια παιχνίδια των επαναληπτικών ενοτήτων και τα τραγούδια βοηθούν τους διδάσκοντες να αντιμετωπίσουν την πιθανή έλλειψη ενδιαφέροντος που χαρακτηρίζει την εφηβική ηλικία, ενώ, παράλληλα, καθιστούν το μάθημα ευχάριστο και για τους ενηλίκους, οι οποίοι έχουν την ευκαιρία να ξανανιώσουν παιδιά, να χαλαρώσουν και να ξεφύγουν από την καθημερινότητα κατά τη διάρκεια του μαθήματος. Επίσης, η ανάπτυξη σχέσεων συνεργασίας μεταξύ των μαθητών, η οποία προωθείται μέσω των ασκήσεων, μειώνει τον ανταγωνισμό και δημιουργεί φιλική ατμόσφαιρα στην τάξη, απαραίτητη για τους εφήβους που αναζητούν την αποδοχή από τον δάσκαλο και τους συνομηλίκους. Τέλος, η επαγωγική μέθοδος που χρησιμοποιείται για τη διδασκαλία του λεξιλογίου και της γραμματικής κινητοποιεί τους μαθητές όλων των ηλικιών, στις οποίες απευθύνεται το βιβλίο, καθιστώντας τους ανεξάρτητους και αυτόνομους πρωταγωνιστές της διδακτικής και μαθησιακής διαδικασίας και όχι παθητικούς αποδέκτες της νέας γνώσης.

Πηγές

Το υλικό που υπάρχει στο συγκεκριμένο βιβλίο είναι αποτέλεσμα:

A. της μακρόχρονης ενασχόλησης του ΚΕΓ με i) τη διδασκαλία της ελληνικής ως ξένης γλώσσας, ii) την κατάρτιση των δασκάλων που διδάσκουν την ελληνική και iii) την καταγραφή των αναγκών τους·

B. της εμπειρίας του ΚΕΓ στις Εξετάσεις Πιστοποίησης Επάρκειας της Ελληνομάθειας, της άριστης γνώσης των επιπέδων ελληνομάθειας σε συνδυασμό με την καταγραφή των αδυναμιών των υποψηφίων.

Η επιλογή των θεμάτων και των επικοινωνιακών περιστάσεων που συμπεριλαμβάνονται στο βιβλίο είναι απόλυτα σύμφωνη με τον τόμο *Πιστοποίηση Επάρκειας της Ελληνομάθειας: Νέο αναλυτικό εξεταστικό πρόγραμμα*. Επιπλέον, για τον σχεδιασμό των ασκήσεων και των δραστηριοτήτων του βιβλίου λήφθηκαν υπόψη θεωρητικά και πρακτικά βιβλία που αναφέρονται στη διδασκαλία των ξένων γλωσσών. Τέλος, όλο το υλικό έχει εφαρμοστεί σε τάξεις ενηλίκων, ενώ, για τη μεθοδολογία που υιοθετείται και για τα είδη των ασκήσεων που συμπεριλαμβάνονται ζητήθηκε η γνώμη πολλών δασκάλων της ελληνικής ως δεύτερης/ξένης γλώσσας. Ευχαριστούμε θερμά, τόσο την κ. Γλυκερία Φίστα για τον συμβουλευτικό της ρόλο και την εφαρμογή του υλικού στην τάξη, όσο και τους δασκάλους της ελληνικής ως δεύτερης / ξένης γλώσσας που παρακολούθησαν το πρόγραμμα «Διαδρομές στη διδασκαλία της νέας ελληνικής γλώσσας» κατά το ακαδημαϊκό έτος 2012-2013 για τις εποικοδομητικές παρατηρήσεις τους σχετικά με το υλικό του βιβλίου.

Στόχοι

Στόχοι του βιβλίου είναι:
- η προετοιμασία των μαθητών για τις εξετάσεις πιστοποίησης επάρκειας της ελληνομάθειας·
- η ανάπτυξη της βασικής επικοινωνιακής τους ικανότητας·
- η ανάπτυξη κινήτρων στους μαθητές για την εκμάθηση της ελληνικής γλώσσας·
- η τροφοδότηση του δασκάλου με προτάσεις για ένα ευχάριστο και αποτελεσματικό μάθημα που καλλιεργεί την αυτοπεποίθηση και την αυτενέργεια των μαθητών του·

Προκειμένου να επιτευχθούν οι παραπάνω στόχοι:

α) υιοθετούνται όσα αναφέρονται στον τόμο *Πιστοποίηση Επάρκειας της Ελληνομάθειας: Νέο αναλυτικό εξεταστικό πρόγραμμα* του ΚΕΓ ως προς το λεξιλόγιο και τη γραμματική που διδάσκονται, τις τέσσερις επικοινωνιακές δεξιότητες που αναπτύσσονται και τις θεματικές ενότητες που επιλέγονται·

β) αναπτύσσονται στρατηγικές για την επιτυχή συμμετοχή των υποψηφίων στις εξετάσεις·

γ) επιλέγεται η επαγωγική μέθοδος διδασκαλίας, επιδιώκεται η καλλιέργεια της παρατήρησης και προωθείται η ανακάλυψη της γνώσης από τους ίδιους τους μαθητές·

δ) παρέχεται πληθώρα ασκήσεων ελεγχόμενων, καθοδηγούμενων και επικοινωνιακών από τις οποίες ο δάσκαλος μπορεί να επιλέξει όσες και όποιες είναι σύμφωνες με το προφίλ και τα χαρακτηριστικά των μαθητών του·

ε) ενθαρρύνεται η συνεργασία των μαθητών μέσα στην τάξη·

στ) παρέχεται η δυνατότητα χαλάρωσης και διασκέδασης με παιχνίδια και τραγούδια·

ζ) δίνονται σαφείς οδηγίες σε κάθε ενότητα ξεχωριστά για τη διοργάνωση εκ μέρους των μαθητών μιας εκδήλωσης με θέατρο, φαγητό, μουσική, χορό σχετικά με την ελληνική γλώσσα και τον ελληνικό πολιτισμό και, τέλος,

η) ενθαρρύνεται η αυτοαξιολόγηση.

Διδακτική μεθοδολογία

Το παρόν εγχειρίδιο δεν αποτελεί εφαρμογή μίας μόνο διδακτικής προσέγγισης. Κατά τον σχεδιασμό του υλικού του έγινε επιλογή και συνδυασμός στοιχείων από ποικίλες μεθόδους με στόχο το βιβλίο να ανταποκριθεί στις ανάγκες και στις ιδιαιτερότητες όλων των μαθητών που θα το χρησιμοποιήσουν. Σίγουρα η έμφαση που δίνεται στις τέσσερις επικοινωνιακές δεξιότητες, το πλήθος επικοινωνιακών ασκήσεων, η διδασκαλία της γραμματικής και του λεξιλογίου με αφορμή τα κείμενα και τις δεκτικές δεξιότητες δίνουν επικοινωνιακό χαρακτήρα στο βιβλίο. Ωστόσο, δεν λείπουν ασκήσεις παραδοσιακού τύπου όπως ελεγχόμενες, κλειστού τύπου και μηχανιστικές, οι οποίες δίνουν μεγαλύτερη έμφαση στην ακρίβεια όσον αφορά τη χρήση της γλώσσας παρά στην επικοινωνία. Πιστεύουμε ότι η επιλογή ασκήσεων και δραστηριοτήτων από ποικίλες και διαφορετικές προσεγγίσεις διδασκαλίας κάνει το παρόν υλικό ιδιαίτερα ενδιαφέρον και κατάλληλο για πολλές κατηγορίες μαθητών, παρέχοντας το ανάλογο περιθώριο ευελιξίας στον δάσκαλο να επιλέξει και να εφαρμόσει τις κατάλληλες ασκήσεις στην τάξη του.

Το βιβλίο αποτελείται από 8 ενότητες: α) 6 ενότητες που προετοιμάζουν τον μαθητή για το επίπεδο Α2 β) 2 επαναληπτικές ενότητες, στις οποίες γίνεται επανάληψη του λεξιλογίου και της γραμματικής. Στο τέλος κάθε επαναληπτικής ενότητας, οι μαθητές παίζοντας ένα επιτραπέζιο παιχνίδι, έχουν την ευκαιρία να παραγάγουν προφορικό λόγο σχετικά με τις θεματικές των ενοτήτων στις οποίες γίνεται επανάληψη.

Όλες οι ενότητες έχουν την ίδια δομή. Εξετάζεται μια περίσταση επικοινωνίας και στις τέσσερις επικοινωνιακές δεξιότητες, ενώ διδάσκεται το λεξιλόγιο και η γραμματική με αφορμή την κατανόηση του γραπτού και του προφορικού λόγου. Πιο συγκεκριμένα, η δομή της κάθε ενότητας είναι:

α) Κατανόηση γραπτού λόγου
   Λεξιλόγιο
   Γραμματική
β) Κατανόηση προφορικού λόγου
   Λεξιλόγιο
   Προφορά
   Γραμματική
γ) Παραγωγή προφορικού λόγου
δ) Παραγωγή γραπτού λόγου
ε) Τραγούδι, προετοιμασία γιορτής / εκδήλωσης
στ) Αυτοαξιολόγηση

Μετά τις ενότητες παρατίθεται ένα αυθεντικό τεστ ελληνομάθειας για το επίπεδο Α2, έτσι ώστε οι μαθητές να έχουν την ευκαιρία να εξακριβώσουν κατά πόσο μπορούν να συμμετάσχουν επιτυχώς στις εξετάσεις του επιπέδου αυτού. Τέλος, τα κείμενα της κατανόησης προφορικού λόγου είναι διαθέσιμα στην ηλεκτρονική σελίδα www.greek-language.gr, στην οποία είναι προσβάσιμο ειδικό κεφάλαιο για το συγκριμένο βιβλίο. Η δομή των ενοτήτων παρουσιάζεται παρακάτω αναλυτικά.

Κατανόηση Γραπτού και Προφορικού λόγου

Η κατανόηση του προφορικού και του γραπτού λόγου αποτελούν δύο πολύ βασικές καθημερινές επικοινωνιακές δεξιότητες και γι' αυτό δίνεται ιδιαίτερη έμφαση στην ανάπτυξη και στην καλλιέργειά τους. Σε κάθε ενότητα υπάρχουν πολλά κείμενα που μπορούν να αξιοποιηθούν για την ανάπτυξη των δεκτικών δεξιοτήτων των μαθητών. Στα περισσότερα από αυτά οι ασκήσεις είναι όμοιες με αυτές στις οποίες εξετάζονται οι υποψήφιοι στις Εξετάσεις Πιστοποίησης Επάρκειας της Ελληνομάθειας. Ωστόσο, σε πολλά κείμενα οι ερωτήσεις είναι ανοιχτού τύπου, ενώ, δεν λείπουν και εκείνα στα οποία ο δάσκαλος έχει τη δυνατότητα να επιλέξει ο ίδιος τον τρόπο με τον οποίο θα ελέγξει την κατανόησή τους από τους μαθητές του. Πρόκειται για τα κείμενα που υπάρχουν στις ασκήσεις του λεξιλογίου και της γραμματικής και τα οποία προσφέρονται για περαιτέρω εξάσκηση των μαθητών στις δεκτικές δεξιότητες. Στη συνέχεια αναφέρονται αναλυτικά τα στάδια που ακολουθούνται στο συγκεκριμένο βιβλίο για τη διδασκαλία της κατανόησης προφορικών και γραπτών κειμένων.

- *Δραστηριότητες πριν από την ανάγνωση ή την ακρόαση του κειμένου*

Σε κάθε ενότητα, πριν από την ανάγνωση ή την ακρόαση του κειμένου, υπάρχουν δραστηριότητες που στοχεύουν στην κινητοποίηση του ενδιαφέροντος, τη διδασκαλία του νέου και την ενεργοποίηση του παθητικού λεξιλογίου των μαθητών. Ιδιαίτερα στην κατανόηση του γραπτού λόγου, υπάρχει πάντα μια άσκηση για την ανάπτυξη της τεχνικής της γρήγορης ανάγνωσης, με στόχο την κατανόηση της κεντρικής ιδέας του κειμένου και των πολύ γενικών πληροφοριών που υπάρχουν σε αυτό.

Οι διδάσκοντες θα πρέπει να ενθαρρύνουν τους μαθητές τους να απαντήσουν στις ερωτήσεις αυτού του σταδίου. Μπορούν να γράψουν στον πίνακα τις λέξεις-κλειδιά της ενότητας και να προετοιμάσουν την τάξη τους για την ανάγνωση ή την ακρόαση του κειμένου, έτσι ώστε οι μαθητές να ενεργοποιήσουν το παθητικό λεξιλόγιο και προϋπάρχουσες σχετικές γνώσεις και να κατανοήσουν επιτυχώς το κείμενο.

- *Δραστηριότητες λεπτομερούς κατανόησης του κειμένου*

Όλοι οι τύποι των ασκήσεων που υπάρχουν στο συγκεκριμένο μέρος του βιβλίου είναι ίδιοι με αυτούς που εφαρμόζονται στις Εξετάσεις Πιστοποίησης Επάρκειας της Ελληνομάθειας του αντίστοιχου επιπέδου. Επιπλέον, πριν από κάθε άσκηση κατανόησης, υπάρχει πάντα μια συμβουλή που βοηθά τον μαθητή να οργανώσει τον χρόνο του και να εστιάσει την προσοχή του στις απαραίτητες, για την επίλυση της άσκησης, πληροφορίες. Έτσι, οι μαθητές έχουν την ευκαιρία να εξοικειωθούν με τα εξεταστικά ερωτήματα και να αναπτύξουν στρατηγικές που θα τους φανούν ιδιαίτερα χρήσιμες στις εξετάσεις.

Σε περίπτωση που οι μαθητές έχουν ανάγκη να ακούσουν δεύτερη φορά το κείμενο, για να απαντήσουν στις ερωτήσεις στην κατανόηση του προφορικού λόγου, ο δάσκαλος δεν πρέπει να το αρνηθεί. Ιδιαίτερα, αν οι μαθητές συμμετέχουν στις Εξετάσεις Πιστοποίησης Επάρκειας της Ελληνομάθειας, οι διδάσκοντες καλούνται να τους επιτρέψουν να ακούσουν το κείμενο για δεύτερη φορά και να τους διδάξουν πώς μπορούν να κάνουν αποτελεσματικό έλεγχο στις απαντήσεις τους. Προτείνεται να τους εξηγήσουν ότι κατά τον έλεγχο του γραπτού δεν αρκεί μια παθητική ανάγνωση των απαντήσεων. Αντίθετα, οι μαθητές είναι απαραίτητο να ακούσουν ή να διαβάσουν ξανά πολύ προσεκτικά το κείμενο, δίνοντας πολύ μεγάλη προσοχή στις ερωτήσεις, καθώς και να ξανασκεφτούν, αν οι απαντήσεις τους είναι σωστές. Επίσης, οι διδάσκοντες μπορούν να ζητήσουν από τους μαθητές τους να ελέγξουν, αν απάντησαν σε όλα τα ερωτήματα της άσκησης.

- *Δραστηριότητες μετά την κατανόηση του κειμένου*

Οι συγκεκριμένες δραστηριότητες έχουν στόχο την καλλιέργεια των παραγωγικών δεξιοτήτων. Με τις ασκήσεις που υπάρχουν σε αυτό το μέρος του βιβλίου, οι μαθητές έχουν την ευκαιρία να αναπαράγουν το περιεχόμενο του κειμένου που άκουσαν ή διάβασαν και να παραγάγουν προφορικό και γραπτό λόγο, έχοντας ως αναφορά ένα γνωστό, οικείο και επεξεργασμένο κείμενο. Οι συγκεκριμένες δραστηριότητες παρέχουν την ευκαιρία στον διδάσκοντα να διδάξει, αν το κρίνει σκόπιμο, επιπλέον λεξιλόγιο στους μαθητές του. Οι διδάσκοντες θα πρέπει να αξιοποιήσουν τη γνώση που οι μαθητές έχουν ήδη από τα κείμενα, για να καλλιεργήσουν άμεσα τις παραγωγικές δεξιότητες και να τονώσουν την πίστη τους στον εαυτό τους και στις ικανότητές τους.

Λεξιλόγιο

Το λεξιλόγιο αποτελεί ιδιαίτερα σημαντικό μέρος στη διδασκαλία της ξένης γλώσσας, καθώς αποτελεί φορέα σημασίας και βοηθά σημαντικά στην επικοινωνία. Στο συγκεκριμένο βιβλίο δόθηκε ιδιαίτερη έμφαση στο λεξιλόγιο, η διδασκαλία του οποίου έχει διπλό στόχο. Από τη μια επιδιώκεται οι μαθητές να αποκτήσουν έναν ικανοποιητικό αριθμό λέξεων, οι οποίες χρησιμοποιούνται συχνά και είναι απαραίτητες για την καθημερινή επικοινωνία. Ο βασικός στόχος είναι οι μαθητές να μπορούν να τις ανακαλούν, όποτε χρειάζεται να κατανοήσουν ή να παραγάγουν λόγο. Από την άλλη, ο δεύτερος στόχος είναι οι μαθητές να έχουν τη δυνατότητα να ολοκληρώνουν επιτυχώς την επικοινωνία τους, ακόμη και όταν δεν γνωρίζουν όλες τις λέξεις που είναι απαραίτητες. Για την επίτευξη της αυτονομίας, η μέθοδος διδασκαλίας που ακολουθείται στο συγκεκριμένο βιβλίο είναι η επαγωγική, κατά την οποία ο μαθητής έχει πρωταγωνιστικό ρόλο στην ανακάλυψη της γνώσης. Η πληθώρα των ασκήσεων εκθέτει τους μαθητές στη νέα γνώση με στόχο την αποτελεσματική της εμπέδωση. Τα στάδια που ακολουθούνται είναι η παρουσίαση, η πρακτική και η παραγωγή. Στη συνέχεια παρουσιάζονται αναλυτικά τα στάδια.

• *Παρουσίαση-πρακτική-παραγωγή*

Στα κείμενα του βιβλίου οι λέξεις χρησιμοποιούνται συνήθως με την κυριολεκτική τους σημασία, ενώ, προκειμένου να εμπλουτιστούν οι λεξιλογικές επιλογές των μαθητών, παρουσιάζεται επιπλέον λεξιλόγιο που συνδέεται σημασιολογικά με τις λέξεις του κειμένου. Πιο συγκεκριμένα, αξιοποιούνται πολύ τα συμφραζόμενα με ασκήσεις αντιστοίχισης των κύριων λέξεων και φράσεων του κειμένου με εικόνες, συνώνυμα, αντώνυμα, υπώνυμα ή με απλούς ορισμούς. Δίπλα σε κάθε άσκηση παρουσίασης του λεξιλογίου οι μαθητές καλούνται να γράφουν τις καινούριες λέξεις που μαθαίνουν σε συγκεκριμένο πλαίσιο, έτσι ώστε να μπορούν να κάνουν επανάληψη, όποτε κρίνουν σκόπιμο.

Οι διδάσκοντες θα πρέπει να διδάξουν στους μαθητές τους πώς αυτοί μπορούν να αξιοποιήσουν όλες τις πληροφορίες του κειμένου (εικόνες, τίτλους, συμφραζόμενα) προκειμένου να μαντέψουν τη σημασία των λέξεων που δεν γνωρίζουν. Μπορούν, επίσης, να ζητήσουν από τους μαθητές τους να ξαναγράψουν ή να ξαναπούν τα κείμενα, αντικαθιστώντας όποιες λέξεις μπορούν με τις συνώνυμές τους και να τους ζητήσουν να εκφράσουν τη γνώμη τους σχετικά με την καλύτερη επιλογή σε κάθε περίπτωση. Επίσης, μπορούν να ενθαρρύνουν τους μαθητές τους να εικονογραφήσουν τα κείμενα ή να γράψουν ένα κείμενο με το αντίθετο περιεχόμενο.

Επιπλέον, οι μαθητές συχνά έχουν την ευκαιρία να παίξουν παντομίμα και να περιγράψουν με νοήματα και χειρονομίες κάποιες από τις λέξεις του κειμένου. Η συγκεκριμένη άσκηση, εκτός από την ευχάριστη ατμόσφαιρα που δημιουργεί στην τάξη, αυξάνει την αυτοπεποίθηση των μαθητών των συγκεκριμένων επιπέδων, καθώς συνειδητοποιούν ότι ακόμη και όταν δεν μπορούν να εκφράσουν κάτι γλωσσικά μπορούν να αξιοποιήσουν εξωγλωσσικά στοιχεία (χειρονομίες, εκφράσεις κτλ.), προκειμένου να επικοινωνήσουν προφορικά. Με αυτόν τον τρόπο δεν παραιτούνται από την προσπάθεια να μιλήσουν και ενισχύεται η συμμετοχή τους στο μάθημα.

Μετά την παρουσίαση του λεξιλογίου ακολουθούν ασκήσεις για την εμπέδωσή του. Η πληθώρα των ασκήσεων εξασφαλίζει την επανάληψη και την εμπέδωση της νέας γνώσης από τους μαθητές. Επιπλέον, η ποικιλία στον τύπο των ασκήσεων δίνει την ευκαιρία στον διδάσκοντα να επιλέξει κατάλληλες ασκήσεις και δραστηριότητες για κάθε τύπο μαθησιακού ύφους που θα μπορούσε να χαρακτηρίζει τους μαθητές του. Οι ασκήσεις διακρίνονται σε κλειστού και ανοιχτού τύπου, ελεγχόμενες, καθοδηγούμενες και επικοινωνιακές. Η εμπέδωση του λεξιλογίου γίνεται αρχικά στο επίπεδο της πρότασης και στη συνέχεια στο επίπεδο του κειμένου. Τα κείμενα που χρησιμοποιούνται για τις λεξιλογικές ασκήσεις μπορούν να αποτελέσουν επιπλέον υλικό για την ανάπτυξη των δεκτικών δεξιοτήτων. Οι διδάσκοντες μπορούν να τα αξιοποιήσουν, αν θεωρούν ότι οι μαθητές τους έχουν ανάγκη να εξασκηθούν στην κατανόηση προφορικού ή γραπτού λόγου.

Οι πρώτες ασκήσεις που καλείται να κάνει ο μαθητής είναι ελεγχόμενες. Πρόκειται για δραστηριότητες που δίνουν έμφαση στη χρήση του λεξιλογίου της ενότητας και ζητούν από τους μαθητές να τις κατανοήσουν και να τις παραγάγουν, καλώντας τους να αντιστοιχίσουν προτάσεις με εικόνες, να συμπληρώσουν κενά επιλέγοντας τη σωστή λέξη, να αντιστοιχίσουν ερωτήσεις με τις απαντήσεις τους και να απαντήσουν σε ερωτήσεις που βασίζονται σε κάποιο προφορικό ή γραπτό κείμενο. Συχνά, έχουν την ευκαιρία να λύσουν σταυρόλεξα ή κρυπτόλεξα, εμπεδώνοντας το λεξιλόγιο με ευχάριστο και ξεκούραστο τρόπο.

Ακολουθούν καθοδηγούμενες δραστηριότητες παραγωγής λόγου, στις οποίες ο μαθητής έχει ευρύτερο περιθώριο γλωσσικών επιλογών από ό,τι στις ελεγχόμενες ασκήσεις που προηγήθηκαν. Συχνά οι μαθητές καλούνται να συμπληρώσουν ασκήσεις με πληροφοριακά κενά οι οποίες αποτελούνται από δύο πίνακες με διαφορετικές πληροφορίες. Οι μαθητές γίνονται ζευγάρια και, κάνοντας ερωτήσεις ο ένας στον άλλο, προσπαθούν να συμπληρώσουν στα κενά τις πληροφορίες που τους λείπουν, χωρίς, βέβαια, να δουν τον πίνακα του συμμαθητή τους.

Επίσης, συχνά έχουν την ευκαιρία να παίξουν BINGO. Σε αυτό το παιχνίδι οι μαθητές έχουν έναν πίνακα με 25 κελιά (το κεντρικό κελί του πίνακα είναι το BINGO), μέσα στα οποία υπάρχουν κάποιες πληροφορίες ή εικόνες. Ένας από τους μαθητές παίρνει τον λόγο και οι υπόλοιποι τον ακούν. Ο μαθητής που παίρνει τον λόγο διαλέγει ένα κελί και περιγράφει την πληροφορία ή την εικόνα που υπάρχει μέσα σε αυτό. Οι υπόλοιποι μαθητές προσπαθούν να εντοπίσουν και να διαγράψουν το κελί που επέλεξε ο συμμαθητής τους. Στόχος τους είναι να διαγράψουν 4 διαδοχικά κελιά (οριζόντια, κάθετα ή διαγώνια) που περνούν από το κεντρικό κελί BINGO και να κάνουν BINGO.

Επιπλέον, όπου είναι δυνατό, στο τέλος της διδασκαλίας του λεξιλογίου οι μαθητές καλούνται να παραγάγουν αυθόρμητο λόγο σχετικά με τη θεματική που διδάσκονται. Οι συγκεκριμένες δραστηριότητες έχουν είτε τη μορφή δραματοποίησης μέσα από κάποιο παιχνίδι ρόλων είτε τη μορφή των προσωπικών ερωτήσεων. Τέλος, όπου αυτό είναι δυνατό, οι μαθητές καλούνται να περιγράψουν καταστάσεις από τη χώρα τους και να αναπτύξουν τόσο τις γλωσσικές και επικοινωνιακές τους δεξιότητες, όσο και τη διαπολιτισμική τους συνείδηση.

Γραμματική

Η διδασκαλία της γραμματικής έχει προκαλέσει πολλές συζητήσεις και αντιπαραθέσεις, καθώς συχνά αμφισβητήθηκε η χρησιμότητά της στην τάξη διδασκαλίας της ξένης γλώσσας. Ωστόσο, τα τελευταία χρόνια έχει αναγνωριστεί η επικοινωνιακή διάσταση της γραμματικής, καθώς και αυτή είναι φορέας σημασίας και συνδέεται με την αποτελεσματικότητα στην επικοινωνία. Στο συγκεκριμένο βιβλίο, η γραμματική διδάσκεται επαγωγικά μέσα από κείμενα και παραδείγματα ακολουθώντας το τρίπτυχο Παρουσίαση-Πρακτική-Παραγωγή.

• *Παρουσίαση-πρακτική-παραγωγή*

Η παρουσίαση της γραμματικής ξεκινά με την παράθεση ενός κειμένου, το οποίο οι μαθητές καλούνται να κατανοήσουν, για να απαντήσουν σε κάποιες ερωτήσεις. Με αυτόν τον τρόπο δίνεται έμφαση στο σημασιολογικό φορτίο της γραμματικής, συνδέοντάς τη με την κατανόηση του λόγου και με την επικοινωνία. Στη συνέχεια οι μαθητές διαβάζουν κάποιες προτάσεις και, απαντώντας σε ερωτήσεις που τους καθοδηγούν, παρατηρούν τον σχηματισμό και τη χρήση των γραμματικών φαινομένων. Με την καθοδηγούμενη παρατήρηση οι μαθητές μαθαίνουν να ανακαλύπτουν τις ομοιότητες και τις διαφορές της γλώσσας όσον αφορά τον τύπο και τη χρήση κάθε φαινομένου. Έτσι, καλλιεργείται η αυτονομία και η αυτενέργεια των μαθητών, των οποίων η γνώση δεν στηρίζεται στη στείρα απομνημόνευση και αποστήθιση, αλλά στην παρατήρηση και την ανακάλυψη. Ακολουθούν πίνακες με παραδείγματα κλίσης, ενώ πολύ συχνά γίνεται αναφορά σε προηγούμενα κεφάλαια σχετικά με το υπό διδασκαλία φαινόμενο, έτσι ώστε οι μαθητές να κάνουν επανάληψη και να επαναφέρουν στη μνήμη τους προηγούμενες γνώσεις.

Ακολουθεί το στάδιο της πρακτικής με ασκήσεις ελεγχόμενες, καθοδηγούμενες και επικοινωνιακές, ασκήσεις κλειστού και ανοιχτού τύπου που έχουν στόχο την εμπέδωση και τη χρήση του φαινομένου.

Καταρχήν, στο πλαίσιο των ελεγχόμενων δραστηριοτήτων οι μαθητές καλούνται να παρατηρήσουν το φαινόμενο που διδάσκονται και να το αναγνωρίσουν μεταξύ άλλων επιλογών. Αναλυτικότερα, οι ασκήσεις που υπάρχουν σε αυτό το στάδιο είναι οι εξής:

- Παίζουμε τένις: με αυτή την άσκηση οι μαθητές σε ζευγάρια καλούνται να μελετήσουν τον σχηματισμό των γραμματικών φαινομένων και να παίξουν με τον συμμαθητή τους.
- Λαβύρινθος: σε αυτή την άσκηση οι μαθητές καλούνται να εντοπίσουν το φαινόμενο που μελετούν για να μπορέσουν να βγουν από τον λαβύρινθο.
- Βρες το λάθος: αφού έχουν μελετήσει τον σχηματισμό των φαινομένων, οι μαθητές καλούνται να εντοπίσουν και να διορθώσουν λάθη σε προτάσεις.

Ακολουθούν ελεγχόμενες ασκήσεις, στις οποίες οι μαθητές θα πρέπει να συμπληρώσουν τα κενά σε προτάσεις ή να βάλουν λέξεις στη σωστή σειρά, για να κάνουν μια πρόταση. Στις ασκήσεις αυτές δίνεται έμφαση στη σημασία που έχουν οι γραμματικοί τύποι.

Ακολουθούν καθοδηγούμενες ασκήσεις, στις οποίες οι μαθητές καλούνται να παραγάγουν λόγο πιο αυθόρμητα, έχοντας όμως κάποια σχετική καθοδήγηση. Στο συγκεκριμένο πλαίσιο οι μαθητές παράγουν προφορικό ή γραπτό λόγο αξιοποιώντας το φαινόμενο που διδάχτηκαν και κάποιες λέξεις-κλειδιά που τους δίνονται. Τέτοιες ασκήσεις είναι οι ασκήσεις με πληροφοριακό κενό, η σύνταξη προτάσεων με τη χρήση συγκεκριμένων λέξεων, η περιγραφή εικόνων κτλ.

Τέλος –όπου επιτρέπεται– οι μαθητές καλούνται να παραγάγουν αυθόρμητο λόγο με επικοινωνιακές ασκήσεις (παιχνίδια ρόλων, προσωπικές ερωτήσεις κτλ.).

Προφορά

Εκτός από το λεξιλόγιο και τη γραμματική, σημαντικό ρόλο στη διδασκαλία της ξένης γλώσσας παίζει η προφορά. Στο πλαίσιο αυτό διδάσκονται οι τάσεις μιας γλώσσας όσον αφορά τους ήχους, τον τόνο κτλ. Σύμφωνα με τον τόμο *Πιστοποίηση Επάρκειας της Ελληνομάθειας: Νέο Αναλυτικό εξεταστικό πρόγραμμα*, στο επίπεδο A2 ο χρήστης της ελληνικής πρέπει να «αναγνωρίζει και να χρησιμοποιεί όλους τους φθόγγους, τον τονισμό των λέξεων, καθώς και να αναγνωρίζει τα πάθη των συμφώνων όπως έκθλιψη, αποκοπή, συγκοπή». Είναι, δηλαδή, απαραίτητο ο μαθητής να εξοικειωθεί κυρίως με τα τεμαχιακά στοιχεία της γλώσσας, αλλά, παράλληλα, να έρθει σε επαφή με κάποια πολύ βασικά υπερτεμαχιακά στοιχεία.

Όπως έχει ήδη αναφερθεί, στο βιβλίο αυτό ακολουθείται πιστά ο τόμος *Πιστοποίηση Επάρκειας της Ελληνομάθειας: Νέο Αναλυτικό εξεταστικό πρόγραμμα*: παρουσιάζονται όλοι οι φθόγγοι της ελληνικής γλώσσας και οι μαθητές εξοικειώνονται με τον τονισμό των λέξεων και τον τόνο της φωνής σε διαφορετικά είδη προτάσεων. Η παρουσίαση της ύλης γίνεται με την ακρόαση ενός κειμένου στο οποίο δίνεται έμφαση στην εκφορά κάποιου φθόγγου ή στη διαφορά του από κάποιον άλλο. Στη συνέχεια παρατίθενται κάποιες ελεγχόμενες και μηχανιστικές ασκήσεις με στόχο την εξάσκηση των μαθητών στο νέο φαινόμενο. Η διδασκαλία της προφοράς ολοκληρώνεται με μια καθοδηγούμενη δραστηριότητα, στο πλαίσιο της οποίας οι μαθητές καλούνται να γράψουν και να πουν μια ιστορία στην τάξη τους χρησιμοποιώντας λέξεις-κλειδιά, ώστε να εκφέρουν τον συγκεκριμένο φθόγγο.

Σε περίπτωση που σε μια τάξη οι μαθητές είναι ομιλητές της ίδιας γλώσσας, ο δάσκαλος μπορεί να δώσει έμφαση στους ήχους της ελληνικής που δεν υπάρχουν στη γλώσσα των μαθητών του και κυρίως στις διαφορές που επηρεάζουν την αποτελεσματικότητα στην επικοινωνία.

Παραγωγή προφορικού λόγου

Η παραγωγή του προφορικού λόγου είναι μια δύσκολη δεξιότητα, καθώς πολύ συχνά οι μαθητές, πέρα από τις γλωσσικές δυσκολίες, δεν ξέρουν τι να πουν κι έτσι αποφεύγουν να μιλήσουν. Στο βιβλίο αυτό, έγινε προσπάθεια οι μαθητές να διδαχτούν πώς να εμπλουτίζουν τον λόγο τους, έτσι ώστε να αποφεύγονται οι μονολεκτικές απαντήσεις στις εξετάσεις, αλλά και να επιτυγχάνεται ολοκληρωμένη και αποτελεσματική επικοινωνία έξω από την τάξη σε αυθεντικές περιστάσεις επικοινωνίας. Καταρχήν, υπάρχουν ερωτήσεις στις οποίες οι μαθητές καλούνται να απαντήσουν έχοντας στη διάθεσή τους βοηθητικό λεξιλόγιο το οποίο ταυτόχρονα τους δίνει ιδέες για το περιεχόμενο της απάντησής τους.

Ακολουθεί η περιγραφή εικόνων κατά το πρότυπο των Εξετάσεων Πιστοποίησης Επάρκειας της Ελληνομάθειας. Αν ο δάσκαλος κρίνει ότι οι μαθητές του έχουν ανάγκη να εξασκηθούν περισσότερο στην περιγραφή των εικόνων, το συγκεκριμένο βιβλίο παρέχει πληθώρα επιλογών που μπορούν να αξιοποιηθούν προς τη συγκεκριμένη κατεύθυνση. Έτσι, ο ίδιος μπορεί να επιλέξει εικόνες, τόσο από τις ασκήσεις BINGO όσο και από τις ασκήσεις αντιστοίχισης εικόνων με λέξεις ή προτάσεις.

Τέλος, οι μαθητές προετοιμάζονται για το παιχνίδι ρόλων, το οποίο αποτελεί μέρος της εξεταστικής διαδικασίας. Η προετοιμασία ακολουθεί συγκεκριμένα στάδια, αφού πρώτα οι μαθητές ακούν έναν διάλογο και μετά καλούνται να παραγάγουν σε ζευγάρια ένα δικό τους. Για τη δική τους παραγωγή προφορικού λόγου δίνονται συγκεκριμένες συμβουλές, έτσι ώστε να αναπτύξουν χρήσιμες στρατηγικές για την ημέρα των εξετάσεων και να είναι σε θέση να παρουσιάσουν έναν ολοκληρωμένο διάλογο και να διατυπώσουν με σαφήνεια και αποτελεσματικότητα τη σκέψη τους.

Παραγωγή γραπτού λόγου

Η παραγωγή γραπτού λόγου ίσως είναι η δυσκολότερη δεξιότητα κατά την εκμάθηση μιας ξένης γλώσσας. Όπως προκύπτει από τα γραπτά των Εξετάσεων Πιστοποίησης Επάρκειας της Ελληνομάθειας, συχνά οι υποψήφιοι δεν προλαβαίνουν να ολοκληρώσουν το γραπτό τους στον προβλεπόμενο χρόνο ή δεν αναπτύσσουν πάντα επιτυχώς το θέμα που τους δίνεται, καθώς δεν απαντούν σε όλα τα ερωτήματά του. Επίσης, παρουσιάζονται κείμενα ελλιπή ως προς την ανάπτυξη του περιεχομένου, ενώ ο μαθητής φαίνεται να έχει κατακτήσει ικανοποιητικά τη γλώσσα. Προκειμένου να ξεπεραστούν τα παραπάνω προβλήματα των ομιλητών του συγκεκριμένου επιπέδου στην παραγωγή γραπτού λόγου, στο συγκεκριμένο βιβλίο δίνεται έμφαση στις στρατηγικές γραφής ενός κειμένου και στον αποτελεσματικό έλεγχό του.

Πιο συγκεκριμένα, πριν γράψουν οι μαθητές το δικό τους κείμενο, έχουν την ευκαιρία να δουν ένα κείμενο-πρότυπο, στο οποίο καλούνται να συμπληρώσουν μερικές λέξεις-κλειδιά, κάνοντας επανάληψη το λεξιλόγιο της ενότητας και ενεργοποιώντας το παθητικό τους λεξιλόγιο. Επίσης, η παραγωγή γραπτού λόγου διακρίνεται σε συγκεκριμένα στάδια και έτσι όλη η διαδικασία γίνεται ευκολότερη ενώ οι μαθητές υιοθετούν σταδιακά συγκεκριμένες στρατηγικές που θα κάνουν τον τρόπο που γράφουν αποτελεσματικότερο. Τέλος, μαθαίνουν πώς να ελέγχουν διεξοδικά το γραπτό κείμενο που παράγουν.

Μουσική

Πριν από το τέλος της ενότητας, οι μαθητές χαλαρώνουν με την ακρόαση ενός τραγουδιού σχετικού με τη θεματική ενότητα που έχουν ήδη μελετήσει. Τα τραγούδια είναι γραμμένα σε απλή γλώσσα ειδικά για το συγκεκριμένο βιβλίο. Οι διδάσκοντες έχουν την ευκαιρία να αξιοποιήσουν τη μουσική στο πλαίσιο της διδασκαλίας τους και να αφιερώσουν χρόνο στα τραγούδια τα οποία κινητοποιούν το ενδιαφέρον των μαθητών για τη γλώσσα και τα οποία μπορούν να αξιοποιηθούν ως αφόρμηση για συζήτηση, ενώ μπορούν, επίσης, να διασκεδάσουν και να χαλαρώσουν την τάξη. Προτού οι μαθητές περάσουν στην επόμενη θεματική, η μουσική και το τραγούδι είναι ο καλύτερος τρόπος για να κάνουν μια επανάληψη και να αφομοιώσουν τις γνώσεις που απέκτησαν.

Αυτοαξιολόγηση

Προτού οι μαθητές ξεκινήσουν μια νέα ενότητα, έχουν τη δυνατότητα να αξιολογήσουν αυτό που μπορούν να κάνουν και τις γνώσεις που αποκόμισαν από την ενότητα, η οποία μόλις έχει τελειώσει. Έτσι, αξιολογούν τον εαυτό τους, καλλιεργούν την αυτονομία και την αυτενέργειά τους, εφόσον έχουν τη δυνατότητα να διαπιστώσουν ποιον από τους κύριους στόχους της ενότητας δεν κάλυψαν σε ικανοποιητικό βαθμό και να κάνουν επανάληψη, αν χρειάζεται.

Τέλος, τονίζεται ότι όλες οι ασκήσεις εκτός από αυτές που ακολουθούν το πρότυπο των Εξετάσεων Πιστοποίησης Επάρκειας της Ελληνομάθειας ζητούν από τους μαθητές τη συνεργασία τους κατά τη διάρκεια του μαθήματος. Στόχος είναι η ανάπτυξη της συνεργατικότητας μέσα στην τάξη και της αλληλεπίδρασης μεταξύ των μαθητών. Το επίκεντρο της διδακτικής διαδικασίας γίνεται ο μαθητής, ο οποίος καθίσταται υπεύθυνος για τη μάθηση και για την πρόοδό του. Ο δάσκαλος κατά τη διάρκεια του μαθήματος γίνεται ισότιμο μέλος μια ομάδας που συνεργάζεται, για να ανακαλύψει τη νέα γνώση. Ρόλος του είναι να επιβλέπει τους μαθητές του και να τους βοηθά να φτάσουν στον στόχο τους με την καθοδήγηση και την οργάνωση της μελέτης και της προσπάθειάς τους.

Κλείνοντας το εισαγωγικό αυτό κείμενο θα θέλαμε να ευχαριστήσουμε άλλη μια φορά όλους όσους συνέβαλαν στον σχεδιασμό του παρόντος υλικού: τους υποψήφιους των Εξετάσεων Πιστοποίησης Επάρκειας της Ελληνομάθειας, τους καταρτιζόμενους εκπαιδευτικούς και τους μαθητές στους οποίους αυτό εφαρμόστηκε, την κ. Γλυκερία Φίστα για την εφαρμογή του υλικού σε τάξη και τον συμβουλευτικό της ρόλο καθώς και τις συναδέλφους Μαρία Αραποπούλου και Μαρία Δημητρακοπούλου για τις εποικοδομητικές παρατηρήσεις τους σχετικά με το υλικό του βιβλίου.

Ακολουθήστε τη νέα μέθοδο διδασκαλίας του Κέντρου Ελληνικής Γλώσσας, κάντε ΚΛΙΚ στις σελίδες του βιβλίου και ανοίξτε ένα παράθυρο ζωντανού διαλόγου με την ελληνική γλώσσα και τον πολιτισμό της.

Μαρία Καρακύργιου   Βικτωρία Παναγιωτίδου

Περιεχόμενα

→ **ΚΑΤΑΝΟΗΣΗ ΓΡΑΠΤΟΥ ΛΟΓΟΥ**

- Τι βλέπεις στις φωτογραφίες;
- Τι κάνουν οι άνθρωποι;
- Κάνεις μια βόλτα στην αίθουσα, χαιρετάς τους συμμαθητές / τις συμμαθήτριές σου και συστήνεις τον εαυτό σου.

Γεια σου. Είμαι η Δώρα

Χαίρω πολύ. Θανάσης

Κι εγώ είμαι ο Σταμάτης.

Άσκηση 1

Διαβάζεις γρήγορα τα παρακάτω κείμενα και απαντάς στις ερωτήσεις.

1. Τα κείμενα τα γράφουν
   α. 3 γυναίκες.
   β. 2 άντρες και 1 γυναίκα.
   γ. 3 άντρες.

2. Ο αριθμός δίπλα σε κάθε όνομα δηλώνει
   α. τη διεύθυνση.
   β. την ηλικία.
   γ. τη σειρά.

Άσκηση 2

Διαβάζεις τα παρακάτω μηνύματα από μια ιστοσελίδα στο διαδίκτυο. Στη συνέχεια διαβάζεις τις φράσεις στην πρώτη στήλη, βρίσκεις τη συνέχειά τους στη δεύτερη στήλη και σημειώνεις το γράμμα που ταιριάζει.

Συμβουλή:
Πρώτα διαβάζεις προσεκτικά τις φράσεις στις δύο στήλες. Ποιες λέξεις πρέπει να προσέξεις μέσα στα κείμενα;

Internet

File   Edit   View   History   Bookmarks   Tools   Help

ΦΙΛΟΙ ΣΤΟ ΔΙΑΔΙΚΤΥΟ   +

Γεράσιμος (20)

Γεια χαρά!

Είμαι ο Γεράσιμος. Είμαι είκοσι χρονών και είμαι φοιτητής στην Κομοτηνή. Στην Κομοτηνή μένει ο θείος μου. Η δική μου οικογένεια μένει στη Θεσσαλονίκη. Θέλω να γίνω φίλος με άλλους φοιτητές από την Ελλάδα. Έχω πολύ διάβασμα αλλά στον ελεύθερό μου χρόνο κάνω πολλά αθλήματα. Είμαι πολύ ψηλός και παίζω μπάσκετ.

Περιμένω να μου γράψετε.

Νεκτάριος (32)

Γεια!

Είμαι ο Νεκτάριος. Είμαι από την Τρίπολη αλλά τώρα είμαι δάσκαλος σ' ένα σχολείο στην Αθήνα. Είμαι τριάντα δύο χρονών, μελαχρινός με πράσινα μάτια και είμαι ελεύθερος. Μου αρέσουν πολύ τα παιδιά και γι' αυτό διάλεξα αυτό το επάγγελμα. Μένω στην Αθήνα μαζί με την ξαδέρφη μου. Μου αρέσει πολύ ο κινηματογράφος, το θέατρο και η μαγειρική. Αν θέλετε, μπορείτε να επικοινωνήσετε μαζί μου.

Αντώνης (38)

Γεια σας!

Είμαι ο Αντώνης. Είμαι αρχιτέκτονας. Είμαι 38 χρονών, χωρισμένος με δύο παιδιά. Είμαι ξανθός και αδύνατος. Μου αρέσουν πολύ τα αθλήματα. Τον χειμώνα πηγαίνω πολύ συχνά στο βουνό για σκι. Τον χειμώνα ζω στο Λονδίνο και το καλοκαίρι στην Αθήνα. Η μητέρα μου είναι Αγγλίδα και μένει στο Λονδίνο. Μιλάω αγγλικά και γαλλικά. Θέλω να γνωρίσω καινούριους φίλους και φίλες.

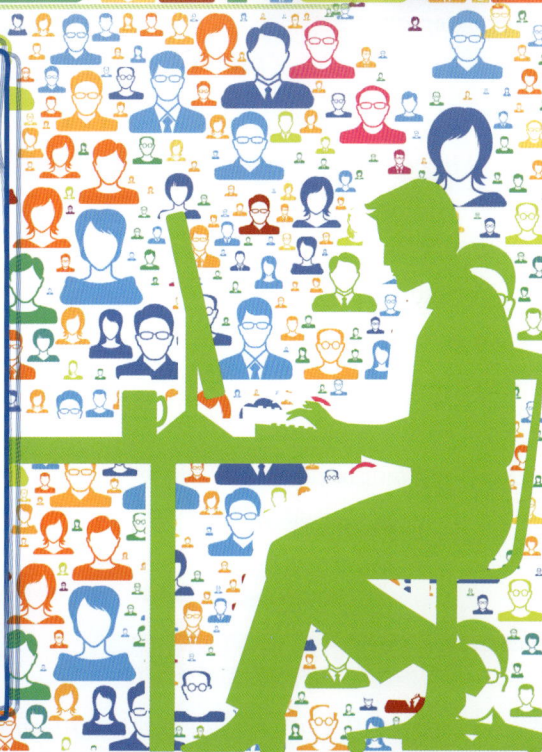

Loading ...

0. Ο Γεράσιμος, ο Νεκτάριος και ο Αντώνης θέλουν	_α_	**α.** να γνωρίσουν καινούριους φίλους.
1. Ο Γεράσιμος σπουδάζει	_____	**β.** στην Αθήνα.
2. Ο Γεράσιμος είναι	_____	**γ.** επειδή αγαπάει τα παιδιά.
3. Ο Νεκτάριος δεν είναι	_____	**δ.** ξένες γλώσσες.
4. Ο Νεκτάριος είναι δάσκαλος,	_____	**ε.** στην Αγγλία και στην Ελλάδα.
5. Ο Νεκτάριος ζει	_____	**στ.** πιο νέος από τους άλλους δύο.
6. Ο Αντώνης μένει	_____	**ζ.** παντρεμένος.
7. Ο Αντώνης μιλάει	_____	**η.** στην Κομοτηνή.

Άσκηση 3
Εσύ έχεις φίλους από το διαδίκτυο; Γράφεις 3-4 προτάσεις για έναν από αυτούς.

Λεξιλόγιο

Άσκηση 1

Πες το αλλιώς. Ενώνεις τις φράσεις και γράφεις τα ζευγάρια. Βλέπεις τι απαντάει ο συμμαθητής / η συμμαθήτριά σου και βρίσκετε τα λάθη σας.

0. Κάνω πολλά αθλήματα. _δ_
1. Μπορεί να επικοινωνήσει μαζί μου. _____
2. Γι' αυτό διάλεξα αυτό το επάγγελμα. _____
3. Είμαι αρχιτέκτονας. _____
4. Είμαι χωρισμένος. _____
5. Στην Κομοτηνή μένει ο θείος μου / η θεία μου. _____
6. Τώρα μένω στην Αθήνα με την ξαδέρφη μου. _____
7. Είμαι ο Γεράσιμος. _____
8. Είμαι φοιτητής. _____
9. Ζω στο Λονδίνο. _____
10. Η οικογένειά μου. _____
11. Θέλω να κάνω φίλους. _____
12. Έχω πολύ διάβασμα. _____
13. Μου αρέσουν τα παιδιά. _____
14. Είναι Αγγλίδα. _____

α. Ας μιλήσει μαζί μου / ας μου γράψει.
β. Στην Κομοτηνή μένει ο αδερφός και η αδερφή του μπαμπά μου / της μαμάς μου.
γ. Δεν είμαι πια παντρεμένος / Χώρισα.
δ. Παίζω τένις, κάνω κολύμβηση, παίζω μπάσκετ κ.ά.
ε. Τώρα μένω στην Αθήνα με την κόρη του θείου / της θείας μου.
στ. Σχεδιάζω σπίτια.
ζ. Γι' αυτό διάλεξα να γίνω δάσκαλος.
η. Μένω στο Λονδίνο.
θ. Θέλω να κάνω παρέες.
ι. Σπουδάζω.
ια. Διαβάζω πολύ.
ιβ. Συμπαθώ / αγαπώ τα παιδιά.
ιγ. Είναι από την Αγγλία.
ιδ. Η δική μου οικογένεια.
ιε. Με λένε Γεράσιμο.

γράφω τα ζευγάρια

Κάνω πολλά αθλήματα = Παίζω τένις, κάνω κολύμβηση, παίζω μπάσκετ κ.ά.

Άσκηση 2

Πες το αντίθετο. Ενώνεις τις λέξεις και γράφεις τα αντίθετα. Βλέπεις τι γράφει ο συμμαθητής / η συμμαθήτριά σου και βρίσκετε τα λάθη σας.

0. ψηλός _β_
1. μελαχρινός _____
2. ελεύθερος _____
3. αδύνατος _____

α. ξανθός
β. κοντός
γ. χοντρός
δ. παντρεμένος

γράφω τα αντίθετα

ψηλός ≠ κοντός

Άσκηση 3

Διαβάζεις με προσοχή τις παρακάτω προτάσεις και απαντάς στις ερωτήσεις. Βλέπεις τι γράφει ο συμμαθητής / η συμμαθήτριά σου. Γράφετε τα ίδια;

Ο Μπάμπης και η Βάσω έχουν τρία παιδιά: τον Κώστα, τη Μαίρη και τον Γιώργο.

Ο Κώστας είναι παντρεμένος με τη Μαρία και έχουν τρία παιδιά, τον Χαράλαμπο, τον Γιάννη και την Ειρήνη.

Η Μαίρη είναι χωρισμένη και έχει μια κόρη, τη Βασιλική.

Ο Γιώργος και η Κατερίνα είναι παντρεμένοι. Σύντομα θα κάνουν μωράκι.

Ερωτήσεις:

Τι έχει

0. ο Κώστας τη Μαρία; — *γυναίκα / σύζυγο*
1. ο Γιώργος τον Κώστα;
2. ο Κώστας τον Μπάμπη;
3. ο Γιώργος τη Βάσω;
4. ο Χαράλαμπος την Ειρήνη;
5. η Βασιλική τον Γιάννη;
6. ο Γιάννης τη Μαίρη;
7. η Βασιλική τον Γιώργο;
8. ο Κώστας τη Βασιλική;
9. η Μαίρη τον Χαράλαμπο;
10. ο Μπάμπης την Ειρήνη και τη Βασιλική;
11. η Βασιλική τον Γιάννη και τον Χαράλαμπο;

Άσκηση 4

Κάνεις ερωτήσεις στον διπλανό / στη διπλανή σου και συμπληρώνεις τον πίνακά σου.

Μαθητής Α: _Τι έχεις στο Α1;_   **Μαθητής Β:** _Είσαι ο γιος / η κόρη μου._   **Μαθητής Α:** _Είσαι η μαμά / ο μπαμπάς μου._

Μαθητής Α	1	2	3	4
Α	_μαμά / μπαμπάς_	κόρη / γιος	_____	εγγονός / εγγονή
Β	ξάδερφος / ξαδέρφη	_____	θείος / θεία	_____

Μαθητής Β	1	2	3	4
Α	μαμά / μπαμπάς	_____	ανιψιός / ανιψιά	_____
Β	_____	γιαγιά / παππούς	_____	

Άσκηση 5

Κάνεις στον διπλανό / στη διπλανή σου τις παρακάτω ερωτήσεις και απαντάς κι εσύ στις δικές του / της.

- Έχεις ξαδέρφια; Πόσα;
- Πώς λένε τον θείο και τη θεία σου;
- Έχεις ανίψια; Πόσω χρονών είναι;

- Τι δουλειά κάνεις;
- Τι δουλειά κάνει ο μπαμπάς / η μαμά σου;
- Τι δουλειά κάνουν τ' αδέρφια σου;
- Πώς είναι η αδερφή / ο αδερφός σου;

Είμαι ο Γεράσιμος και είμαι φοιτητής. Είμαι πολύ ψηλός και παίζω μπάσκετ.

Είμαι ο Νεκτάριος και είμαι δάσκαλος. Είμαι μελαχρινός με πράσινα μάτια.

Είμαι ο Αντώνης και είμαι αρχιτέκτονας. Η μητέρα μου είναι Αγγλίδα. Μιλάω αγγλικά και γαλλικά.

Είμαι τραγουδιστής/ τραγουδίστρια.
Είμαι δικηγόρος.
Είμαι μηχανικός.
Είμαι δημοσιογράφος.
Είμαι οδοντίατρος.

Είμαι γυμναστής/ γυμνάστρια.
Είμαι αρχιτέκτονας.
Είμαι φωτογράφος.
Είμαι φαρμακοποιός.

Άσκηση 6

Ενώνεις τις προτάσεις στις δύο στήλες. Βλέπεις τι γράφει ο διπλανός / η διπλανή σου. Γράφετε τα ίδια;

0. Ο Πέτρος σχεδιάζει σπίτια και κτίρια. — ζ — **α.** Είναι τραγουδίστρια.

1. Ο Γιάννης δουλεύει σε συνεργείο και φτιάχνει αυτοκίνητα. _____ **β.** Είναι γυμνάστρια.

2. Η Αγγελική τραγουδάει σε μια συναυλία. _____ **γ.** Είναι φαρμακοποιός.

3. Η Αναστασία δουλεύει σε μια εφημερίδα. _____ **δ.** Είναι φωτογράφος.

4. Η Μαρία δουλεύει σε γυμναστήριο. _____ **ε.** Είναι οδοντίατρος.

5. Ο Αλέξανδρος βγάζει φωτογραφίες για ένα περιοδικό. _____ **στ.** Είναι δημοσιογράφος.

6. Οι άνθρωποι έρχονται στο κατάστημά του και αγοράζουν φάρμακα. _____ **ζ.** Είναι αρχιτέκτονας.

7. Πηγαίνουν σ' αυτόν οι άνθρωποι που έχουν πονόδοντο. _____ **η.** Είναι μηχανικός.

Άσκηση 7

Βλέπεις και περιγράφεις τους ανθρώπους στις παρακάτω φωτογραφίες. Γράφεις το όνομα, την ηλικία, την εθνικότητά τους και περιγράφεις την εξωτερική τους εμφάνιση. Μπορείς να χρησιμοποιήσεις λέξεις όπως:

ψηλός, κοντός, αδύνατος, χοντρός, μελαχρινός, ξανθός, νέος, όμορφος, άσχημος, ωραίος, μεγάλος, μικρός, μοντέρνος

Σαμ (32) / Αγγλία

Τον λένε Σαμ και είναι 45 χρονών. Είναι Άγγλος και μιλάει αγγλικά. Είναι οδοντίατρος. Είναι μελαχρινός και κοντός.

Μινέ (26) / Τουρκία

Τη λένε Μινέ και είναι 26 χρονών. Είναι Τουρκάλα και μιλάει τούρκικα. Είναι τραγουδίστρια. Είναι καστανή και κοντή.

Γκεόργκι (29) / Βουλγαρία

Τασούλα (50) / Ελλάδα

Φάμπιο (45) / Ιταλία

Κάρμεν (35) / Ισπανία

Γραμματική: Βλέπω και παρατηρώ ...

Διαβάζεις το παρακάτω κείμενο και απαντάς στις ερωτήσεις.

Με λένε Αλεξία.

Είμαι 43 χρονών. Είμαι καθηγήτρια σε Γυμνάσιο. Είμαι από την Αγγλία αλλά μένω μόνιμα στην Ελλάδα, στη Θέρμη, Παπάγου 33.

Κάθε μέρα πηγαίνω στη δουλειά μου με το αυτοκίνητό μου. Το σχολείο που δουλεύω είναι πολύ μακριά από το σπίτι μου. Γι' αυτό ξυπνάω πολύ νωρίς το πρωί. Δεν έχω πολύ ελεύθερο χρόνο.

Είμαι παντρεμένη και έχω δύο κόρες. Την Αναστασία που είναι 12 χρονών και τη μικρή, τη Στέλλα, που είναι οκτώ. Τρέχω όλη την ημέρα και δεν προλαβαίνω να μιλήσω σε κανένα φίλο.

Τώρα που σας γράφω μαγειρεύω, βοηθάω τη μικρή στα μαθηματικά και τη μεγάλη στα αγγλικά. Καταλαβαίνετε... Όποια γυναίκα θέλει να μιλήσει μαζί μου, ας μου γράφει. Πρέπει να σας αφήσω, γιατί έχω πολλή δουλειά. Αύριο τα παιδιά δίνουν εξετάσεις και πρέπει να είμαι κοντά τους.

Ερωτήσεις:

1. Από πού είναι η Αλεξία; _____

2. Πού μένει η Αλεξία; _____

3. Τι κάνει κάθε μέρα η Αλεξία; _____

4. Τι κάνει τώρα η Αλεξία; _____

5. Τι κάνουν αύριο τα παιδιά της; _____

Βλέπω

Διαβάζεις τις παρακάτω προτάσεις.

1	- Μένω **μόνιμα** στην Ελλάδα.
2	- **Κάθε μέρα** πηγαίνω στη δουλειά μου.
3	- **Τώρα** μαγειρεύω και **βοηθάω** τα παιδιά για το σχολείο.
4	- **Αύριο** τα παιδιά **δίνουν** εξετάσεις.

Θυμάσαι;

Εγώ μέν**ω** / μιλά**ω** (μιλ**ώ**) / μπορ**ώ**

Εσύ μέν**εις** / μιλά**ς** / μπορ**είς**

Αυτός / Αυτή / Αυτό μέν**ει** / μιλ**άει** (μιλ**ά**) / μπορ**εί**

Εμείς μέν**ουμε** / μιλ**άμε** (μιλ**ούμε**) / μπορ**ούμε**

Εσείς μέν**ετε** / μιλ**άτε** / μπορ**είτε**

Αυτοί / Αυτές / Αυτά μέν**ουν(ε)** / μιλ**άν(ε)** (μιλ**ούν(ε)**) / μπορ**ούν(ε)**

και παρατηρώ ...

Βλέπεις προσεκτικά τις λέξεις με τα τονισμένα γράμματα στις προτάσεις στην προηγούμενη σελίδα.
Απαντάς στις ερωτήσεις:

1. Ποιες λέξεις δείχνουν τι κάνει κάποιος;

   Οι λέξεις _____ μένω _____,

   _____,

   _____,

   _____.

2. Ποιες λέξεις δείχνουν
   α. μόνιμη κατάσταση; _____
   β. συνήθεια / συνηθισμένη πράξη; _____
   γ. τι κάνω αυτή τη στιγμή; _____
   δ. προγραμματισμένη πράξη; _____

Άσκηση 1

Μαζί με τον διπλανό / τη διπλανή σου διαβάζετε τις παρακάτω προτάσεις. Γράφετε τι δείχνει η καθεμιά:
Προγραμματισμένη πράξη, συνήθεια, κάνω κάτι τώρα, μόνιμη κατάσταση.

0. Η Μαρία δουλεύει στο σχολείο. _____ Μόνιμη κατάσταση. _____
1. Δεν μπορώ τώρα. Μιλάω στο τηλέφωνο. _____
2. Σήμερα έχω πολύ διάβασμα. _____
3. Κάθε Πέμπτη πηγαίνω στο γυμναστήριο. _____
4. Ο Πέτρος κοιμάται πολύ νωρίς το βράδυ. _____
5. Το Σάββατο πάμε στο Παρίσι. _____
6. Μη μου μιλάς. Διαβάζω ένα βιβλίο. _____
7. Τη βλέπω κάθε εβδομάδα. _____
8. Μένω στην Αθήνα, Σμύρνης 22. _____

Άσκηση 2

Παίζουμε τένις! Παίζεις τένις με τον διπλανό / τη διπλανή σου. Χρησιμοποιείς τις λέξεις:

ετοιμάζω, παίζω, οδηγώ, μιλάω, ακούω, ταξιδεύω, βοηθάω, έρχομαι, μαθαίνω, λέω, πίνω, μένω, μπορώ

Μαθητής Α:
_____ ετοιμάζω _____

Μαθητής Β:
_____ ετοιμάζεις, παίζω _____

Άσκηση 3

Μαζί με τον διπλανό / τη διπλανή σου ακολουθείτε τις λέξεις που αναφέρονται στο *τώρα* και βγαίνετε από τον λαβύρινθο.

Αρχή

λείπετε	μπήκαν	θα περπατήσουμε	θα επιστρέψω	θα κοιτάξω
συναντάτε	τρώμε	άργησα	είδα	θα βρω
έγραψε	πετάμε	άκουσες	πονάει	άκουσε
άνοιξε	ακούμε	ανεβαίνουν	κατεβαίνουν	είδατε
θα φύγει	πείνασαν	συνάντησα	αργείτε	έρχονται
είπαμε	θα έρθουν	θα πετάξω	έψαξα	**πίνουν**

Τέλος

Άσκηση 4

Συμπληρώνεις τα κενά με τις παρακάτω λέξεις. Βλέπεις τι γράφει ο συμμαθητής / η συμμαθήτριά σου.
Γράφετε τα ίδια;

κάνω, κοιμάμαι, ακούω, ξυπνώ, πηγαίνω, βλέπω, οδηγώ, επιστρέφω, τρώω, πετάω, μένω

0. Αυτή τη στιγμή _____κάνετε_____ μια άσκηση στα ελληνικά.

1. Ο Κώστας και η Άννα _____ στη σχολή κάθε μέρα.

2. Αύριο _____ για Ζυρίχη. _____ σε δύο μέρες.

3. Οι νέοι _____ μουσική και _____ ταινίες.

4. Η Μαρία κάθε μέρα _____ 40 χιλιόμετρα για να πάει στη δουλειά της.

5. Πάντα _____ στις εφτά το πρωί.

6. Εσείς _____ ρύζι και μακαρόνια;

7. Η Σωτηρία _____ μόνιμα στο Εδιμβούργο.

8. Εγώ και ο άντρας μου πάντα _____ νωρίς.

Άσκηση 5

Γράφεις και εσύ τι κάνεις **σήμερα, αύριο, κάθε μέρα, εδώ και πολύ καιρό**.

Τώρα _____

Αύριο _____

Κάθε μέρα _____

Εδώ και πολύ καιρό _____

→ ΚΑΤΑΝΟΗΣΗ ΠΡΟΦΟΡΙΚΟΥ ΛΟΓΟΥ

- Τί βλέπεις στις φωτογραφίες;

- Μένεις σε πόλη ή σε χωριό;

- Πώς είναι η πόλη / το χωριό που μένεις;

Άσκηση 1

(cd 1, 1)

Ακούς και συμπληρώνεις ένα ✓ στον παρακάτω πίνακα κάτω από το ΣΩΣΤΟ για τις προτάσεις που συμφωνούν με αυτά που ακούς ή κάτω από το ΛΑΘΟΣ για αυτές που δεν συμφωνούν.

Συμβουλή:

Πρώτα βλέπεις τον παρακάτω πίνακα και απαντάς στις ερωτήσεις.
α) Ποιο είναι το θέμα του κειμένου;
β) Για πόσα σπίτια μιλάει ο Άλκης Ανδρέου;
γ) Πού είναι το κάθε σπίτι;

		ΣΩΣΤΟ	ΛΑΘΟΣ
0.	Ο Άλκης Ανδρέου γράφει βιβλία.	✓	
1.	Ο Άλκης Ανδρέου έφυγε από την Αθήνα εδώ και τρία χρόνια.		
2.	Το σπίτι του στην Αθήνα ήταν σε πολυκατοικία.		
3.	Ο Άλκης Ανδρέου μεγάλωσε στην Αθήνα.		
4.	Το σπίτι του στο χωριό έχει πολλά δωμάτια.		
5.	Το σπίτι του στο χωριό έχει πολλές ηλεκτρικές συσκευές.		
6.	Ο Άλκης Ανδρέου στο χωριό έχει κήπο και ζώα.		

Άσκηση 2

Κάνεις τρεις (3) ερωτήσεις για το κείμενο που άκουσες στον συμμαθητή / στη συμμαθήτριά σου και απαντάς στις δικές του / της.

λεξιλόγιο

Άσκηση 1

Πες το αλλιώς. Ενώνεις τις φράσεις και γράφεις τα ζευγάρια. Βλέπεις τι γράφει ο διπλανός / η διπλανή σου. Γράφετε τα ίδια;

0. Γιατί πήρατε αυτή την απόφαση;   _γ_

1. Το σπίτι δεν έχει πολλές ηλεκτρικές συσκευές.   _____

2. Άφησε την πόλη και μετακόμισε σ' ένα μικρό χωριό.   _____

3. Μέσα στο σπίτι υπάρχουν μόνο τα απαραίτητα.   _____

4. Καλλιεργώ τον κήπο μου.   _____

5. Αυτοί αγαπάνε πραγματικά.   _____

6. Σήμερα έχουμε κοντά μας ...   _____

7. Δυάρι διαμέρισμα.   _____

8. Τεράστιο.   _____

9. Τα λέμε.   _____

10. Γνωστός συγγραφέας.   _____

11. Είναι διαφορετικό.   _____

α. Φυτεύω και φροντίζω τα φυτά στον κήπο μου.

β. Σήμερα έχουμε μαζί μας ...

γ. Γιατί το αποφασίσατε;

δ. Το σπίτι δεν έχει κουζίνα, ψυγείο, πλυντήριο κ.ά.

ε. Διαμέρισμα με 2 δωμάτια.

στ. Μιλάμε / Συζητάμε.

ζ. Μέσα στο σπίτι υπάρχουν μόνο τα βασικά πράγματα.

η. Πολύ μεγάλο.

θ. Έφυγε από την πόλη και πήγε να μείνει σ' ένα μικρό χωριό.

ι. Αυτοί αγαπάνε αληθινά.

ια. Δεν είναι ίδιο.

ιβ. Διάσημος συγγραφέας.

γράφω τα ζευγάρια

Γιατί πήρατε αυτή την απόφαση; = Γιατί το αποφασίσατε;

Άσκηση 2

Πες το αντίθετο. Ενώνεις τις λέξεις / φράσεις και γράφεις τα αντίθετα. Βλέπεις τι γράφει ο συμμαθητής / η συμμαθήτριά σου και βρίσκετε τα λάθη σας.

0. γνωστός   _γ_

1. πριν   _____

2. μικρό   _____

3. χωριό   _____

4. έρχομαι   _____

5. μέσα   _____

6. διαφορετικό   _____

7. παλιά   _____

α. μεγάλο

β. φεύγω

γ. άγνωστος

δ. τώρα

ε. έξω

στ. ίδιο

ζ. μετά

η. πόλη

γράφω τα αντίθετα

γνωστός ≠ άγνωστος

Άσκηση 3

Βρίσκεις τις παρακάτω λέξεις / φράσεις μέσα στο κείμενο. Τι σημαίνουν; Εξηγείς τις λέξεις στην τάξη χωρίς να μιλήσεις. Ζωγραφίζεις ή / και δείχνεις.

Συμβουλή:

Δεν καταλαβαίνεις μια λέξη; Ρωτάς τον δάσκαλό / τη δασκάλα σου:

«Τι σημαίνει η λέξη ...;»

- Η ζωή στην πόλη με κούρασε πολύ.
- Θέλω να ζω με απλό και ήρεμο τρόπο.
- Οι άνθρωποι εδώ είναι απλοί, ευγενικοί και αγαπάνε πραγματικά.

- Κουράζω
- Απλός
- Ευγενικός

Άσκηση 4

Συμπληρώνεις τα κενά με τις παρακάτω λέξεις. Βλέπεις τι γράφει ο συμμαθητής / η συμμαθήτριά σου. Γράφετε τα ίδια;

στάση, σαλόνι, φως, μπάνιο, μονοκατοικία, μπαλκόνι, κήπος, γειτονιά, θέα, όροφος, θέρμανσή, ασανσέρ, συσκευή, κουζίνα

Διαμέρισμα 127 τ.μ.
Μετέωρα-Θεσσαλονίκη 165.000 ευρώ

τ.μ. 137
όροφος: 3
τύπος: διαμέρισμα
τηλέφωνο: 2310611567
τιμή: 165.000 ευρώ

Το διαμέρισμα είναι στα Μετέωρα, κοντά στη

0 _____στάση_____ Πλατεία. Βρίσκεται σε μια ήσυχη

1 _____. Έχει 3 δωμάτια, 2 _____

με τζάκι, κουζίνα, μεγάλο χολ, ένα μπάνιο και δύο

ξεχωριστά μεγάλα 3 _____. Σε όλα τα

δωμάτια υπάρχουν ξύλινες ντουλάπες. Η κουζίνα είναι

καινούρια με όλες τις ηλεκτρικές 4 _____.

Η πολυκατοικία είναι 20 ετών σε πολύ καλή κατάσταση

και με 5 _____. Βρίσκεται σε ψηλό μέρος

και έχει 6 _____ στο λιμάνι. Υπάρχει

πάρκιγκ. Η 7 _____ του είναι φυσικό

αέριο.

Μονοκατοικία 185 τ.μ.
Χαλκιδική 300.000 ευρώ

τ.μ. 185
όροφος: ισόγειο, πρώτος
τύπος: μονοκατοικία
τηλέφωνο: 2310890099
τιμή: 300.000 ευρώ

Μεγάλη ευκαιρία! 8 _____

185 τ.μ. στη Χαλκιδική, στο δεύτερο πόδι.

Το σπίτι έχει δύο 9 _____.

Στον 2ο όροφο είναι τα τρία δωμάτια και ένα

10 _____. Στον 1ο όροφο βρίσκεται

το σαλόνι, η 11 _____ και το

δεύτερο μπάνιο. Έχει 12 _____

300 τ.μ. με δέντρα, εξωτερική κουζίνα και

αποθήκη. Η παραλία είναι 200 μέτρα μπροστά

από το σπίτι. Το σπίτι έχει 13 _____,

νερό και τηλέφωνο.

(cd 1, 2)

Άσκηση 5

Η Δήμητρα θέλει να αγοράσει πράγματα για το καινούριο της σπίτι. Πηγαίνει στο εμπορικό κέντρο. Ακούς προσεκτικά τον διάλογο και σημειώνεις στις παρακάτω φωτογραφίες ποια πράγματα θέλει να πάρει η Δήμητρα. Στη συνέχεια ενώνεις τις φωτογραφίες με τις λέξεις. Βλέπεις τι γράφει ο συμμαθητής / η συμμαθήτριά σου. Γράφετε τα ίδια;

α. ✓ γ. δ. ε. β. στ. ζ. θ. ι. π. κ. λ. ν. ξ. μ. ο. σ. π. π. τ. υ.

K 0. κατσαρόλα / κατσαρόλες	9. ποτήρι / ποτήρια	16. καρέκλα / καρέκλες
1. κουβέρτα / κουβέρτες	10. σεντόνι / σεντόνια	17. τραπέζι / τραπέζια
2. κουρτίνα / κουρτίνες	11. ταψί / ταψιά	18. γραφείο / γραφεία
3. μαξιλάρι / μαξιλάρια	12. τηγάνι / τηγάνια	19. μπουκάλι / μπουκάλια
4. μαχαίρι / μαχαίρια	13. τραπεζομάντιλο / τραπεζομάντιλα	20. κρεβάτι / κρεβάτια
5. πάπλωμα / παπλώματα	14. φωτιστικό / φωτιστικά	
6. πετσέτα / πετσέτες	15. χαλί / χαλιά	
7. πιάτο / πιάτα		
8. πιρούνι / πιρούνια		

Άσκηση 6

Βάζεις τις παρακάτω λέξεις στη σωστή στήλη ανάλογα με τη σημασία τους. Βλέπεις τι γράφει ο διπλανός / η διπλανή σου και διορθώνετε τα λάθη σας.

> κατσαρόλα, τζάκι, κουβέρτα, καθρέφτης, πάρκιγκ, μαξιλάρι, πίνακας, πιρούνι, πλυντήριο ρούχων, ταψί, τηγάνι, ψυγείο, ποτήρι, καναπές, χολ, ηλεκτρική κουζίνα, κουρτίνα, κήπος, πλυντήριο πιάτων, τραπεζομάντιλο, ντουλάπια, μπανιέρα, τραπέζι, σεντόνι, τηλεόραση, καρέκλα, σαλόνι, πετσέτα, κρεβάτι, βιβλιοθήκη, πολυθρόνα, μαχαίρι, τραπεζάκι, πιάτο, παράθυρο, πάπλωμα, κουζίνα, μπάνιο, μπαλκόνι

ΔΩΜΑΤΙΑ/ΜΕΡΗ ΜΕΣΑ ΣΤΟ ΣΠΙΤΙ	ΜΕΡΗ ΕΞΩ ΑΠΟ ΤΟ ΣΠΙΤΙ	ΕΠΙΠΛΑ	ΗΛΕΚΤΡΙΚΕΣ ΣΥΣΚΕΥΕΣ	ΠΡΑΓΜΑΤΑ ΓΙΑ ΤΟ ΣΠΙΤΙ	ΠΡΑΓΜΑΤΑ ΓΙΑ ΤΗΝ ΚΟΥΖΙΝΑ

Άσκηση 7

Συμπληρώνεις τα κενά με τις παρακάτω λέξεις. Βλέπεις τι γράφει ο συμμαθητής / η συμμαθήτριά σου. Γράφετε τα ίδια;

> κατσαρόλα, κουβέρτα, μαχαίρι, πετσέτα, ποτήρι, σεντόνια, τραπεζομάντιλο, πάτωματα, φωτιστικό, χαλιά, κουτάλι, ταψί

0. Την Κυριακή θα στρώσω στο τραπέζι το καινούριο _τραπεζομάντιλο_. Θα έρθει για φαγητό ο διευθυντής μου.
1. Στο ξενοδοχείο αλλάζουν κάθε μέρα τα _____ στο κρεβάτι.
2. Στο καινούριο μας σπίτι τα _____ είναι από ξύλο.
3. Ο μικρός μου γιος σήμερα έσπασε ένα _____ με νερό.
4. Βάλε να φας. Έχει φαγητό στην _____.
5. Πού είναι η _____; Θέλω να σκουπίσω τα χέρια μου.
6. Αυτό το _____ φωτίζει ωραία το σαλόνι μας.
7. Αυτή η _____ είναι πολύ μαλακή και ζεστή για τον ύπνο.
8. Πρόσεχε με το _____. Θα κόψεις το χέρι σου.
9. Μην μπαίνεις στο σπίτι με τα παπούτσια. Μόλις έστρωσα τα _____.
10. Πάρε ένα _____ και φάε αμέσως το γιαούρτι σου.
11. Βγάλε το _____ από τον φούρνο. Το φαγητό έγινε.

Προφορά

Άσκηση 1
Ακούς προσεκτικά το παρακάτω κείμενο, προσέχεις τις χρωματιστές λέξεις και συμπληρώνεις τον πίνακα.
(cd 1, 3)

Ο θείος Θάνος και η θεία Αθανασία μένουν στη Θεσσαλονίκη. Έχουν δύο παιδιά. Τη Δέσποινα και τον Δημήτρη. Η Δέσποινα είναι ξαδέρφη μου και ο Δημήτρης ξάδερφός μου. Μένουν στην Αθήνα.

	[θ]	[ð]
θείος	✓	
Θάνος		
θεία		
Αθανασία		
Θεσσαλονίκη		
παιδιά		
Δέσποινα		
Δημήτρη		
ξαδέρφη		
ξάδερφος		
Αθήνα		

Άσκηση 2
Ακούς τις παρακάτω λέξεις κι επαναλαμβάνεις.
(cd 1, 4)

αδερφός, θείος, θεία, αδερφή, ηθοποιός, ξάδερφος, λάθος, ξαδέρφη, δύο, δεν, αδύνατος, δάσκαλος, Αθήνα, Θεσσαλονίκη, δουλεύω, διαβάζω, συμμαθητής, παιδί, εθνικότητα, διεύθυνση, ξανθός, ξενοδοχείο, θέατρο, αεροδρόμιο, Δημήτρης, ταχυδρομείο, ίδιος, Λονδίνο, Ελλάδα

Άσκηση 3
Διαλέγεις λέξεις από την άσκηση 2, κάνεις μια ιστορία και τη λες στην τάξη.

Γραμματική: Βλέπω και παρατηρώ ...

Διαβάζεις το παρακάτω κείμενο και απαντάς στις ερωτήσεις.

- Γεια σας. Θέλω να νοικιάσω **ένα διαμέρισμα**. Μπορείτε να με βοηθήσετε;
- Ναι, φυσικά. Σε ποια περιοχή θέλετε να δούμε;
- Εδώ γύρω.
- Ωραία. Έχω να σας δείξω **πολλά διαμερίσματα** εδώ κοντά.
- Πόσο κάνει περίπου το ενοίκιο;
- Το ενοίκιο ξεκινά από 400 ευρώ και φτάνει ως τα 600. Μπορείτε να έρθετε την Τετάρτη **το απόγευμα** να τα δούμε.
- Α! **Τα απογεύματα** δεν μπορώ. Δουλεύω. Το πρωί;
- Ναι. Την Τετάρτη το πρωί, λοιπόν.
- Σας ευχαριστώ πολύ. Γεια σας.

Βάζεις σε κύκλο το σωστό.

1. Ο πελάτης θα δει
   α. ένα διαμέρισμα. β. πολλά διαμερίσματα.

2. Ο πελάτης δεν μπορεί να πάει στο ραντεβού
   α. τα πρωινά. β. τα απογεύματα.

Βλέπω 👀

Βλέπεις τους παρακάτω πίνακες.

Θυμάσαι;

ΠΙΝΑΚΑΣ 1					
♂		♀		⌀	
ΕΝΑΣ	ΠΟΛΛΟΙ	ΜΙΑ	ΠΟΛΛΕΣ	ΕΝΑ	ΠΟΛΛΑ
ο υπολογιστής	οι υπολογιστές	η ταινία	οι ταινίες	το παιχνίδι	τα παιχνίδια
ο αγώνας	οι αγώνες	η βιβλιοθήκη	οι βιβλιοθήκες	το βιβλίο	τα βιβλία
ο κινηματογράφος	οι κινηματογράφοι			το μάθημα	τα μαθήματα

και παρατηρώ ...

Ερωτήσεις:

1. Βλέπεις προσεκτικά τον πρώτο πίνακα.
   Θυμάσαι τι αλλάζει, όταν μιλάμε
   α. για έναν και για πολλά;
   β. για μία και για πολλές;
   γ. για ένα και για πολλά;

2. Βλέπεις προσεκτικά τον δεύτερο πίνακα.
   α. Λέμε το **δι-α-μέ-ρι-σμα**,
      το **α-πό-γευ-μα**, όταν μιλάμε για ένα.
   β. Λέμε τα **δι-α-με-ρί-σμα-τα**,
      τα **α-πο-γεύ-μα-τα**, όταν μιλάμε για
      πολλά. Τι αλλάζει;

⚠ Πρόσεξε!

ΠΙΝΑΚΑΣ 2	
⌀	
ΕΝΑ	ΠΟΛΛΑ
το δι-α-μέ-ρι-σμα	τα δι-α-με-ρί-σμα-τα
το α-πό-γευ-μα	τα α-πο-γεύ-μα-τα

Άσκηση 1

Μαζί με τον διπλανό / τη διπλανή σου ακολουθείτε τις λέξεις που τελειώνουν σε **-ματα**, όταν μιλάμε για πολλά, και βγαίνετε από τον λαβύρινθο.

Αρχή

διαμέρισμα	όνομα	ταχυδρομείο	μαχαίρι	διάβασμα
οικογένεια	πάπλωμα	κατάστημα	αγώνας	μέρα
χρήμα	κορίτσι	γεύμα	επάγγελμα	τραπέζι
υπολογιστής	παιχνίδι	μωρό	γράμμα	άθλημα
παιδί	σχολείο	στόμα	αδελφή	όνομα
βιβλίο	μάθημα	μαμά	πάτωμα	**απόγευμα**

Τέλος

Άσκηση 2

Μαζί με τον διπλανό / τη διπλανή σου διορθώνετε τα λάθη.

0. Οι ~~υπολογιστοί~~ *υπολογιστές* είναι καινούριοι.
1. Τα καταστήμα είναι ανοιχτά μέχρι το βράδυ.
2. Τα τραπέζματα είναι καφέ.
3. Οι αδελφοί μου είναι ξανθές.
4. Τα αθλήμες μου αρέσουν πολύ.
5. Τα πάπλωμα είναι ακριβά.

Άσκηση 3

Συμπληρώνεις τις λέξεις που λείπουν και ενώνεις τις εικόνες με τις προτάσεις. Βλέπεις τι γράφει ο συμμαθητής / η συμμαθήτριά σου. Γράφετε τα ίδια;

0. As γνωριστούμε. Πείτε δυνατά τα
_____ονόματά_____ σαs.

1. Χθες πήρα δύο _____ στο τηλέφωνο από τον Πέτρο.

2. Στον δρόμο αυτόν γίνονται πολλά _____ με τα αυτοκίνητα.

3. Και από τα τρία _____ πιο πολύ μου αρέσει να τρώω πρωινό.

4. Έβαλα πολλά κιλά. Δεν μπορώ να φορέσω πια τα _____ μου.

5. Την Κυριακή τα _____ είναι κλειστά.

6. Ποια _____ σου αρέσουν;

7. Αυτά τα _____ είναι πολύ μαλακά και ζεστά.

Είμαι ο Νίκος και από 'δω η Άννα και η Νίκη. **0**

Πρωινό
Μεσημεριανό
Βραδινό

ΚΛΕΙΣΤΟ

2 νέα

Άσκηση 4

Συμπληρώνεις τα κενά. Βλέπεις τι γράφει ο συμμαθητής / η συμμαθήτριά σου. Γράφετε τα ίδια;

0. Πάνω στην πλατεία θα βρεις διάφορα
_____καταστήματα_____ (κατάστημα) με ρούχα.

1. _____ (σχολείο) ανοίγουν τον Σεπτέμβριο.

2. Αυτά τα δύο _____ (επάγγελμα) είναι πολύ δύσκολα.

3. Αυτά _____ (παιδί) είναι πολύ όμορφα.

4. Δεν θα μπορέσω να σε δω αυτή την εβδομάδα. Δουλεύω όλα τα _____ (απόγευμα).

5. Όλες _____ (μέρα) είναι ίδιες.

6. _____ (αδερφή) μου είναι πιο μεγάλες από μένα.

7. Αυτά τα _____ (στρώμα) είναι λίγο σκληρά. Κάνουν, όμως, καλό στον ύπνο.

8. _____ (κινηματογράφος) έχουν ωραίες ταινίες αυτόν τον καιρό.

9. Τα ζώα αυτά έχουν μεγάλα _____ (στόμα).

10. Ο Γιώργος έχει πολλά _____ (πρόβλημα) στο σπίτι του.

11. Το κόκκινο και το μπλε είναι τα αγαπημένα μου _____ (χρώμα).

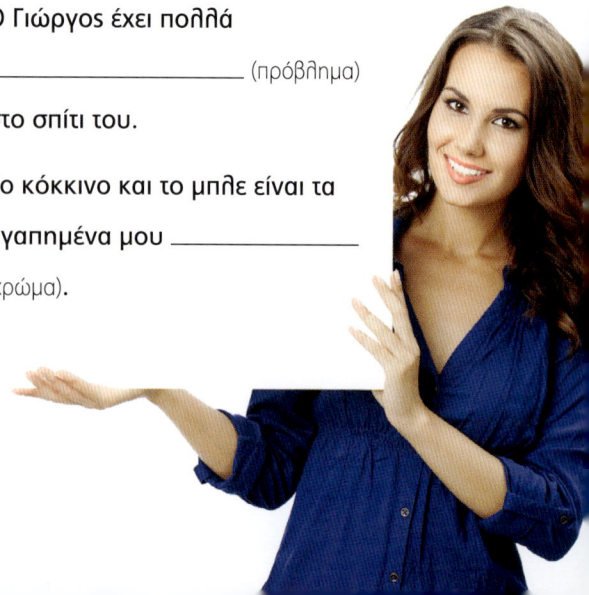

Άσκηση 5

Αλλάζεις τις προτάσεις, όπως στα παραδείγματα. Βλέπεις τι γράφει ο διπλανός / η διπλανή σου. Γράφετε τα ίδια;

0. Αυτό το διαμέρισμα είναι πολύ ακριβό.   *Αυτά τα διαμερίσματα είναι πολύ ακριβά.*

0. Τα μαθήματα αρχίζουν στις εννέα το πρωί.   *Το μάθημα αρχίζει στις εννέα το πρωί.*

1. Πρέπει να βοηθήσω τα παιδιά.

2. Το παιχνίδι αυτό μου αρέσει πολύ.

3. Το πάτωμα στο δωμάτιο είναι ξύλινο.

4. Αυτό τον μήνα θα γράψουμε διαγώνισμα.

5. Ο αγώνας είναι πολύ δύσκολος.

6. Το χρήμα δεν φέρνει την ευτυχία.

7. Το μωρό δεν μιλάει.

8. Αυτό το πράγμα γίνεται κάθε μέρα.

9. Το κορίτσι φοράει άσπρο φόρεμα.

10. Το βιβλίο μού αρέσει πολύ.

11. Δεν έχω πρόβλημα με τον Δημήτρη.

12. Δεν μου αρέσει να βλέπω αυτό το άθλημα.

13. Δεν θέλω να ακούσω άλλο ψέμα από σένα.

14. Το διάλειμμα σήμερα θα είναι μικρό.

Γραμματική: Βλέπω και παρατηρώ ...

Διαβάζεις το παρακάτω κείμενο και υπογραμμίζεις τις λέξεις που δείχνουν τι έκανε η γυναίκα *χτες*.

Χτες το απόγευμα μετά τη δουλειά είδα μια φίλη μου και ήπιαμε καφέ έξω. Είχα πολύ καιρό να τη δω. Δεν κατάλαβα πώς πέρασαν τόσα χρόνια. Κατέβηκα στο κέντρο με το λεωφορείο. Κάθισα σε μια ήσυχη καφετέρια και περίμενα τη Μαρία.

Σε λίγο ήρθε. Έμεινα πολλή ώρα μαζί της. Μιλήσαμε για τα παλιά. Θυμήθηκα τα φοιτητικά μου χρόνια. Έγινα ξανά δεκαεννιά χρονών. Έμαθα τα νέα της και λυπήθηκα πολύ. Η Μαρία μέσα στους τρεις τελευταίους μήνες χώρισε, έχασε τη δουλειά της και τον πατέρα της. Δεν θέλησα να ρωτήσω πιο πολλά για το θέμα αυτό. Κατάλαβα ότι ήταν πολύ στενοχωρημένη.

Φύγαμε και είπαμε η μια στην άλλη ότι θα τα ξαναπούμε σύντομα. Ανέβηκα στο λεωφορείο και σε όλη τη διαδρομή είχα στο μυαλό μου τη συνάντηση με τη φίλη μου. Το βράδυ δεν κοιμήθηκα καθόλου.

Βλέπω 👀

Βλέπεις τις παρακάτω προτάσεις.

Θυμάσαι;

ΧΤΕΣ
Χτες διάβασα ένα ωραίο βιβλίο.
Χτες έπαιξα ένα ωραίο παιχνίδι στον υπολογιστή.

ΧΤΕΣ		
Εγώ	διάβασα	έπαιξα
Εσύ	διάβασες	έπαιξες
Αυτός	διάβασε	έπαιξε
Εμείς	διαβάσαμε	παίξαμε
Εσείς	διαβάσατε	παίξατε
Αυτοί	διάβασαν	έπαιξαν
	(ανεβαίνω, θέλω, καταλαβαίνω, κατεβαίνω, θυμάμαι, κάθομαι, λυπάμαι, κοιμάμαι)	(γίνομαι, μένω)

και παρατηρώ ... 🔍

Διαβάζεις ξανά το κείμενο στην προηγούμενη σελίδα και συμπληρώνεις τον παρακάτω πίνακα.

ΤΩΡΑ	ΧΤΕΣ/ΠΡΙΝ
ανεβαίνω	ανέβηκα
γίνομαι	
θέλω	
καταλαβαίνω	
κατεβαίνω	
μένω	
θυμάμαι	
λυπάμαι	
κάθομαι	
κοιμάμαι	

Άσκηση 1

Παίζουμε τένις! Παίζεις τένις με τον διπλανό / τη διπλανή σου. Χρησιμοποιείς τις λέξεις:

μένω, θέλω, ανεβαίνω, κάθομαι, καταλαβαίνω, κατεβαίνω, θυμάμαι, λυπάμαι, κοιμάμαι, γίνομαι

Μαθητής Α:

Μένουν

Μαθητής Β:

Έμειναν, Θέλουν

Άσκηση 2

Μαζί με τον διπλανό / τη διπλανή σου ακολουθείτε τις λέξεις που δείχνουν το **χθες** και βγαίνετε από τον λαβύρινθο.

Αρχή

έφυγαν	ήπιαμε	να πάρετε	θέλησα	πήραμε
έμεινα	να πάτε	πέρασα	μάθατε	πηγαίνουν
ανέβηκες	λυπηθήκαμε	ήρθατε	πες	βρες
θα βρείτε	κοιμηθήκατε	κατέβηκε	βγαίνετε	θυμήθηκα
περιμένετε	κατάλαβα	θα δω	είπατε	έγινα
έλα	έκαναν	στείλαμε	βρήκες	**έμεινα**

Τέλος

Άσκηση 3

Μαζί με τον διπλανό / τη διπλανή σου διορθώνετε τα λάθη.

0. Εθέλησα να πάω μια βόλτα το πρωί.   Θέλησα να πάω μια βόλτα το πρωί.

1. Εκαθίσαμε λίγο και εφύγαμε.

2. Εκαταλάβαμε καλά.

3. Διάβασαμε τα μαθήματά μας.

4. Κάθηκε στην καρέκλα για λίγο.

5. Χθες το βράδυ κοιμήθησα πολύ λίγο.

Άσκηση 4

Βάζεις σε κύκλο το σωστό. Βλέπεις τι γράφει ο συμμαθητής / η συμμαθήτριά σου. Γράφετε τα ίδια;

0. Χτες βλέπω / (είδα) μια ταινία στον κινηματογράφο. Πηγαίνουμε / Πήγαμε με τη φίλη μου, την Άννα. Η ταινία ήταν / είναι πολύ ωραία. Μετά τον κινηματογράφο η Άννα μου λέει / είπε να πάμε για ποτό. Εγώ, όμως, δεν έχω / είχα χρόνο. Έτσι, πήγα / θα πάω σπίτι και κοιμάμαι / κοιμήθηκα νωρίς.

1. Θα μάθω / Έμαθα ότι δεν μπορείς να έρθεις στο πάρτι μου και λυπάμαι / λυπήθηκα πολύ.

2. Χτες το βράδυ δεν βγαίνω / βγήκα έξω. Κάθομαι / Κάθισα στο σπίτι και είδα / βλέπω τηλεόραση. Θα έρθει / Ήρθε και ο Νίκος από το χωριό. Είναι / Ήταν πολύ ωραία. Μιλάμε / Μιλήσαμε για τα παλιά και θυμήθηκα / θυμάμαι τη ζωή μου στο χωριό.

3. Πριν από έναν χρόνο πηγαίνουμε / πήγαμε μαζί διακοπές. Δεν περάσαμε / περνάμε καθόλου καλά. Από τότε δεν θέλησα / θα θέλω να την ξαναδώ.

4. Πριν από μια μέρα είδα / βλέπω την Κατερίνα στο λεωφορείο. Ανεβαίνω / Ανέβηκα μαζί της στην ίδια στάση. Δεν ξέρω / Δεν ήξερα ότι μένουμε τόσο κοντά. Μιλήσαμε / Θα μιλήσουμε για αρκετή ώρα αλλά εγώ κατέβηκα / θα κατέβω μια στάση πριν από εκείνη.

5. Μένω / Έμεινα για οχτώ χρόνια στη Θεσσαλονίκη. Γυρίζω / Γύρισα στην Αθήνα πριν από έναν χρόνο. Στη Θεσσαλονίκη σπούδασα / θα σπουδάσω και γίνομαι / έγινα γιατρός.

6. Μαθαίνεις / Έμαθες τα νέα; Η Βίκυ γεννάει / γέννησε χθες ένα αγοράκι.

Άσκηση 5

Συμπληρώνεις τα κενά. Βλέπεις τι γράφει ο συμμαθητής / η συμμαθήτριά σου και βρίσκετε τα λάθη σας.

Χθες 0 _____είχα_____ (έχω) τα γενέθλιά μου. Δεν

1 _____ (βγαίνω) έξω. Έκανα πάρτι στο σπίτι μου.

2 _____ (καλώ) όλους τους φίλους και τις φίλες μου. 3 _____ (έρχομαι) σχεδόν όλοι. Τα

4 _____ (ετοιμάζω) όλα εγώ. 5 _____ (μαγειρεύω) πολύ νόστιμα φαγητά, 6 _____ (παίρνω) ποτά, χυμούς, αναψυκτικά και 7 _____ (κάνω) μια υπέροχη τούρτα. 8 _____ (περνώ) πολύ ωραία. Οι φίλοι μου 9 _____ (τρώω), 10 _____ (χορεύω) και 11 _____ (τραγουδώ). Όλοι οι φίλοι μου 12 _____ (φέρνω) δώρα. 13 _____ (είμαι) όλα πολύ ωραία. Ο κόσμος 14 _____ (φεύγω) αργά το βράδυ. Εγώ 15 _____ (καθαρίζω) λίγο το σπίτι, 16 _____ (πλένω) τα πιάτα και 17 _____ (πηγαίνω) για ύπνο.

Άσκηση 6

Τι έκανε ο Δημήτρης χθες; Βλέπεις τις εικόνες και χρησιμοποιείς τις παρακάτω λέξεις για να γράψεις τις προτάσεις. Βλέπεις τι γράφει ο συμμαθητής / η συμμαθήτριά σου. Γράφετε τα ίδια;

πίνω, ακούω, ~~διαβάζω~~

0. Ο Δημήτρης διάβασε εφημερίδα.   1.

2.

Άσκηση 7

Γράφεις τι έκανες την εβδομάδα που πέρασε. Βλέπεις τι γράφει ο διπλανός / η διπλανή σου και διορθώνετε τα λάθη σας.

ΠΑΡΑΓΩΓΗ ΠΡΟΦΟΡΙΚΟΥ ΛΟΓΟΥ

Άσκηση 1

Χωριό ή πόλη; Βάζεις σε κύκλο τις λέξεις που ταιριάζουν με τη ζωή στην πόλη. Υπογραμμίζεις αυτά που ταιριάζουν με τη ζωή σε ένα μικρό χωριό. Διαγράφεις αυτές που δεν ταιριάζουν πουθενά.

> στάση, απλοί άνθρωποι, εισιτήριο, δάσος, φάρμακο, καθαρός αέρας, τράπεζα, αγορά, ησυχία, γιορτή, λεωφορεία, κήπος, σαλάτα, δέντρα, διαμέρισμα, πουλιά, παντελόνι, πολυκατοικία, ζώα, φασαρία, μονοκατοικία, βαλίτσα, λουλούδια

Ρωτάς τον συμμαθητή / τη συμμαθήτριά σου.

- Σου αρέσει η ζωή στην πόλη; Γιατί;
- Σου αρέσει η ζωή στο χωριό; Γιατί;

Άσκηση 2

Βάζεις σε κύκλο αυτά που ταιριάζουν στο σπίτι που μένει ένας πλούσιος άνθρωπος. Υπογραμμίζεις αυτά που ταιριάζουν στο σπίτι που μένει ένας φοιτητής.

> ακριβά έπιπλα, μικρό μπάνιο, πάρκινγκ, φθηνό ενοίκιο, μεγάλη αυλή, διαμέρισμα, κήπος, μικρά μπαλκόνια, τζάκι, κοντά στο πανεπιστήμιο, θέα στη θάλασσα, κοντά σε στάση, πισίνα, μονοκατοικία

Συζητάς με τον συμμαθητή / τη συμμαθήτριά σου και λέτε ποιο από τα παραπάνω σπίτια σάς αρέσει και γιατί. Απαντάτε στις παρακάτω ερωτήσεις.

- Τι σου αρέσει σε ένα φοιτητικό σπίτι;
- Τι σου αρέσει σε ένα ακριβό σπίτι;

Άσκηση 3

Διαλέγεις μία φωτογραφία / εικόνα από την ενότητα 12. Την περιγράφεις στους συμμαθητές / στις συμμαθήτριές σου. Εκείνοι / Εκείνες προσπαθούν να καταλάβουν ποια φωτογραφία / εικόνα περιγράφεις.

Άσκηση 4

(cd 1, 5)

Ακούς το κείμενο και συμπληρώνεις τα κενά.

Ζωή: Γεια σου, Αλίκη.

Αλίκη: Γεια σου, Ζωή. Τι κάνεις;

Ζωή: Έχω πολύ καλά νέα. [0] _Πέρασα_ στο Πανεπιστήμιο, στη Θεσσαλονίκη.

Αλίκη: Τέλεια. Πότε έρχεσαι;

Ζωή: Τον άλλο [1] _____. Πρέπει πρώτα, όμως, να βρω ένα σπίτι για να [2] _____. Γι' αυτό σου τηλεφώνησα. Μπορείς να με βοηθήσεις;

Αλίκη: Κοίτα, Ζωή, πρέπει να βρεις ένα σπίτι [3] _____. Έτσι, θα είναι πιο εύκολο να πηγαίνεις στα μαθήματα. Έχει πολλά σπίτια στο κέντρο για φοιτητές. Θα ανεβαίνεις [4] _____ και μετά από μερικές στάσεις θα είσαι στο Πανεπιστήμιο. Τι σπίτι θέλεις να βρεις;

Ζωή: Θέλω δύο δωμάτια, [5] _____, κουζίνα και μπάνιο. Ένα δωμάτιο για να κοιμάμαι και ένα για να διαβάζω. Θέλω, όμως, να είναι σε καινούρια πολυκατοικία με καλή [6] _____. Θέλω, επίσης, να έχει και μπαλκόνι.

Αλίκη: Ξέρεις, τα πιο πολλά σπίτια για φοιτητές στο κέντρο είναι σε παλιές πολυκατοικίες. Δύσκολα θα βρεις καινούρια.

Ζωή: Ε, καλά δεν πειράζει. Θα βάψω τους τοίχους με ωραία [7] _____ και θα αγοράσω μοντέρνα [8] _____.

Αλίκη: Τι έπιπλα πρέπει να πάρεις;

Ζωή: Ένα ωραίο κρεβάτι και ένα μεγάλο γραφείο, για να διαβάζω. Εκεί θα βάλω και τον υπολογιστή μου. Επίσης, θα βάλω και δύο ντουλάπες, μία σε κάθε δωμάτιο. Για το σαλόνι θέλω να πάρω έναν [9] _____ και ένα μικρό τραπέζι. Θα πάρω πολύχρωμες [10] _____ και [11] _____ για τα δωμάτια. Αν το σπίτι δεν έχει ψυγείο και κουζίνα, πρέπει να αγοράσω.

Αλίκη: Λοιπόν, όταν θα έρθεις, μπορούμε να ψάξουμε μαζί για σπίτι. Επίσης, θα πάμε να ψάξουμε έπιπλα και ηλεκτρικές συσκευές. Ξέρω μερικά [12] _____ που έχουν ωραία και φτηνά πράγματα. Και μέχρι να [13] _____ σπίτι, μπορείς να μείνεις στο δικό μου. Θα γνωρίσεις και την πόλη.

Ζωή: Ευχαριστώ πολύ, Αλίκη. Θα σου [14] _____.

Αλίκη: Γεια σου, Ζωή. Σε περιμένω.

Άσκηση 5

Μαζί με τον διπλανό / τη διπλανή σου ετοιμάζετε το παρακάτω παιχνίδι ρόλων για 3 λεπτά και το παρουσιάζετε στην τάξη.

Ρόλος Α
Σε δύο μήνες πρέπει να μετακομίσεις σε άλλη πόλη. Μιλάς με έναν φίλο / μια φίλη σου που μένει εκεί και ζητάς τη συμβουλή του / της. Τον / Τη ρωτάς πού πρέπει να ψάξεις για σπίτι. Του / Της λες πώς θέλεις να είναι το καινούριο σου σπίτι. Ζητάς τη βοήθειά του / της για το σπίτι, τα έπιπλα και τις ηλεκτρικές συσκευές που θέλεις να αγοράσεις.

Ρόλος Β
Σε δύο μήνες ένας φίλος / μια φίλη σου θα μετακομίσει στην πόλη σου. Ζητάει τη συμβουλή σου. Λες πού πρέπει να ψάξει για σπίτι. Τον / Τη ρωτάς πώς θέλει να είναι το καινούριο σπίτι του / της. Ρωτάς για τα έπιπλα και τις ηλεκτρικές συσκευές που θα αγοράσει.

Συμβουλές:
α) Υπογραμμίζετε τις λέξεις-κλειδιά.
β) Γράφετε το λεξιλόγιο που θα χρησιμοποιήσετε.
γ) Κάνετε τον διάλογο.

➜ ΠΑΡΑΓΩΓΗ ΓΡΑΠΤΟΥ ΛΟΓΟΥ

Άσκηση 1

Ο φίλος της Μάρθας θα φιλοξενήσει στο σπίτι του τον θείο της. Η Μάρθα γράφει ένα γράμμα στον φίλο της και περιγράφει τον θείο της και την οικογένειά του. Διαβάζεις με προσοχή το γράμμα και συμπληρώνεις τα κενά με τις φράσεις. Βλέπεις τι γράφει ο συμμαθητής / η συμμαθήτριά σου. Γράφετε τα ίδια;

> κόρες, Αγγλίδα, ξαδέρφες, μελαχρινός, λένε, ελληνικά, θεία, παντρεμένος, χρονών, δασκάλα

Αγαπητέ μου Στέφανε,

Σ' ευχαριστώ πολύ που θέλησες να φιλοξενήσεις τον θείο μου στο σπίτι σου στη Γερμανία. Τον ^{0} __λένε__ Γιώργο κι είναι 39 ^{1} _____. Είναι δικηγόρος και έχει δικό του γραφείο στη Θεσσαλονίκη. Ο θείος μου είναι ^{2} _____. Τη ^{3} _____ μου τη λένε Έλεν, είναι ^{4} _____ και είναι πολύ όμορφη. Μένει 15 χρόνια στην Ελλάδα και μιλάει πολύ καλά ^{5} _____. Είναι ^{6} _____ και δουλεύει σ' ένα σχολείο στη γειτονιά μας. Ο θείος Γιώργος και η θεία Έλεν έχουν δύο ^{7} _____, τη Μίρκα και τη Ζέτα. Οι ^{8} _____ μου πηγαίνουν σχολείο, είναι πολύ γλυκές και τις αγαπώ πολύ. Ο θείος είναι ψηλός και ^{9} _____. Στέλνω μια φωτογραφία του, για να δεις πώς είναι. Ελπίζω να περάσετε καλά.

Με αγάπη,
Μάρθα

Άσκηση 2

Ένας ξάδερφός σου θα φιλοξενήσει στο σπίτι του έναν φίλο / μια φίλη σου. Γράφεις στον ξάδερφό σου ένα γράμμα και περιγράφεις τον φίλο / τη φίλη σου. Γράφεις το όνομα και την ηλικία του / της, το επάγγελμά του / της και πώς είναι εξωτερικά. Επίσης, γράφεις για την οικογένειά του / της.

(80-100 λέξεις)

Συμβουλές:

α) Υπογραμμίζεις τις λέξεις που δείχνουν τι πρέπει να γράψεις.

β) Γράφεις το λεξιλόγιο που θα χρησιμοποιήσεις.

γ) Γράφεις το γράμμα.

δ) Διαβάζεις το γράμμα και βάζεις ✓ στον πίνακα.

Το γράμμα έχει τόνους.	
Το γράμμα έχει αρχή.	
Το γράμμα έχει τέλος.	
Το γράμμα έχει τελείες.	
Το γράμμα έχει πληροφορίες για τον φίλο / τη φίλη: όνομα, ηλικία, επάγγελμα, εξωτερική εμφάνιση, πού μένει.	
Το γράμμα έχει πληροφορίες για την οικογένειά του / της.	

🎵 Ώρα για τραγούδι

Ακούς μια φορά το τραγούδι.

(cd 1, 6)

Άσκηση 1

Ακούς ξανά και βάζεις στη σωστή σειρά.

Όλοι εμείς όπου κι αν ζούμε, όποια γλώσσα κι αν μιλούμε,	0
Μπορούμε όλοι μας να πούμε όποια γλώσσα κι αν μιλούμε	
έχουμε πολλή ανάγκη από ανθρώπους και από αγάπη.	
Μ' ένα χαμόγελο ζεστό και μ' ένα χάδι τρυφερό,	
«σ' αγαπώ», «σ' ευχαριστώ», αυτό είναι κάτι αληθινό!	
Όλοι λέμε «σ' αγαπώ», ψάχνουμε για το καλό.	
με μια αγκαλιά πολύ σφιχτή και μ' ένα γλυκό φιλί.	
Όποια γλώσσα κι αν μιλούμε, δες πώς επικοινωνούμε.	
με μια αγκαλιά πολύ σφιχτή και μ' ένα γλυκό φιλί.	
Μ' ένα χαμόγελο ζεστό και μ' ένα χάδι τρυφερό,	

⚠ Τώρα ξέρεις ...

	Ναι	Όχι
να μιλάς για μια προγραμματισμένη πράξη, για μια συνήθεια;		
να μιλάς για *πολλά*;		
να μιλάς για το τι έγινε *χθες*;		
να περιγράφεις έναν φίλο / μια φίλη σου;		
να μιλάς για το σπίτι σου;		
να μιλάς για την οικογένειά σου;		

→ **ΚΑΤΑΝΟΗΣΗ ΓΡΑΠΤΟΥ ΛΟΓΟΥ**

- Τι βλέπεις στις φωτογραφίες;
- Σε ποιες εκδηλώσεις σού αρέσει να πηγαίνεις; Γιατί;

Άσκηση 1
Διαβάζεις γρήγορα τα κείμενα και απαντάς στις ερωτήσεις.

1. Τα κείμενα είναι
   α. άρθρα.
   β. αφίσες.
   γ. διαφημίσεις.

2. Τα κείμενα τα βρίσκουμε
   α. σε μια κολόνα στον δρόμο.
   β. στην τηλεόραση.
   γ. στο ραδιόφωνο.

Άσκηση 2
Διαβάζεις με προσοχή τα παρακάτω κείμενα. Στη συνέχεια διαβάζεις τις φράσεις στην πρώτη στήλη, βρίσκεις τη συνέχειά τους στη δεύτερη στήλη και σημειώνεις το γράμμα που ταιριάζει.
(**ΠΡΟΣΕΞΕ**: Οι σωστές απαντήσεις είναι 6 χωρίς το παράδειγμα. Υπάρχουν 2 προτάσεις στον δεύτερο πίνακα που δεν πρέπει να χρησιμοποιήσεις.)

Συμβουλή:
Πρώτα διαβάζεις προσεκτικά τις φράσεις στις δύο στήλες. Ποιες λέξεις πρέπει να προσέξεις μέσα στα κείμενα;

Το Σάββατο 4 Αυγούστου, ώρα 21:30, στο Κάστρο Μονεμβασίας, η σοπράνο Χαρούλα Γκλαβοπούλου δίνει ρεσιτάλ τραγουδιού. Στο πιάνο είναι η Θεανώ Ανδρικοπούλου. Το πρόγραμμα περιλαμβάνει άριες, τάνγκο, τζαζ, μουσική από τον κινηματογράφο.

Είσοδος ελεύθερη.

Τρεις νέοι καλλιτέχνες επιλέγουν μουσική σπουδαίων ελλήνων συνθετών. Ένα ταξίδι 3 ωρών στο σύγχρονο και παλιό ελληνικό πεντάγραμμο. Καλή διασκέδαση!

Γκρεκ   Διάττονας   Στεργιάδης

ΤΙΜΗ ΠΟΤΟΥ: 3 ΕΥΡΩ
ΧΟΡΟΣ ΤΡΑΓΟΥΔΙ
ΓΛΕΝΤΙ
ΜΕΧΡΙ ΤΟ ΠΡΩΙ!

"Μύλος", Θεσσαλονίκη

"ΣΤΟ ΠΑΡΚΟ" ΦΕΣΤΙΒΑΛ
Μουσική, ποίηση, θέατρο, χορός! Στο πάρκο της Νέας Ελβετίας στις 17 και 18 Σεπτεμβρίου θα έχουμε όλοι την ευκαιρία να γνωρίσουμε τους νέους καλλιτέχνες της περιοχής μας.

Η ΤΑΙΝΙΑ ΠΟΥ ΚΕΡΔΙΣΕ 4 ΟΣΚΑΡ ΑΠΟ ΑΥΡΙΟ ΣΤΟΥΣ ΚΙΝΗΜΑΤΟΓΡΑΦΟΥΣ ΤΗΣ ΠΟΛΗΣ.

Τιμή εισιτηρίου:
Φοιτητικό: 5 ευρώ,
Κανονικό: 7 ευρώ.

Ώρες προβολής:
17:00, 19:00,
21:00, 23:00.

Ξενοδοχείο των δύο κόσμων

Την Παρασκευή, 15 Φεβρουαρίου 2013 στις 8 μ.μ., στο Δημοτικό Ωδείο Δράμας, έχει πρεμιέρα η θεατρική παράσταση των Φίλων Γραμμάτων & Τεχνών Δράμας, με το έργο «Ξενοδοχείο των δύο κόσμων» του μεγάλου γάλλου συγγραφέα Έρικ Εμμάνουελ Σμιτ. Μην τη χάσετε!

---

0. Η είσοδος στην πρώτη εκδήλωση είναι	ΟΤ	α. στο μαγαζί «Μύλος».
1. Η Χαρούλα Γκλαβοπούλου θα τραγουδήσει	_____	β. την άνοιξη.
2. Η συναυλία των Γκρεκ, Στεργιάδη και Διάττοντα θα κρατήσει	_____	γ. αρκετά Όσκαρ.
		δ. με παρέα 4 ζώα.
3. Ο χορός στη Θεσσαλονίκη θα γίνει	_____	ε. το καλοκαίρι.
4. Το φεστιβάλ στο πάρκο της Νέας Ελβετίας θα γίνει	_____	στ. δωρεάν.
5. Η ταινία πήρε	_____	ζ. 3 ώρες.
6. Το «ξενοδοχείο των δύο κόσμων» είναι μια παράσταση που ανεβαίνει	_____	η. το φθινόπωρο.
		θ. στη Δράμα.

Άσκηση 3
Διαλέγεις μια εκδήλωση και κάνεις 3 ερωτήσεις για αυτήν την εκδήλωση στον συμμαθητή / στη συμμαθήτριά σου. Απαντάς και εσύ στις ερωτήσεις του / της.

λεξιλόγιο

Άσκηση 1

Πες το αλλιώς. Ενώνεις τις φράσεις και γράφεις τα ζευγάρια. Βλέπεις τι γράφει ο συμμαθητής / η συμμαθήτριά σου. Γράφετε τα ίδια;

0. Στο πιάνο είναι η ...	_β_	**α.** Είσοδος χωρίς εισιτήριο.
1. Το πρόγραμμα περιλαμβάνει ...	_____	**β.** Πιάνο παίζει η ...
2. Δίνω ρεσιτάλ τραγουδιού.	_____	**γ.** Μοντέρνο.
3. Είσοδος ελεύθερη.	_____	**δ.** Το πρόγραμμα έχει ...
4. Συνθέτης.	_____	**ε.** Μεγάλος, σημαντικός, καλός συνθέτης.
5. Σπουδαίος συνθέτης.	_____	**στ.** Πρώτη φορά.
6. Σύγχρονο.	_____	**ζ.** Μεγάλη γιορτή.
7. Γλέντι.	_____	**η.** Διαλέγω.
8. Κανονικό εισιτήριο.	_____	**θ.** Αυτός που γράφει μουσική.
9. Έχω την ευκαιρία.	_____	**ι.** Παίρνω Όσκαρ.
10. Φοιτητικό εισιτήριο.	_____	**ια.** Δείτε την.
11. Μην τη χάσετε.	_____	**ιβ.** Εισιτήριο χωρίς έκπτωση.
12. Πρεμιέρα.	_____	**ιγ.** Δίνω συναυλία.
13. Επιλέγω.	_____	**ιδ.** Εισιτήριο με έκπτωση για τους φοιτητές.
14. Κερδίζω Όσκαρ.	_____	**ιε.** Μπορώ.

γράφω τα ζευγάρια

Στο πιάνο είναι η ... = Πιάνο παίζει η ...

Άσκηση 2

Βρίσκεις τις παρακάτω λέξεις / φράσεις μέσα στα κείμενα (σελ. 40-41). Τι σημαίνουν; Εξηγείς τις λέξεις στην τάξη χωρίς να μιλήσεις. Ζωγραφίζεις ή / και δείχνεις.

Συμβουλή:

Δεν καταλαβαίνεις μια λέξη; Ρωτάς τον δάσκαλό / τη δασκάλα σου:

«Τι σημαίνει η λέξη ...;»

- κάστρο
- καλλιτέχνης
- ποίηση
- ωδείο
- θεατρική παράσταση

Δες κι αυτό! Μια (θεατρική, μουσική) παράσταση, μια συναυλία γίνεται / δίνεται / παρουσιάζεται / ανεβαίνει

στο κάστρο

στο θέατρο

στο αρχαίο θέατρο

στο γήπεδο

στον κινηματογράφο

στο μπαρ

στο μέγαρο μουσικής

Άσκηση 3

Ενώνεις τις ερωτήσεις με τις απαντήσεις. Βλέπεις τι γράφει ο συμμαθητής / η συμμαθήτριά σου και βρίσκετε τα λάθη σας.

0. Τι ώρα είναι η παράσταση;	_δ_
1. Πού ανεβαίνει η παράσταση Α;	_____
2. Τι ώρα είναι οι προβολές της ταινίας;	_____
3. Τίνος συγγραφέα είναι το έργο;	_____
4. Πόσο κάνει το εισιτήριο;	_____
5. Από πότε μέχρι πότε είναι η παράσταση;	_____

α. 5, 7 και 9 μ.μ.

β. 7 ευρώ το κανονικό και 5 το φοιτητικό.

γ. Από τις 10 μέχρι τις 18 Μαρτίου.

δ. Στις 9 το βράδυ.

ε. Στο θέατρο «Άλφα».

στ. Του Μολιέρου.

Άσκηση 4

Βάζεις σε κύκλο το σωστό. Βλέπεις τι γράφει ο συμμαθητής / η συμμαθήτριά σου και βρίσκετε τα λάθη σας.

Η [0] (μεγάλη)/ μικρή τραγουδίστρια του ελληνικού κινηματογράφου [1] είναι / δίνει μια ξεχωριστή συναυλία στο γήπεδο της πόλης σας στις 15-09 και ώρα 9 μ.μ. Μαζί της θα τραγουδήσουμε όλοι παλιές και νέες [2] επιτυχίες / τραγούδια της. Είσοδος [3] ελεύθερη / στενή.

[4] Στον χορό / Στο έργο των κρητικών θα περάσετε όλοι ωραία. Ελάτε στο κρητικό [5] γλέντι / γιορτή, δοκιμάστε τα υπέροχα κρητικά φαγητά και χορέψτε μέχρι το πρωί. Τιμή [6] εισιτηρίου / χορού: 10 ευρώ.

Η [7] σπουδαία / καλή χορεύτρια ευρωπαϊκών και λάτιν χορών [8] θα δώσει / παίζει ένα ρεσιτάλ χορού στο Παλαί ντε Σπορ της Θεσσαλονίκης. Μη(ν) [9] χάσετε / ψάξετε την ευκαιρία! Τιμή εισιτηρίου: 15 ευρώ.

Άσκηση 5

Συμπληρώνεις τα κενά με τις παρακάτω λέξεις / φράσεις. Βλέπεις τι γράφει ο διπλανός / η διπλανή σου και βρίσκετε τα λάθη σας.

> _ταινία_, καλλιτέχνες, ελεύθερη, έργο, μεγάλου, Μην τη χάσετε!, μεγάλες επιτυχίες, θεατρικής παράστασης, αίθουσες των κινηματογράφων

Η [0] _ταινία_ με τα πιο πολλά Όσκαρ της φετινής χρονιάς θα είναι στις [1] _____ από τις 27/11! [2] _____!

Στις 15 και 16 Ιουλίου στο *Θέατρο Κήπου* της Θεσσαλονίκης παλιοί και νέοι [3] _____ θα τραγουδήσουν [4] _____ του Βασίλη Τσιτσάνη. Είσοδος [5] _____.

Όλοι στην πρεμιέρα της [6] _____ της ομάδας ΑΛΦΑ. Το [7] _____ που θα έχουμε την ευκαιρία να δούμε είναι το «Ρωμαίος και Ιουλιέτα» του [8] _____ συγγραφέα Ουίλιαμ Σαίξπηρ.

Άσκηση 6

Κάνεις ερωτήσεις στον συμμαθητή / στη συμμαθήτριά σου και συμπληρώνεις τις πληροφορίες στον πίνακά σου.

Μαθητής Α: _Πού παίζει την ταινία «Λίνκολν»;_
Μαθητής Β: _Στον κινηματογράφο «Βακούρα». Πόσο κάνει το εισιτήριο;_
Μαθητής Α: _7 ευρώ. Από πότε μέχρι πότε παίζει;_
Μαθητής Β: _Από τις 10 μέχρι τις 17 Μαρτίου._

Μαθητής Α

Ταινία: Λίνκολν
Αίθουσα: _Βακούρα_
Τιμή: 7 ευρώ
Διάρκεια: _10-17/03/2013_ [0]

Έκθεση ζωγραφικής
Αίθουσα: Παύλος Ζάνας
Διάρκεια: _____ [1]

Συναυλία για τον Δ. Μητροπάνο.
Μέρος: _____
Ημερομηνία: 15-03-2013
Τιμή: _____ [2]

Χορός τάνγκο
Μέρος: Μπαρ «Μύλος»
Μέρα: _____
Ώρα: 9 μ.μ. [3]

Θεατρική παράσταση: Ρωμαίος και Ιουλιέτα
Θέατρο: _____
Τιμή: 25 ευρώ
Ημερομηνία: _____
Ώρες: 8 και 10 μ.μ. [4]

Ρεσιτάλ πιάνου του Δημήτρη Σγούρου
Τόπος: Μέγαρο Μουσικής
Είσοδος: _____
Ημερομηνία: 12-13/03 2013
Ώρα: [5]

Φεστιβάλ τραγουδιού στη Θεσσαλονίκη.
Μέρος: _____
Μέρα: 20-03-2013
Είσοδος: [6]

Ποντιακό γλέντι
Μέρος: Γήπεδο Άρη
Μέρα: _____
Ώρα: 9 μ.μ. [7]

Μαθητής Β

Ταινία:
Λίνκολν

Αίθουσα:
Βακούρα

Τιμή:
7 ευρώ

Διάρκεια:
10-17/03/2013

0

Έκθεση ζωγραφικής

Αίθουσα:
_____

Διάρκεια:
20-27 /03

1

Συναυλία για τον Δ. Μητροπάνο.

Μέρος:
Παλαί ντε σπορ

Ημερομηνία:
_____

Τιμή: 15 ευρώ

2

Χορός τάνγκο

Μέρος:
_____

Μέρα:
14-03-2013

Ώρα:

3

Θεατρική παράσταση:
Ρωμαίος και Ιουλιέτα

Θέατρο: Τζένη Καρέζη

Τιμή: _____

Ημερομηνία: 10-30/03

Ώρες: _____

4

Ρεσιτάλ πιάνου του Δημήτρη Σγούρου

Τόπος: _____
Είσοδος: 30 ευρώ,
Φοιτ. εισ.: 20 ευρώ
Ημερομηνία:

_____

Ώρα: 8 μ.μ

5

Φεστιβάλ τραγουδιού στη Θεσσαλονίκη.

Μέρος:
Θέατρο Κήπου

Μέρα:

_____

Είσοδος:
Ελεύθερη

6

Ποντιακό γλέντι

Μέρος: _____

Μέρα: 12-03-2013

Ώρα: _____

7

Άσκηση 7

Μαζί με τον διπλανό / τη διπλανή σου, βλέπετε τις παραπάνω αφίσες και γράφετε ένα μικρό κείμενο για μία από αυτές.

_____

_____

_____

_____

_____

_____

_____

_____

_____

_____

_____

_____

_____

_____

Άσκηση 8

Απαντάς στις παρακάτω ερωτήσεις και βλέπεις ποιος τύπος ανθρώπου είσαι:

1. Πόσο συχνά βλέπεις τους φίλους σου;
   α. 1 φορά τον μήνα **β.** 2 φορές τον μήνα
   γ. πιο πολλές από 4 φορές τον μήνα

2. «Όταν βλέπω τους φίλους μου, προτιμώ να τους δω σ' ένα σπίτι και όχι σ' ένα μαγαζί». Πόσο συμφωνείς με αυτή την πρόταση;
   α. 100%   **β.** 50%   **γ.** 15%

3. Η τελευταία φορά που ήρθε κόσμος στο σπίτι σου ήταν:
   α. πριν 1 χρόνο   **β.** πριν 1 μήνα
   γ. πριν 1 βδομάδα

4. «Η αγαπημένη μου έξοδος είναι ο κινηματογράφος και το θέατρο». Πόσο συμφωνείς με αυτή την πρόταση;
   α. 100%   **β.** 50%   **γ.** 15%

5. «Η αγαπημένη μου έξοδος είναι η ταβέρνα». Πόσο συμφωνείς με αυτή την πρόταση;
   α. 100%   **β.** 50%   **γ.** 15%

6. «Η αγαπημένη μου έξοδος είναι το μπαρ». Πόσο συμφωνείς με αυτή την πρόταση;
   α. 100%   **β.** 50%   **γ.** 15%

7. «Η αγαπημένη μου ασχολία στον ελεύθερό μου χρόνο είναι ο χορός». Πόσο συμφωνείς με αυτή την πρόταση;
   α. 100%   **β.** 50%   **γ.** 15%

8. «Προτιμώ τις μεγάλες παρέες, όταν βγαίνω έξω». Πόσο συμφωνείς με αυτή την πρόταση;
   α. 100%   **β.** 50%   **γ.** 15%

9. Πόσους φίλους έχεις στο facebook;
   α. 5000   **β.** 1000   **γ.** 40

10. Πόσες ώρες τη μέρα είσαι στο faceboook;
    α. 5 ώρες   **β.** 2 ώρες   **γ.** μισή ώρα

Αποτελέσματα

Πιο πολλά α: Είσαι μοναχικός τύπος και δεν σου αρέσουν οι παρέες. Δεν έχεις φίλους και προτιμάς να μένεις μόνος σου στο σπίτι.

Πιο πολλά β: Έχεις παρέες, όμως, δεν έχεις πολλούς φίλους. Οι σχέσεις σου δεν κρατούν πολύ καιρό, σου αρέσει πολύ να είσαι μόνος.

Πιο πολλά γ: Οι φίλοι σου έχουν πολύ σημαντικό ρόλο στη ζωή σου. Τους αγαπάς πολύ και δεν μπορείς να είσαι μόνος.

Γραμματική: Βλέπω και παρατηρώ ...

Διαβάζεις τον παρακάτω διάλογο και απαντάς στις ερωτήσεις.

Γιώργος: Στις 20 Ιανουαρίου θα πάω σε μια παράσταση της ομάδας θεάτρου του Τμήματος Αγγλικής Γλώσσας και Φιλολογίας. Θα δω το έργο «Ρωμαίος και Ιουλιέτα» του γνωστού συγγραφέα Ουίλιαμ Σαίξπηρ. Η τιμή του εισιτηρίου είναι 15 ευρώ. Θέλεις να έρθεις;

Μαρία: Την ξέρω την παράσταση. Πήγα με τους καθηγητές και τους συμφοιτητές μου από τη σχολή. Ήταν μια ιδέα του καθηγητή και των συμφοιτητών μου. Το έργο είναι πολύ ωραίο. Αγόρασα και το πρόγραμμα!

Γιώργος: Ποια είναι η τιμή του προγράμματος;

Μαρία: Είναι πολύ φτηνό. Κάνει μόνο 5 ευρώ.

Ερωτήσεις:

1. Πότε θα πάει στην παράσταση ο Γιώργος; _____

2. Ποιανής ομάδας είναι η παράσταση που θα δει ο Γιώργος; _____

3. Τίνος συγγραφέα είναι το έργο; _____

4. Ποια είναι η τιμή του εισιτηρίου; _____

5. Τίνος ιδέα ήταν να πάει η Μαρία στην παράσταση; _____

6. Πόσο κάνει το πρόγραμμα; _____

Βλέπω 👀

Διαβάζεις με προσοχή τις παρακάτω προτάσεις.

	ΠΟΙΟΣ / ΠΟΙΟΙ;	ΠΟΙΑΝΟΥ - ΤΙΝΟΣ / ΠΟΙΑΝΩΝ;
Ο / ΟΙ	Ο συμμαθητής μου έχει μια ωραία ιδέα.	Η ιδέα του συμμαθητή μου είναι ωραία.
	Οι συμμαθητές μου έχουν μια ωραία ιδέα.	Η ιδέα των συμμαθητών μου είναι ωραία.
	Ο γείτονάς μου έχει μια όμορφη κόρη.	Η κόρη του γείτονά μου είναι όμορφη.
	Οι γείτονές μου έχουν μια όμορφη κόρη.	Η κόρη των γειτόνων μου είναι όμορφη.
	Ο κινηματογράφος έχει ωραία αίθουσα.	Η αίθουσα του κινηματογράφου είναι ωραία.
	Οι κινηματογράφοι έχουν ωραίες αίθουσες.	Οι αίθουσες των κινηματογράφων είναι ωραίες.
	Ο δάσκαλος έχει μια ωραία ιδέα.	Η ιδέα του δασκάλου μού άρεσε πολύ.
	Οι δάσκαλοι έχουν μια ωραία ιδέα.	Η ιδέα των δασκάλων μού άρεσε πολύ.

	ΠΟΙΑ / ΠΟΙΕΣ;	ΠΟΙΑΝΗΣ - ΤΙΝΟΣ / ΠΟΙΑΝΩΝ;
Η / ΟΙ	Η ομάδα Α ανεβάζει την παράσταση «Ο θάνατος του εμποράκου».	Η παράσταση «Ο θάνατος του εμποράκου» είναι της ομάδας Α.
	Οι ομάδες Α και Β ανεβάζουν την παράσταση.	Η παράσταση είναι των ομάδων Α και Β.
	Η εκδρομή έχει εισιτήριο 10 ευρώ.	Το εισιτήριο της εκδρομής είναι 10 ευρώ.
	Οι εκδρομές έχουν πολύ ωραίο πρόγραμμα.	Το πρόγραμμα των εκδρομών είναι πολύ ωραίο.

	ΠΟΙΟ / ΠΟΙΑ;	ΠΟΙΑΝΟΥ - ΤΙΝΟΣ / ΠΟΙΑΝΩΝ;
ΤΟ / ΤΑ	Το εισιτήριο κάνει 10 ευρώ.	Η τιμή του εισιτηρίου είναι 10 ευρώ.
	Τα εισιτήρια κάνουν 10 ευρώ.	Η τιμή των εισιτηρίων είναι 10 ευρώ.
	Το παιδί μου έχει μεγάλο δωμάτιο.	Το δωμάτιο του παιδιού μου είναι μεγάλο.
	Τα παιδιά μου έχουν μεγάλα δωμάτια.	Τα δωμάτια των παιδιών μου είναι μεγάλα.
	Το μάθημα διαρκεί 45 λεπτά.	Η διάρκεια του μαθήματος είναι 45 λεπτά.
	Τα μαθήματα διαρκούν 45 λεπτά.	Η διάρκεια των μαθημάτων είναι 45 λεπτά.

και παρατηρώ ...

Απαντάς στις παρακάτω ερωτήσεις:

1. **Ρωτάμε ποιος / ποιοι;**

   Απαντάμε *ο συμμαθητής, οι συμμαθητές, ο γείτονας, οι γείτονες, ο κινηματογράφος,*
   οι κινηματογράφοι, ο δάσκαλος, οι δάσκαλοι.

   Ρωτάμε ποιανού - τίνος / ποιανών;

   Απαντάμε *του συμμαθητή, των συμμαθητών, του γείτονα, των γειτόνων,*
   του κινηματογράφου, των κινηματογράφων, του δασκάλου, των δασκάλων.

   Τι αλλάζει; _____
   _____

2. **Ρωτάμε ποια / ποιες;**

   Απαντάμε *η ομάδα, οι ομάδες, η εκδρομή, οι εκδρομές.*

   Ρωτάμε ποιανής - τίνος / ποιανών;

   Απαντάμε *της ομάδας, των ομάδων, της εκδρομής, των εκδρομών.*

   Τι αλλάζει; _____
   _____

3. **Ρωτάμε ποιο / ποια;**

   Απαντάμε *το εισιτήριο, τα εισιτήρια, το παιδί, τα παιδιά, το μάθημα, τα μαθήματα.*

   Ρωτάμε ποιανού - τίνος / ποιανών;

   Απαντάμε *του εισιτηρίου, των εισιτηρίων, του παιδιού, των παιδιών, του μαθήματος, των μαθημάτων.*

   Τι αλλάζει; _____
   _____

Βλέπεις ξανά τους πίνακες της προηγούμενης σελίδας και συμπληρώνεις τον παρακάτω πίνακα, με τις λέξεις.

	(•) (•) • •	(•) (•) • • •	(•) (•) • • •
συμμαθητής	συμμαθητής, συμμαθητή, συμμαθητών		
ομάδα			
εκδρομή			
γείτονας			
δάσκαλος			
εισιτήριο			
παιδί			
μάθημα			

Άσκηση 1

Μαζί με τον συμμαθητή / τη συμμαθήτριά σου διορθώνετε τα λάθη.

0. Τα παιδιά του τριτού οροφού είναι πολύ καλά.   *Τα παιδιά του **τρίτου ορόφου** είναι πολύ καλά.*

1. Αυτό είναι το πάρκιγκ των κάτοικων της περιόχης. _____

2. Το πρόγραμμα του θέατρου κάνει 10 ευρώ. _____

3. Να τα δώρα των νικήτων. _____

4. Η διάρκεια του μαθημάτος είναι 45 λεπτά. _____

5. Μου αρέσει η μουσική αυτού του τραγούδιου. _____

Άσκηση 2

Βάζεις τόνο στις υπογραμμισμένες λέξεις. Βλέπεις τι γράφει ο συμμαθητής / η συμμαθήτριά σου. Γράφετε τα ίδια;

0. Αυτά είναι τα τηλέφωνα των <u>πελατών</u>.

1. Η τιμή των <u>μαθηματων</u> είναι 50 ευρώ τον μήνα.

2. Το πρώτο γράμμα των <u>ονοματων</u> είναι πάντα κεφαλαίο.

3. Η ζωή των <u>αθλητων</u> είναι δύσκολη.

4. Αυτή είναι μια ιδέα των <u>μαθητων</u> και των <u>καθηγητων</u> της <u>σχολης</u>.

Άσκηση 3

Παίζουμε τένις! Παίζεις τένις με τον διπλανό / τη διπλανή σου. Χρησιμοποιείς τις λέξεις:

> ομάδα, φίλος, κιθάρα, πρόγραμμα, σπίτι, σχολείο, μαθητής, μεσίτης, δρόμος, χάρακας

Μαθητής Α: _____ *η ομάδα* _____
Μαθητής Β: _____ *της ομάδας* _____
Μαθητής Α: _____ *οι ομάδες* _____
Μαθητής Β: _____ *των ομάδων, ο φίλος* _____

Άσκηση 4

Μαζί με τον διπλανό / τη διπλανή σου ακολουθείτε τις λέξεις που απαντούν στην ερώτηση *τίνος* και βγαίνετε από τον λαβύρινθο.

Αρχή

του Αυγούστου	τη μουσική	τα κορίτσια	ο συνθέτης	τα ποτά
της μουσικής	ο μπαμπάς	του συγγραφέα	των έργων	τα προγράμματα
των συνθετών	την κιθάρα	της περιοχής	του ποτού	η μαμά
της διασκέδασης	των ηθοποιών	του τραγουδιού	της πόλης	των χορών
το παιδί	ο Νίκος	την ντομάτα	η Μαρία	της ευκαιρίας
ο γείτονας	η ευκαιρία	τους μπαμπάδες	τα αγόρια	**των ξενοδοχείων**

Τέλος

Άσκηση 5

Μαζί με τον συμμαθητή / τη συμμαθήτριά σου διορθώνετε τα λάθη.

0. Μου αρέσει πολύ η μουσική της κιθάρα.   *Μου αρέσει πολύ η μουσική της **κιθάρας**.*

1. Το βιβλίο αυτού του συγγραφέας είναι πολύ καλό. _____

2. Η τιμή του προγράμματα είναι 15 ευρώ. _____

3. Τα ρούχα αυτών των αγορίας μου αρέσουν πολύ. _____

4. Η μπλούζα της Ελένη είναι πολύ ωραία. _____

5. Η διάρκεια των μαθημων είναι 45 λεπτά. _____

Άσκηση 6

Βλέπεις τις φωτογραφίες και απαντάς στις ερωτήσεις. Βλέπεις τι γράφει ο διπλανός / η διπλανή σου. Γράφετε τα ίδια;

0. Ποιανής είναι αυτή η τσάντα;

α. Του Νίκου.

β. Της Μαρίας.

γ. Των παιδιών.

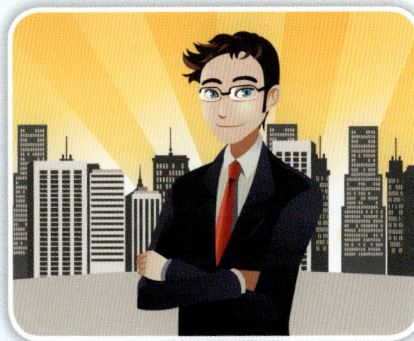

1. Ποιανού είναι αυτό το σακάκι;

α. Της Αγγελικής.

β. Του Μανόλη.

γ. Των κοριτσιών.

2. Τίνος είναι αυτές οι τσάντες;

α. Των γονιών μου.

β. Των φοιτητών.

γ. Των παιδιών μου.

3. Ποιανού είναι αυτό το παντελόνι;

α. Του μωρού.

β. Της μαμάς.

γ. Του μπαμπά.

4. Τίνος είναι αυτό το δωμάτιο;

α. Των αγοριών.

β. Των κοριτσιών.

γ. Των γονιών.

5. Ποιανών είναι αυτό το δωμάτιο;

α. Των παιδιών.

β. Των γονιών.

γ. Των κοριτσιών.

Άσκηση 7

Συμπληρώνεις τα κενά. Βλέπεις τι γράφει ο διπλανός / η διπλανή σου και βρίσκετε τα λάθη σας.

0. Η κόρη _____ *Της Μαρίας* _____ (Μαρία) είναι 13 χρονών.

1. Αυτό είναι το δωμάτιο _____ (γιος) **μου**.

2. Να η τσάντα _____ (κόρη) **μου**.

3. Η αδερφή _____ (άντρας) **μου ζει στο εξωτερικό**.

4. Η αίθουσα _____ (κινηματογράφος) **είναι πολύ ωραία**.

5. Η τιμή _____ (πρόγραμμα) **είναι 5 ευρώ**.

6. Η διάρκεια _____ (μαθήματα) **είναι 1 ώρα**.

7. Στις 10 _____ (Μάρτιος) **θα πάμε εκδρομή**.

8. Το σχολείο _____ (παιδιά) **είναι κοντά στο σπίτι**.

9. Η αυλή _____ (σχολείο) **είναι μικρή**.

10. Το μαγαζί μου έχει το ίδιο ωράριο με το ωράριο _____ (καταστήματα).

11. Με τα παιδιά _____ (γείτονες) **κάνουμε πολλή παρέα**.

Άσκηση 8

Συμπληρώνεις τα κενά. Βλέπεις τι γράφει ο διπλανός / η διπλανή σου και βρίσκετε τα λάθη σας.

0. _____ *Τα ρούχα* _____ (ρούχα) _____ *του καταστήματος* _____ (κατάστημα) **μού αρέσουν πολύ**.

1. _____ (κλειδί) _____ (σπίτι) **είναι πάνω στην πόρτα**.

2. Ήρθε _____ (αδερφός) _____ (φίλος) **μου**.

3. _____ (άντρας) _____ (φίλη) **μου είναι πολύ καλός**.

4. _____ (δωμάτιο) _____ (παιδιά) **είναι δίπλα στο δικό μας**.

5. _____ (διάρκεια) _____ (μάθημα) **είναι 45 λεπτά**.

6. _____ (τιμή) _____ (εισιτήριο) **είναι 80 λεπτά**.

7. _____ (δασκάλα) _____ (κόρη) **μου είναι πολύ καλή**.

8. _____ (παιχνίδια) _____ (γιος) **μου είναι πολύ ωραία**.

9. _____ (πρόγραμμα) _____ (τηλεόραση) **δεν μου αρέσει καθόλου**.

→ ΚΑΤΑΝΟΗΣΗ ΠΡΟΦΟΡΙΚΟΥ ΛΟΓΟΥ

- Τι βλέπεις στις φωτογραφίες;
- Σου αρέσουν οι διαφημίσεις; Γιατί;
- Ποια είναι η αγαπημένη σου διαφήμιση;

Συμβουλή:
Πρώτα διαβάζεις τις ερωτήσεις και λες:
α) Πόσα κείμενα θ' ακούσεις;
β) Τι διαφημίζει το κάθε κείμενο;

Άσκηση 1
Ακούς προσεκτικά μερικές ραδιοφωνικές διαφημίσεις και βάζεις σε κύκλο το σωστό.
(cd 1, 7)

0. Τα κείμενα που ακούς είναι
   α. διαφημίσεις.
   β. εκπομπές.
   γ. άρθρα.

1. Στο κέντρο «ΠΟΛΙΣ» μπορείς και
   α. να τραγουδήσεις.
   β. να χορέψεις.
   γ. να διαβάσεις.

2. Στο κέντρο «ΠΟΛΙΣ» μπορείς να ζητήσεις τη βοήθεια
   α. των ειδικών.
   β. του διευθυντή.
   γ. των φίλων.

3. Το καινούριο εμπορικό κέντρο πουλάει
   α. ρούχα και αξεσουάρ.
   β. παπούτσια και τσάντες.
   γ. ρούχα και παπούτσια.

4. Το καινούριο εμπορικό κέντρο είναι
   α. μέσα στη Θεσσαλονίκη.
   β. έξω από τη Θεσσαλονίκη.
   γ. έξω από τη Χαλκιδική.

5. Η κυρά Νίκη φτιάχνει και πουλάει
   α. φαγητά.
   β. γλυκά.
   γ. καφέ.

6. Από την κυρά Νίκη μπορείς να παραγγείλεις κάτι
   α. για το σπίτι.
   β. για την παραλία.
   γ. μόνο στο μαγαζί της.

Άσκηση 2
Κάνεις τρεις (3) ερωτήσεις στον συμμαθητή / στη συμμαθήτριά σου σχετικά με τις διαφημίσεις που άκουσες. Απαντάς κι εσύ στις ερωτήσεις του / της.

λεξιλόγιο

Άσκηση 1

Πες το αλλιώς. Ενώνεις τις φράσεις και γράφεις τα ζευγάρια. Βλέπεις τι γράφει ο συμμαθητής / η συμμαθήτριά σου. Γράφετε τα ίδια;

0. Διαλέξτε.	γ	**α.**	Ρούχο από γνωστή εταιρεία.
1. Το άθλημα που σας ταιριάζει.	_____	**β.**	Πού είναι;
2. Δερμάτινο δεν είναι;	_____	**γ.**	Επιλέξτε.
3. Επώνυμο ρούχο.	_____	**δ.**	Κάνει καλό στην υγεία.
4. Μοναδικές τιμές! Καταπληκτικές!	_____	**ε.**	Είναι δερμάτινο;
5. Πού βρίσκεται;	_____	**στ.**	Το άθλημα που σας πηγαίνει.
6. Μισή τιμή.	_____	**ζ.**	Καλά υλικά.
7. Αγνά υλικά.	_____	**η.**	Έκπτωση 50%.
8. Νόστιμο.	_____	**θ.**	Πολύ ωραίο.
9. Υγιεινό.	_____	**ι.**	Πάρα πολύ καλές τιμές! Πολύ χαμηλές τιμές!
10. Όποιο άθλημα σάς αρέσει.	_____	**ια.**	Ποια είναι η τιμή του;
11. Πολύ ωραίο το μπουφάν σου.	_____	**ιβ.**	Το αγόρασα από ...
12. Πόσο κάνει;	_____	**ιγ.**	Ααααα!
13. Σοβαρά;	_____	**ιδ.**	Όποιο άθλημα προτιμάτε.
14. Το πήρα από ...	_____	**ιε.**	Τι λες;
15. Ποπό!	_____	**ιστ.**	Τι ωραίο το μπουφάν σου!

γράφω τα ζευγάρια

διαλέξτε = επιλέξτε

Άσκηση 2

Πες το αντίθετο. Ενώνεις τις λέξεις και γράφεις τα αντίθετα. Βλέπεις τι γράφει ο συμμαθητής / η συμμαθήτριά σου και βρίσκετε τα λάθη σας.

0. κοντά	γ	**α.**	λίγο
1. ωραίο	_____	**β.**	εκεί
2. πολύ	_____	**γ.**	μακριά
3. καινούριο	_____	**δ.**	κλειστό
4. ανοίγω	_____	**ε.**	ακριβά
5. εδώ	_____	**στ.**	άσχημο
6. ανοιχτό	_____	**ζ.**	κλείνω
7. φθηνά	_____	**η.**	παλιό

γράφω τα αντίθετα

κοντά ≠ μακριά

Άσκηση 3

Ενώνεις τις ερωτήσεις με τις απαντήσεις. Βλέπεις τι γράφει ο συμμαθητής / η συμμαθήτριά σου και βρίσκετε τα λάθη σας.

0. Ξύλινο δεν είναι;   γ

1. Από πού το πήρες;   _____

2. Πού είναι το εμπορικό κέντρο;   _____

3. Τι τιμές έχει στην αγορά;   _____

α. Πολύ καλές. Όλα στη μισή τιμή.

β. Στο πρώτο χλμ. Θεσσαλονίκης - Χαλκιδικής.

γ. Ναι, ξύλινο.

δ. Από το καινούριο εμπορικό κέντρο.

Άσκηση 4

Βάζεις σε κύκλο το σωστό. Βλέπεις τι γράφει ο συμμαθητής / η συμμαθήτριά σου και βρίσκετε τα λάθη σας.

0 (Επώνυμες)/ Όνομα τσάντες σε τιμές πολύ 1 χαμηλές / κάτω. Ελάτε τώρα στο κατάστημά μας στην οδό Διαγόρα 52 στην Τούμπα και 2 κάντε / διαλέξτε όμορφες τσάντες σε χαμηλές τιμές. Μοντέρνες και 3 παλιές / κλασικές τσάντες για όλους. Για σας και τους φίλους σας.

Νέο εμπορικό κέντρο στην περιοχή σας. Ανοίγουμε στις 14/02 και σας περιμένουμε με πολλές 4 αγορές / εκπλήξεις. Επώνυμα ρούχα, παπούτσια και αξεσουάρ σε τιμές 5 μοναδικές / μόνες. Ελάτε και δεν θα 6 χάσετε / φύγετε.

Εστιατόριο «Το Σπιτικό», στο Μαρούσι. Φαγητά με 7 αγνά / ωραία υλικά από την κυρά Βάσω. Τώρα δεν είναι 8 ανάγκη / πρέπει να μαγειρεύετε. Η κυρά Βάσω φροντίζει για σας. Κάθε μέρα 9 πάνω / περίπου από 10 σπιτικές συνταγές της γιαγιάς μπορούν να είναι στο πιάτο σας με ένα τηλεφώνημα. Και από 10 λεφτά / τιμές; Καταπληκτικές…

Άσκηση 5

Συμπληρώνεις τα κενά με τις παρακάτω λέξεις / φράσεις. Βλέπεις τι γράφει ο διπλανός / η διπλανή σου και βρίσκετε τα λάθη σας.

κάνουμε δώρο, αγοράζετε, μοναδικές, έρχονται, κοντά σας, κατάστημα, ξοδέψετε, γερά, μισή τιμή

Το αγαπημένο σας 0 _κατάστημα_ γιορτάζει τα 20 χρόνια κοντά σας με 1 _____ τιμές. Όλα τα κοσμήματά μας στη 2 _____. Κοσμήματα για σας και τις φίλες σας. Κάντε ένα ξεχωριστό δώρο σ' εσάς και στα αγαπημένα σας πρόσωπα.

Παιδικές κρέμες «ΜΑΜ». 3 _____ από το 1975. Γιορτάζουμε και μ' ένα κουτί της αγαπημένης σας κρέμας σάς 4 _____ άλλο ένα. Για 5 _____ και χαρούμενα παιδιά.

Σαμπουάν, σαπούνια, χαρτοπετσέτες, απορρυπαντικά στο «Φθηνό Μαγαζί». 6 _____ απ' όλα χωρίς να 7 _____ πολλά χρήματα. Τώρα τα ψώνια 8 _____ στο σπίτι σας μ' ένα τηλεφώνημα. Τηλ: 2410 989767

Άσκηση 6

Παίζουμε BINGO!!!

Ο κάθε μαθητής / Η κάθε μαθήτρια διαλέγει μια εικόνα από τον πίνακα. Την περιγράφει δυνατά στην τάξη.

Οι υπόλοιποι μαθητές / υπόλοιπες μαθήτριες βρίσκουν την εικόνα και τη σημειώνουν. Σημειώνουν τέσσερα διαδοχικά κελιά διαγώνια ↘, οριζόντια → ή κάθετα ↓ που περνάνε από το BINGO και φωνάζουν BINGO!!!

Παράδειγμα: Μια κοπέλα ανοίγει ένα μπουκάλι αναψυκτικό.

Άσκηση 7

Βρίσκεις τις παρακάτω λέξεις μέσα στις επόμενες προτάσεις. Τι σημαίνουν; Εξηγείς τις λέξεις στην τάξη χωρίς να μιλήσεις. Ζωγραφίζεις ή / και δείχνεις.

- Απορρυπαντικό για τις δύσκολες βρομιές και στους 30 βαθμούς.

- Η ποιότητα είναι ψηλή ... όχι, όμως, και οι τιμές ...

- Στο κατάστημα με τα ηλεκτρικά είδη βρείτε ελληνικά πλυντήρια σε πολύ χαμηλές τιμές. Πλυντήρια που καθαρίζουν αλλά δεν κοστίζουν!

- Αντρικά ρούχα και παπούτσια για τέλειες εμφανίσεις!

Συμβουλή:

Δεν καταλαβαίνεις μια λέξη; Ρωτάς τον δάσκαλό / τη δασκάλα σου:
«Τι σημαίνει η λέξη ...;»

- Απορρυπαντικό
- Βρομιές
- Ποιότητα
- Ηλεκτρικά είδη
- Κοστίζω
- Εμφάνιση

Άσκηση 8

Μαζί με τον συμμαθητή σου / τη συμμαθήτριά σου διαλέγετε ένα από τα παρακάτω προϊόντα και γράφετε μια μικρή διαφήμιση. Διαβάζετε τη διαφήμισή σας στην τάξη σας και βλέπετε, αν οι συμμαθητές σας μπορούν να μαντέψουν ποιο προϊόν διαφημίζετε. Μετά είναι η σειρά σας να μαντέψετε.

Άσκηση 9

Διαβάζετε με προσοχή τις παρακάτω πληροφορίες. Μετά διαβάζετε τις διαφημίσεις και κάτω από κάθε διαφήμιση γράφετε ποιο άτομο ενδιαφέρεται γι' αυτήν.

Νίκος: Θα πάει σε έναν γάμο στις 20 Μαΐου. Δεν έχει ούτε ρούχα ούτε παπούτσια.

Κατερίνα: Τα ρούχα της δεν καθαρίζουν, όταν τα πλένει. Θέλει να αλλάξει απορρυπαντικό.

Βίκυ: Χάλασε το πλυντήριό της. Πρέπει να αγοράσει καινούριο.

Ελένη: Η φίλη της έχει γενέθλια. Θέλει να της αγοράσει ένα δώρο. Μάλλον θα της πάρει ένα βιβλίο.

Γιώργος: Αγόρασε καινούριο σπίτι, όμως δεν έχει καθόλου έπιπλα.

Μαρία: Θα πάει ένα ταξίδι με την οικογένειά της, όμως δεν έχει βαλίτσα!

Διαφήμιση 1

Όλα όσα θέλετε για τις διακοπές και τις μετακινήσεις σας τώρα στα πολυκαταστήματα «ΦΘΗΝΑ ΚΑΙ ΚΑΛΑ» με έκπτωση 70%! Ναι, καλά ακούσατε! Τρέξτε!

_____Μαρία_____

Διαφήμιση 4

Στο κατάστημα με τα ηλεκτρικά είδη βρείτε ελληνικά πλυντήρια σε πολύ χαμηλές τιμές. Πλυντήρια που καθαρίζουν αλλά δεν κοστίζουν! Τιμές για όλους!

_____

Διαφήμιση 2

Σκόνη πλυντηρίου «ΕΝΑ». Απορρυπαντικό για τις δύσκολες βρομιές και στους 30 βαθμούς. Τώρα με 30% έκπτωση.

_____

Διαφήμιση 5

ΒΙΒΛΙΟΠΩΛΕΙΟ «ΣΚΕΨΗ». ΜΕΧΡΙ ΤΙΣ 15 ΦΕΒΡΟΥΑΡΙΟΥ ΟΛΑ ΤΑ ΒΙΒΛΙΑ ΣΤΗ ΜΙΣΗ ΤΙΜΗ!

_____

Διαφήμιση 3

Για σπίτια με στιλ... Έπιπλα «ΤΟ ΣΠΙΤΙ ΜΟΥ». Τώρα και στη Θεσσαλονίκη. Σ' εμάς η ποιότητα είναι υψηλή ... όχι όμως και οι τιμές...

_____

Διαφήμιση 6

Αντρικά ρούχα και παπούτσια για τέλειες εμφανίσεις. Ελάτε τώρα στο κατάστημά μας και ψωνίστε στη μισή τιμή.

_____

Άσκηση 10

Κάνετε μια έρευνα, για να δείτε πόσο συχνά ψωνίζουν ρούχα και παπούτσια οι άνθρωποι, από πού ψωνίζουν και τι ψωνίζουν, όταν πηγαίνουν στο σούπερ μάρκετ. Μαζί με τον διπλανό / τη διπλανή σου, ετοιμάζετε ένα ερωτηματολόγιο για την έρευνά σας. Ρωτάτε τους συμμαθητές / τις συμμαθήτριές σας και παρουσιάζετε τα αποτελέσματα της έρευνας στην τάξη σας.

🗨 Προφορά

🎧 Άσκηση 1
(cd 1, 8)
Ακούς προσεκτικά το παρακάτω κείμενο, προσέχεις τις χρωματιστές λέξεις και συμπληρώνεις τον πίνακα.

Τα καινούρια τραγούδια της Κάτιας Μαριορή ταιριάζουν σε παιδιά. Η πρεμιέρα της παράστασης «Τα Κλειδιά του Σολ» είναι στις 5-10. Αγόρια και κορίτσια, να είστε όλοι εκεί. Στο πιάνο θα είναι η ίδια η Κάτια. Μετά τη μεγάλη επιτυχία «Καράβια, καραβάκια», ελάτε στην πιο καλή παράσταση της χρονιάς.

	[rja]	[ðja]	[tça]	[vja]	[rjo]	[pço]	[pça]
καινούρια	✓						
τραγούδια							
Κάτιας							
Μαριορή							
ταιριάζουν							
παιδιά							
κλειδιά							
αγόρια							
πιάνο							
ίδια							
καράβια							
πιο							

🎧 Άσκηση 2
(cd 1, 9)
Ακούς τις παρακάτω λέξεις κι επαναλαμβάνεις.

ντουλάπια, παιδιά, σπίτια, λογαριασμός, πιάτο, ταιριάζω, Κάτια, όποια, ανιψιά, αδέρφια, χωριό, πια, καινούριο, χέρια, μαξιλάρια, ποτήρια, ταψιά, μαχαίρια, ήπια, γιαούρτια, μαγαζιά, φτιάχνω, λουλούδια, τραγουδιού, καράβια, πιάνο, παιδιού, συρτάρια, αγόρια, ψάρια, χαρτιά, φωτιά

Άσκηση 3
Ποια λέξη δεν ταιριάζει με τις υπόλοιπες;

0. φτιάχνω, λουλούδια, τραγούδια, καράβια
1. ανιψιά, όποια, μαξιλάρια, φωτιά
2. παιδιού, συννεφιά, καινούρια, χέρια
3. πιάνο, πιάνω, αγόρια, ταψιά

Άσκηση 4
Διαλέγεις λέξεις από την άσκηση 2, κάνεις μια ιστορία και τη λες στην τάξη.

📖 Γραμματική: Βλέπω και παρατηρώ ...

Ο Γιάννης και η Άννα μιλούν για τον Νίκο και την Ελένη. Διαβάζεις τον διάλογό τους και απαντάς στις ερωτήσεις.

Άννα: Μίλησες με την Ελένη;
Γιάννης: Ναι, της μίλησα.
Άννα: Τι της είπες;
Γιάννης: Της πρότεινα να πάμε σινεμά.
Άννα: Τι σου απάντησε;
Γιάννης: Μου είπε ναι! Εσύ τι έκανες με τον Νίκο;
Άννα: Του έδωσα το δώρο του και του άρεσε πολύ.
Γιάννης: Τέλεια! Θα μιλήσουμε αύριο πάλι.

Ερωτήσεις:
1. Σε ποια μίλησε ο Γιάννης; _____
2. Σε ποια πρότεινε να πάνε σινεμά; _____
3. Σε ποιον απάντησε θετικά η Ελένη; _____
4. Σε ποιον έκανε δώρο η Άννα; _____
5. Σε ποια θα μιλήσει αύριο ο Γιάννης; _____

Βλέπω 👀

Βλέπεις τον παρακάτω πίνακα. Ενώνεις τις υπογραμμισμένες λέξεις από τη στήλη Β με αυτές που είναι στη στήλη Α κι έχουν την ίδια σημασία.

ΣΤΗΛΗ Α	ΣΤΗΛΗ Β
Ο Αποστόλης τηλεφώνησε σε μένα.	<u>Μου</u> τηλεφώνησε.
Η Μαρία τηλεφώνησε σε σένα;	<u>Σου</u> τηλεφώνησε;
Ο Γιάννης τηλεφώνησε στην Ελένη.	<u>Της</u> τηλεφώνησε.
Η Ελένη απάντησε στον Γιάννη θετικά.	<u>Του</u> απάντησε θετικά.
Έδωσα στο παιδί ένα βιβλίο.	<u>Του</u> έδωσα ένα βιβλίο.
Η Μαρία έδωσε σε μας αυτή την τηλεόραση.	<u>Μας</u> έδωσε αυτή την τηλεόραση.
Ο Κώστας έδωσε σε σας τον υπολογιστή του;	<u>Σας</u> έδωσε τον υπολογιστή του;
Η Μαρία έδωσε στους φίλους της ένα δώρο.	<u>Τους</u> έδωσε ένα δώρο.
Ο Γιάννης θα τηλεφωνήσει στις φίλες του αύριο.	Θα <u>τους</u> τηλεφωνήσει αύριο.
Ο παππούς έδωσε στα εγγόνια του ένα δώρο.	<u>Τους</u> έδωσε ένα δώρο.
Τηλεφώνησε στη Μαρία!	Τηλεφώνησέ <u>της</u>.
Μην τηλεφωνείς στη Μαρία.	Μην <u>της</u> τηλεφωνείς.

σ' εμένα = μου
σ' εσένα = σου
σ' αυτόν / σ' αυτή / σ' αυτό = του / της / του
σ' εμάς = μας
σ' εσάς = σας
σ' αυτούς / σ' αυτές / σ' αυτά = τους

και παρατηρώ ... 🔍

Απαντάς στην ερώτηση:

Ποια θέση έχουν οι υπογραμμισμένες λέξεις *μου*, *σου*, *του/της/του*, *μας*, *σας*, *τους* στις προτάσεις;

_____

Άσκηση 1

Γράφεις προτάσεις, όπως στο παράδειγμα. Βλέπεις τι γράφει ο συμμαθητής / η συμμαθήτριά σου και βρίσκετε τα λάθη σας.

0. Ο Γιάννης τηλεφωνεί <u>στους φίλους τους</u>.   *Ο Γιάννης τους τηλεφωνεί.*

1. Ο Κώστας πρότεινε <u>στη Μαρία</u> να πάνε σινεμά.   _____

2. Ο Μανόλης είπε την αλήθεια <u>στη Μαρία και στην Ελένη</u>.   _____

3. Η Μαρία απάντησε θετικά <u>στον Γιάννη</u>.   _____

4. Η Ελένη έδωσε ένα δώρο <u>στους φίλους της</u>.   _____

5. Ο Αποστόλης χάρισε ένα βιβλίο <u>στον Γιάννη</u>.   _____

6. Η άσπρη φούστα πηγαίνει πολύ <u>στη μαμά μου</u>.   _____

7. Ο Αλέξης είπε ψέματα <u>σε μένα και στον Νίκο</u>.   _____

Άσκηση 2

Γράφεις προτάσεις, όπως στο παράδειγμα. Βλέπεις τι γράφει ο συμμαθητής / η συμμαθήτριά σου και βρίσκετε τα λάθη σας.

0. Η Ελένη <u>τους</u> πρότεινε την παράσταση.   *Η Ελένη πρότεινε στον Γιάννη και στον Κώστα την παράσταση.*

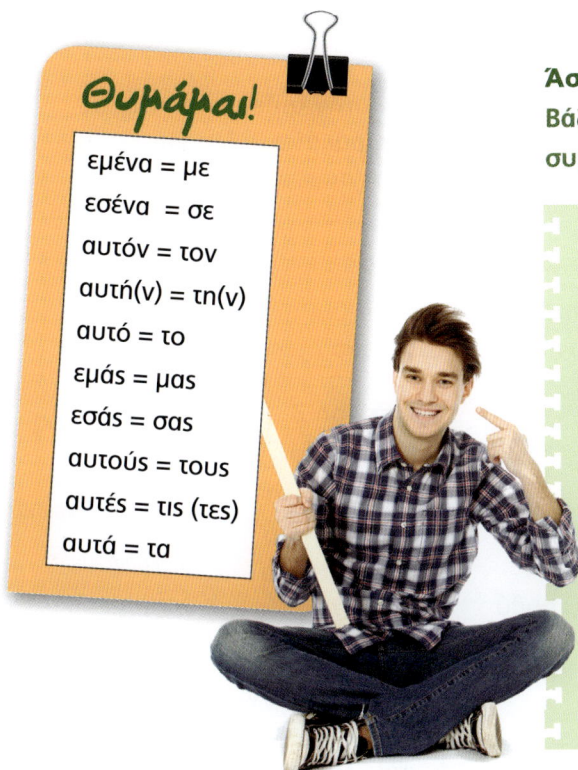

1. Η Μαρία <u>μας</u> έδωσε ένα βιβλίο. _____

2. Η αδερφή μου <u>μου</u> χάρισε ένα φόρεμα. _____

3. Ο αδερφός μου <u>της</u> απάντησε αρνητικά. _____

4. Το κόκκινο πουκάμισο <u>του</u> πηγαίνει πολύ. _____

5. Ο Νίκος <u>της</u> είπε ένα μυστικό. _____

6. Οι γονείς μου <u>τους</u> τηλεφώνησαν χθες. _____

Θυμάμαι!

εμένα = με
εσένα = σε
αυτόν = τον
αυτή(ν) = τη(ν)
αυτό = το
εμάς = μας
εσάς = σας
αυτούς = τους
αυτές = τις (τες)
αυτά = τα

Άσκηση 3

Βάζεις σε κύκλο το σωστό. Βλέπεις τι γράφει ο συμμαθητής / η συμμαθήτριά σου. Γράφετε τα ίδια;

0. Τα ρούχα της φίλης μου, με / (μου) αρέσουν πολύ.
1. Της / Την χάρισα ένα βιβλίο.
2. Του / Τον είδα χθες βράδυ με τη μαμά του.
3. Της / Την είπα ψέματα για αύριο.
4. Κάθε μέρα της / τη βλέπω στο σχολείο.
5. Η Ελένη του / την απάντησε και του / την είπε όχι.
6. Το πρόγραμμα της τηλεόρασης δεν μου / με αρέσει καθόλου.
7. Αυτό το φόρεμα σου / σε πηγαίνει πολύ!
8. Σήμερα την / της έστειλα ένα γράμμα.

Άσκηση 4

Μαζί με τον συμμαθητή / τη συμμαθήτριά σου βρίσκετε για ποιον / ποιους μιλάει ο Αποστόλης σε κάθε πρόταση; (α) για την Ελένη; (β) για τον Κώστα; (γ) για τους γονείς του; (δ) για τις θείες του; (ε) για τα παιδιά του;

0. Την καταλαβαίνω πάντα.   *για την Ελένη*

1. Της μιλάω κάθε μέρα στη δουλειά. _____

2. Τους φροντίζω πολύ. _____

3. Τους επισκέπτομαι κάθε καλοκαίρι. _____

4. Προσπαθώ να τα βλέπω συχνά, γιατί μου λείπουν πολύ. _____

5. Τις αγαπώ πολύ, γιατί μεγάλωσα μαζί τους. _____

6. Τα πηγαίνω στο θέατρο και στα μουσεία. _____

7. Τις βλέπω δυστυχώς μόνο τις γιορτές. _____

8. Τον βλέπω κάθε Σάββατο στο μπαρ. _____

Άσκηση 5

Μαζί με τον διπλανό / τη διπλανή σου γράφετε μια πρόταση για έναν συμμαθητή / μια συμμαθήτριά σας. Διαβάζετε τις προτάσεις σας στην τάξη. Μπορούν οι συμμαθητές / συμμαθήτριές σας να μαντέψουν για ποιον / ποια μιλάτε;

→ ΠΑΡΑΓΩΓΗ ΠΡΟΦΟΡΙΚΟΥ ΛΟΓΟΥ

Άσκηση 1

Α. Ποιες δραστηριότητες κάνεις στον ελεύθερό σου χρόνο; Διαβάζεις τις παρακάτω λέξεις, βάζεις σε κύκλο τις πιο συχνές σου ασχολίες και διαγράφεις αυτές που δεν κάνεις καθόλου.

ακούω μουσική, κάνω αθλητικές δραστηριότητες, βλέπω ταινίες, παίζω ηλεκτρονικά παιχνίδια, πηγαίνω σινεμά, κατεβάζω μουσική από το ίντερνετ, βγάζω φωτογραφίες, διαβάζω λογοτεχνία, παίζω μουσικό όργανο, πηγαίνω σε πολιτιστικές εκδηλώσεις

Λες στους συμμαθητές / στις συμμαθήτριές σου τι σου αρέσει και τι δεν σου αρέσει να κάνεις. Ρωτάς τους συμμαθητές / τις συμμαθήτριές σου τι τους αρέσει και τι δεν τους αρέσει να κάνουν. Ψάχνεις να βρεις ποιος / ποια έχει τα ίδια χόμπι με σένα.

Β. Προτιμάς το θέατρο ή τον κινηματογράφο; Εξηγείς γιατί. Μπορείς να μιλήσεις για την τιμή του εισιτηρίου, τα κοστούμια, τα σκηνικά, τη μουσική, τα εφέ κτλ.

Γ. Μαζί με τον διπλανό / τη διπλανή σου θέλετε να κάνετε ένα καινούριο κανάλι στην τηλεόραση. Θέλετε να μάθετε ποιες εκπομπές αρέσουν στους τηλεθεατές και ποιες όχι. Βλέπετε τις παρακάτω λέξεις και ετοιμάζετε ένα ερωτηματολόγιο για την έρευνά σας. Ρωτάτε τους συμμαθητές / τις συμμαθήτριές σας και παρουσιάζετε τα αποτελέσματα της έρευνάς σας στην τάξη σας.

ταινίες (δραματικές, κοινωνικές, κωμικές, αισθηματικές), συζητήσεις, ειδήσεις, εκπομπές (κοινωνικές, μαγειρικής, παιδικές, μόδας), ντοκιμαντέρ

Δ. Διαλέγεις μια φωτογραφία / εικόνα από την ενότητα 13. Την περιγράφεις στους συμμαθητές / στις συμμαθήτριές σου. Εκείνοι / Εκείνες προσπαθούν να καταλάβουν ποια φωτογραφία / εικόνα περιγράφεις.

Άσκηση 2
Ακούς το κείμενο και συμπληρώνεις τα κενά.

(cd 1, 10)

Άννα:	Γεια σου, Κώστα!
Κώστας:	Γεια σου, Άννα. Τι κάνεις;
Άννα:	Όλα καλά! ⁰ <u>Θέλεις να βγούμε</u> αύριο βράδυ; Έχει μια πολύ ωραία παράσταση στο Θέατρο Κήπου.
Κώστας:	Ναι, θέλω να βγούμε. Αλλά ¹_____ σε παράσταση; Δεν είναι λίγο βαρετό για Σάββατο βράδυ; ²_____ τον κινηματογράφο.
Άννα:	Αυτή η παράσταση ³_____. Σίγουρα θα περάσουμε πολύ καλά. Και είναι μόνο ⁴_____. Στον κινηματογράφο μπορούμε να πάμε κι άλλη μέρα.
Κώστας:	⁵_____ πολύ το θέατρο. Ο κινηματογράφος είναι πιο ζωντανός, αλλάζουν συνέχεια οι εικόνες. Στο θέατρο όλο το ίδιο και το ίδιο… Επίσης, είναι ⁶_____ το εισιτήριο. Στον κινηματογράφο κάνει 7 ευρώ και στο θέατρο 20.
Άννα:	Αυτή η παράσταση δεν έχει εισιτήριο. Κρατάει μόνο μια ώρα και ⁷_____ θα σου αρέσει πάρα πολύ. Το ξέρω ότι δεν σου αρέσει το θέατρο αλλά αυτή η παράσταση ⁸_____ πολύ ωραία. Μετά ⁹_____ για ένα ποτό. Τελειώνει γύρω στις 10. Έχουμε χρόνο μετά.
Κώστας:	Μμμμμ…
Άννα:	¹⁰_____ …
Κώστας:	Εντάξει, λοιπόν, πάμε. ¹¹_____ θα πάμε για ποτό; Σάββατο βράδυ θα είναι…
Άννα:	¹²_____!

Άσκηση 3
Μαζί με τον διπλανό / τη διπλανή σου ετοιμάζετε το παρακάτω παιχνίδι ρόλων για 3 λεπτά και το παρουσιάζετε στην τάξη.

Συμβουλές:
α) Υπογραμμίζετε τις λέξεις-κλειδιά.
β) Γράφετε το λεξιλόγιο που θα χρησιμοποιήσετε.
γ) Κάνετε τον διάλογο.

Ρόλος Α
Είναι Σάββατο βράδυ. Μιλάτε με τον φίλο / τη φίλη σας για το τι θα κάνετε το βράδυ. Εσείς θέλετε να βγείτε έξω με παρέα. Θέλετε να ακούσετε μουσική, να δείτε κόσμο κτλ. Ο φίλος / Η φίλη σας θέλει να μείνετε μέσα και να δείτε μια ταινία. Προσπαθείτε να τον / την πείσετε.

Ρόλος Β
Είναι Σάββατο βράδυ. Μιλάτε με τον φίλο / τη φίλη σας για το τι θα κάνετε το βράδυ. Εσείς θέλετε να μείνετε μέσα και να δείτε μια ταινία. Είστε πολύ κουρασμένος / -η και θέλετε να ξεκουραστείτε. Ο φίλος / Η φίλη σας θέλει να βγείτε έξω με παρέα. Προσπαθείτε να τον / την πείσετε.

→ ΠΑΡΑΓΩΓΗ ΓΡΑΠΤΟΥ ΛΟΓΟΥ

Άσκηση 1

Η φίλη σας έγραψε μια διαφήμιση για τα αγαπημένα σας παιχνίδια. Από τη διαφήμιση λείπουν κάποιες φράσεις. Διαβάζετε με προσοχή το κείμενο και συμπληρώνετε τα κενά με τις παρακάτω φράσεις.

που αγαπάει όλη η, πάρτε ακόμη ένα δώρο, και διασκεδάστε, Μαζί σας από το ..., παίζουν και μαθαίνουν

Παιχνίδια «ΤΖΑ». 0 _Μαζί σας από το_ 1950. Μεγαλώσαμε μαζί τους και τώρα μεγαλώνουν τα παιδιά μας! Παιχνίδια 1 _____ η οικογένεια.
Παίξτε με τα παιδιά σας, περάστε καλά μαζί τους 2 _____.
Εσείς διασκεδάζετε και τα παιδιά σας 3 _____. Αγοράστε τώρα ένα παιχνίδι και 4 _____.

Άσκηση 2

Γράφεις διαφημίσεις για ρούχα και παπούτσια. Ο διευθυντής σου θέλει να γράψεις μια διαφήμιση για καλά ρούχα και παπούτσια.
(80-100 λέξεις)

Συμβουλές:

α) Υπογραμμίζεις τις λέξεις που δείχνουν τι πρέπει να γράψεις.
β) Γράφεις το λεξιλόγιο που θα χρησιμοποιήσεις.
γ) Γράφεις τη διαφήμιση.
δ) Διαβάζεις τη διαφήμιση και βάζεις ✓ στον πίνακα.

Η διαφήμιση έχει τόνους.	
Η διαφήμιση έχει τελείες.	
Η διαφήμιση έχει πληροφορίες για τα ρούχα.	
Η διαφήμιση έχει πληροφορίες για τα παπούτσια.	
Η διαφήμιση έχει πληροφορίες για το μαγαζί που πουλάει τα προϊόντα.	

🎵 Ώρα για τραγούδι

Ακούς μια φορά το τραγούδι.
(cd 1, 11)

Άσκηση 1

Ακούς ξανά το τραγούδι. Ποιες λέξεις δείχνουν ότι οι διαφημίσεις και οι αφίσες δεν μας βοηθούν καθόλου;

Αφίσες, διαφημίσεις, φέιγ βολάν όλα γύρω σε κοιτάν.
Με προκλήσεις και προσκλήσεις έχεις πάντα απαντήσεις ...
Πού πουλάνε τα φθηνά, πού υπάρχουν τα καλά,
σε ποιο μέρος διασκεδάζουν και παράσταση ανεβάζουν;
Το μυαλό σου το μπερδεύουν, όλα γύρω σου χορεύουν.
Πρέπει να διασκεδάζεις, πρέπει πάντα να αγοράζεις.
Αν και τόσες ευκαιρίες, εσύ έχεις αγωνίες!
Πού θα βγεις και πού θα πας, ποια παρέα, τι φοράς;
Έχεις τόσα να σκεφτείς και ξεχνάς να ονειρευτείς,
έχεις βάλει και φτερά, μα σε πάνε πιο αργά.
Ξαφνικά καταλαβαίνεις ότι δεν τα προλαβαίνεις.
Ότι δεν τα προλαβαίνεις ξαφνικά καταλαβαίνεις.
Αφίσες, φέιγ βολάν, διαφημίσεις είναι πάντα αυτές οι λύσεις;
Οι προκλήσεις και οι προσκλήσεις δίνουν πάντα απαντήσεις;

⚠ Τώρα ξέρεις ...

	Ναι	Όχι
να λες τίνος είναι κάτι;		
να καταλαβαίνεις διαφημίσεις;		
να γράφεις διαφημίσεις;		
να ζητάς πληροφορίες για το θέατρο, τον κινηματογράφο κτλ.;		
να δίνεις πληροφορίες για το θέατρο, τον κινηματογράφο κτλ.;		

ΕΧΕΙ ΛΙΑΚΑΔΑ! ΠΑΜΕ ΜΙΑ ΒΟΛΤΑ;

→ ΚΑΤΑΝΟΗΣΗ ΓΡΑΠΤΟΥ ΛΟΓΟΥ

- Ξέρεις τη Θεσσαλονίκη; Πήγες ποτέ;
- Σου άρεσε; Τι σου άρεσε;
- Ποια είναι τα αξιοθέατα της πόλης σου;

Άσκηση 1

Διαβάζεις γρήγορα το παρακάτω κείμενο και απαντάς στις ερωτήσεις.

1. Το κείμενο είναι
   α. γράμμα.
   β. διαφήμιση.
   γ. διάλογος.

2. Το κείμενο το βρίσκουμε
   α. στο διαδίκτυο.
   β. στην τηλεόραση.
   γ. σε μια κολόνα στον δρόμο.

Άσκηση 2

Διαβάζεις με προσοχή το παρακάτω κείμενο και στον πίνακα που ακολουθεί σημειώνεις ένα ✓ κάτω από το ΣΩΣΤΟ δίπλα στις προτάσεις που συμφωνούν με το κείμενο και κάτω από το ΛΑΘΟΣ δίπλα στις προτάσεις που δεν συμφωνούν.

Συμβουλή:
Πρώτα διαβάζεις τον πίνακα με τις ερωτήσεις. Τι πρέπει να προσέξεις στο κείμενο;

Βόλτα στη Θεσσαλονίκη!

Με τη γραμμή 50 του ΟΑΣΘ έχετε την ευκαιρία και τη δυνατότητα να κάνετε μια βόλτα στην ιστορία και στα αξιοθέατα της πόλης σε 50 λεπτά! Ναι, μπορείτε!

Το λεωφορείο ξεκινά από τον Λευκό Πύργο, ένα σπουδαίο μνημείο της Θεσσαλονίκης. Κατά τη διάρκεια της διαδρομής θα δείτε τα μουσεία και τα θέατρα της πόλης, τις όμορφες πλατείες Ναβαρίνου και Αριστοτέλους! Για ουζάκι και παραδοσιακό μεζέ, κάντε μια βόλτα στην Αγορά Μοδιάνο!

Μετά θα ανεβείτε στην Άνω Πόλη κι εκεί θα δείτε μια άλλη, παλιά πόλη με πολλά μνημεία, στενά δρομάκια και όμορφα κτίρια. Ταβέρνες με μοναδική θέα στη θάλασσα σερβίρουν καταπληκτικό φαγητό! Όταν το λεωφορείο κατεβαίνει από την Άνω Πόλη, περνάει μπροστά από το Πανεπιστήμιο. Από 'δω μπορείτε να δείτε τη γνωστή Καμάρα, τόπο συνάντησης για όλους τους κατοίκους της πόλης! Τέλος, επιστρέφετε στον Λευκό Πύργο και μπορείτε να κάνετε μια βόλτα στην παραλία της πόλης.

Το λεωφορείο φεύγει από την αφετηρία κάθε μία ώρα,

8 π.μ. - 9 μ.μ. Ιούνιο-Σεπτέμβριο και

9 π.μ.- 4 μ.μ. Οκτώβριο-Μάιο.

Τιμή εισιτηρίου: 2 ευρώ κανονικό, 1 ευρώ μειωμένο.

Το εισιτήριο διαρκεί μία μέρα.

Πληροφορίες: τηλ: 185,

www.oasth.gr

		ΣΩΣΤΟ	ΛΑΘΟΣ
0.	Η βόλτα με το λεωφορείο κρατάει 50 λεπτά.	✓	
1.	Στην αγορά Μοδιάνο έχει ωραίες ταβέρνες.		
2.	Η Άνω Πόλη είναι καινούρια περιοχή.		
3.	Από την Άνω Πόλη βλέπεις το βουνό.		
4.	Στην Καμάρα δίνουν ραντεβού πολλοί άνθρωποι.		
5.	Το λεωφορείο έχει τα ίδια δρομολόγια όλο τον χρόνο.		
6.	Η διάρκεια του εισιτηρίου είναι 24 ώρες.		

Άσκηση 3

Κάνεις τρεις (3) ερωτήσεις στον διπλανό / στη διπλανή σου σχετικά με το παραπάνω κείμενο. Απαντάς κι εσύ στις ερωτήσεις του / της.

Λεξιλόγιο

Άσκηση 1

Πες το αλλιώς. Ενώνεις τις λέξεις / φράσεις και γράφεις τα ζευγάρια.
Βλέπεις τι γράφει ο διπλανός / η διπλανή σου. Γράφετε τα ίδια;

γράφω τα ζευγάρια
Έχω την ευκαιρία. = Έχω τη δυνατότητα.

0. Έχω την ευκαιρία. ___γ___ α. Φεύγει από τον Λευκό Πύργο.
1. Καταπληκτικό φαγητό. _____ β. Πηγαίνετε μια βόλτα.
2. Ξεκινά από τον Λευκό Πύργο. _____ γ. Έχω τη δυνατότητα.
3. Κάντε μια βόλτα. _____ δ. Γυρίζετε.
4. Επιστρέφετε. _____ ε. Νόστιμο φαγητό.

Άσκηση 2

Πες το αντίθετο. Ενώνεις τις λέξεις / φράσεις και γράφεις τα αντίθετα.
Βλέπεις τι γράφει ο διπλανός / η διπλανή σου. Γράφετε τα ίδια;

γράφω τα αντίθετα
Μειωμένο ≠ Κανονικό

0. Μειωμένο εισιτήριο. ___β___ α. Τέρμα λεωφορείων.
1. Στενός δρόμος. _____ β. Κανονικό εισιτήριο.
2. Αφετηρία λεωφορείων. _____ γ. Επιστρέφει.
3. Ξεκινά. _____ δ. Πίσω.
4. Παλιά πόλη. _____ ε. Άσχημα.
5. Όμορφα. _____ στ. Καινούρια πόλη.
6. Μπροστά. _____ ζ. Μεγάλος δρόμος.

Άσκηση 3

Βρίσκεις τις παρακάτω λέξεις / φράσεις μέσα στο κείμενο. Τι σημαίνουν; Εξηγείς τις λέξεις στην τάξη χωρίς να μιλήσεις. Ζωγραφίζεις ή / και δείχνεις.

Συμβουλή:
Δεν καταλαβαίνεις μια λέξη; Ρωτάς τον δάσκαλό / τη δασκάλα σου:
«Τι σημαίνει η λέξη ...;»

- διαδρομή
- μεζές
- μνημείο
- κτίρια
- σερβίρω
- επιστρέφω
- παραλία

Άσκηση 4

Μαζί με τον διπλανό / τη διπλανή σου ενώνετε τις ερωτήσεις με τις απαντήσεις.

0.	Τι εισιτήριο έκλεισες;	ε	α. Όχι, θα φτάσουμε στην ώρα μας.
1.	Πόσο διαρκεί η πτήση;	____	β. Για 2 μέρες.
2.	Το ταξίδι έχει καθυστέρηση;	____	γ. Σε ταβέρνες κι εστιατόρια.
3.	Για πόσες μέρες νοίκιασες αυτοκίνητο;	____	δ. 10 ευρώ.
4.	Πώς θα πάμε από το αεροδρόμιο στο ξενοδοχείο;	____	ε. Όχι απλό, με επιστροφή.
5.	Πού θα φάμε;	____	στ. Από τις 8 μέχρι τις 11 το πρωί.
6.	Πόσο κοστίζει το φαγητό για ένα άτομο;	____	ζ. 2 ώρες.
7.	Πού είναι το ξενοδοχείο;	____	η. Πρωινό και βραδινό.
8.	Πόσα γεύματα περιλαμβάνει η εκδρομή;	____	θ. Με μετρό.
9.	Τι ώρα σερβίρουν πρωινό;	____	ι. Στο κέντρο της πόλης.

Άσκηση 5

Μαζί με τον διπλανό / τη διπλανή σου ενώνετε τις ερωτήσεις με την ίδια σημασία.

0.	Τι αεροπορικό εισιτήριο έκλεισες;	γ	α. Πόσο κάνει το φαγητό για ένα άτομο;
1.	Πόσο διαρκεί η πτήση;	____	β. Πού βρίσκεται το ξενοδοχείο;
2.	Το ταξίδι έχει καθυστέρηση;	____	γ. Τι αεροπορικό εισιτήριο πήρες / αγόρασες;
3.	Πόσο κοστίζει το φαγητό για ένα άτομο;	____	δ. Το αεροπλάνο φτάνει στην ώρα του;
4.	Πού είναι το ξενοδοχείο;	____	ε. Πόση ώρα είναι η πτήση;

Άσκηση 6

Βάζεις σε κύκλο το σωστό. Βλέπεις τις γράφει ο διπλανός / η διπλανή σου. Γράφετε τα ίδια;

Γεια σου, φιλενάδα!
Είμαι στο Βερολίνο. Δεν 0 (περνάω) / πηγαίνω πολύ καλά. Φτάσαμε τη Δευτέρα το πρωί μετά από δέκα ώρες 1 αργά / καθυστέρηση! Στο αεροδρόμιο 2 βρήκα / έχασα τη βαλίτσα μου και δεν έχω καθόλου 3 τίποτα / ρούχα.
   Το ξενοδοχείο είναι στο κέντρο της πόλης αλλά είναι 4 καθαρό / βρόμικο και έχει πολλή φασαρία. Ο 5 καιρός / δωμάτιο δεν είναι καλός. Όλο βρέχει και κάνει κρύο. Δεν μπορούμε να πάμε καμία 6 πουθενά / βόλτα. Είμαστε όλη τη μέρα μέσα στο 7 ξενοδοχείο / σπίτι και βλέπουμε τηλεόραση. Τρώμε εδώ μέσα. Το φαγητό δεν μου αρέσει και είναι πολύ ακριβό.
   8 Γυρίζουμε πίσω / Ξεκινάμε σε δύο μέρες. Μόλις φτάσουμε, θα σου τηλεφωνήσω!
Φιλιά.
Αγγέλα

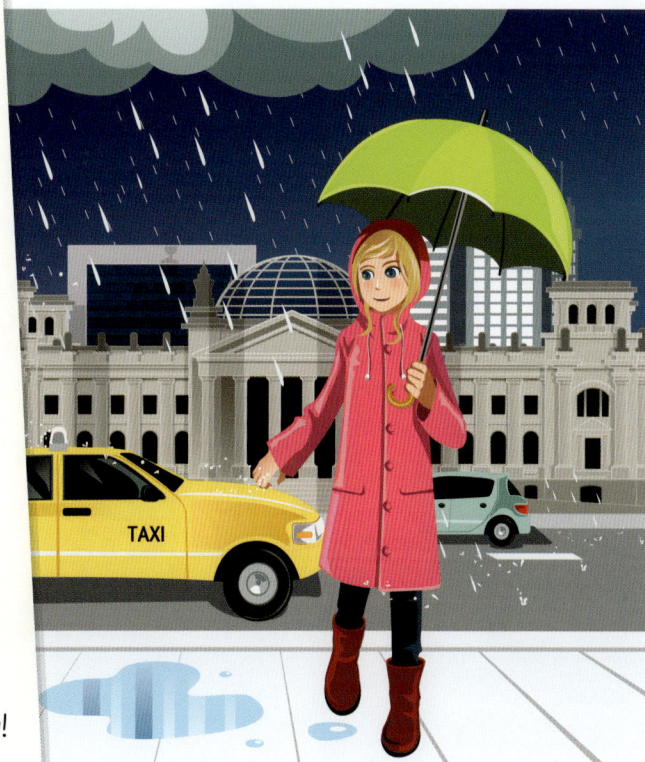

Άσκηση 7

Συμπληρώνεις τα κενά με τις λέξεις. Βλέπεις τι γράφει ο διπλανός / η διπλανή σου. Γράφετε τα ίδια;

> πτήση, στο κέντρο, μετρό, έφτασα, πέρασα, βόλτες, επιστρέφουμε, φτάσουμε,
> μνημεία, με τα πόδια, αξιοθέατα, μοναδική, καθυστέρηση

Γεια σου, μαμά!

Σου γράφω από το Παρίσι! Είναι μια καταπληκτική πόλη! Περνάω φανταστικά.
0 _____Έφτασα_____ προχθές αργά το βράδυ. Η 1_____ ήταν πολύ καλή, χωρίς
καθόλου 2_____. Το ξενοδοχείο είναι πολύ όμορφο και πολύ καθαρό. Είναι
3_____ της πόλης. Χρησιμοποιώ πολύ το 4_____ αλλά σε πολλά
μουσεία μπορώ να πάω και 5_____.

   Χθες πήρα ένα λεωφορείο και είδα όλο το Παρίσι σε 2 ώρες. 6_____
από το μουσείο του Λούβρου, τον Πύργο του Άιφελ και πολλά ακόμη 7_____ της
πόλης. Το Παρίσι έχει πολύ ωραία 8_____, μεγάλα κτίρια και μεγάλους δρόμους.
Ο καιρός είναι πολύ καλός και μπορούμε να κάνουμε πολλές 9_____. Αύριο θα
ανέβω στον Πύργο του Άιφελ. Η θέα είναι 10_____!

   Το φαγητό είναι καλό, αλλά είναι πολύ ακριβό. Έχει πολύ ωραία μαγαζιά! Αύριο το
απόγευμα θα κάνω μερικά ψώνια.

11_____ την Κυριακή το βράδυ στις 8. Θα σου τηλεφωνήσω, όταν
12_____.

Πολλά φιλιά,
Σοφία

Άσκηση 8

Θα κάνεις ένα ταξίδι με τον φίλο / τη φίλη σου. Συζητάτε για τις δουλειές που πρέπει να κάνετε. Κάνεις ερωτήσεις στον διπλανό / στη διπλανή σου και συμπληρώνεις τον πίνακά σου.

Μαθητής Α: _Έκλεισες δωμάτιο;_

Μαθητής Β: _Ναι._

Μαθητής Α: _Τι δωμάτιο;_

Μαθητής Β: _Ένα δίκλινο._

Μαθητής Α: _Πόσο κάνει;_

Μαθητής Β: _80 ευρώ με πρωινό._

Μαθητής Α: _Για πόσες μέρες;_

Μαθητής Β: _Για 5._

Μαθητής Α: _Σε ποιο ξενοδοχείο;_

Μαθητής Β: _Στο ξενοδοχείο Άλφα._

Μαθητής Α: _Πού είναι αυτό;_

Μαθητής Β: _Είναι πολύ κεντρικό, κοντά στο Σύνταγμα._

Μαθητής Α: _Τι έχει στο ξενοδοχείο;_

Μαθητής Β: _Έχει αρκετές ανέσεις. Το δωμάτιο έχει τηλεόραση και ψυγείο. Το ξενοδοχείο έχει διαδίκτυο, εστιατόριο, μπαρ και είναι πολύ κοντά σε στάση του μετρό._

Μαθητής Α

Ξενοδοχείο / δωμάτιο

Είδος: _Δίκλινο_

Τιμή: _80 ευρώ με πρωινό_

Μέρες: _5 (από 1 μέχρι 5 Αυγούστου)_

Τοποθεσία: _Κεντρικό_

Ανέσεις: _τηλεόραση, ψυγείο, διαδίκτυο, εστιατόριο, μπαρ, κοντά στο μετρό_

Αεροπορικό εισιτήριο

Είδος:
απλό / με επιστροφή

Τιμή:
250 ευρώ / άτομο

Διάρκεια πτήσης:
2 ώρες

Καθυστέρηση:
Όχι

Ενοικίαση αυτοκινήτου

Αριθμός ημερών:

Μέρες:

Μάρκα:

Τιμή: _____

Διαδικασία:
_____

Φαγητό

Είδος καταστημάτων:
Ταβέρνες / εστιατόρια

Τιμή:
15-25 ευρώ / άτομο

Τοποθεσία:
κοντά στο ξενοδοχείο

Μαθητής Β

Ξενοδοχείο / δωμάτιο

Είδος: Δίκλινο

Τιμή: 80 ευρώ με πρωινό

Μέρες: 5 (από 1 μέχρι 5 Αυγούστου)

Τοποθεσία: Κεντρικό

Ανέσεις: τηλεόραση, ψυγείο, διαδίκτυο, εστιατόριο, μπαρ, κοντά στο μετρό

Αεροπορικό εισιτήριο

Είδος:
_____

Τιμή:
_____

Διάρκεια πτήσης:
_____

Καθυστέρηση:

Ενοικίαση αυτοκινήτου

Αριθμός ημερών: 2

Μέρες:
Τρίτη και Τετάρτη

Μάρκα: Citroen

Τιμή: 50 ευρώ τη μέρα

Διαδικασία:
διαβατήριο, αίτηση

Φαγητό

Είδος καταστημάτων:
_____

Τιμή:
_____

Τοποθεσία:
_____

Άσκηση 9

Είστε ομάδες των 4 ατόμων. Διαλέγετε έναν από τους παρακάτω ρόλους και κάνετε τους διαλόγους.

Μαθητής Α

Ένα ζευγάρι ηλικιωμένων ανθρώπων θέλουν να κάνουν ένα ταξίδι στην Κωνσταντινούπολη. Σας ζητούν να πάτε μαζί τους, για να τους βοηθήσετε. Δεν μπορούν να περπατήσουν πολύ εύκολα. Θέλετε να κλείσετε ένα φτηνό ξενοδοχείο, επειδή δεν έχετε πολλά χρήματα. Θέλετε ένα μονόκλινο δωμάτιο για σας κι ένα δίκλινο για τους ηλικιωμένους φίλους σας. Αυτοί προτιμούν να τρώνε στο ξενοδοχείο το βράδυ. Σας δίνουν τα τηλέφωνα από δύο ξενοδοχεία και τηλεφωνείτε, για να ζητήσετε πληροφορίες. Ποιο ξενοδοχείο επιλέγετε;

Μαθητής Β

Εσείς και ο φίλος σας θέλετε να κάνετε ένα ταξίδι στην Κωνσταντινούπολη. Θέλετε να γνωρίσετε τη νυχτερινή ζωή της πόλης, να κάνετε χαμάμ αλλά δεν θέλετε να ξυπνάτε πολύ νωρίς για πρωινό. Θέλετε ένα φτηνό ξενοδοχείο, γιατί δεν έχετε πολλά χρήματα. Θα χρειαστείτε δύο μονόκλινα δωμάτια. Έχετε τα τηλέφωνα από δύο ξενοδοχεία και τηλεφωνείτε, για να ζητήσετε πληροφορίες. Ποιο ξενοδοχείο επιλέγετε;

Μαθητής Δ

Υπάλληλος Ξενοδοχείου Β:

Δωμάτια και τιμές: 50 ευρώ το μονόκλινο με πρωινό (μόνο 1 μονόκλινο υπάρχει αυτή τη στιγμή). 75 ευρώ το δίκλινο (με πρωινό) (μόνο δύο δίκλινα δωμάτια υπάρχουν στο ισόγειο).

Γεύματα:
Πρωινό: 7:00-8:30 π.μ.
Μεσημεριανό: 12:00-14:00 μ.μ.
Βραδινό: 19:00-21:00 μ.μ.

Τοποθεσία: Πολύ κεντρικό. Δίπλα σε μπαρ και εστιατόρια, κοντά σε στάση του μετρό και σε πιάτσα ταξί.

Μαθητής Γ

Υπάλληλος Ξενοδοχείου Α:

Δωμάτια και τιμές:
Στον 1ο, 2ο, και 3ο όροφο. 75 ευρώ το μονόκλινο και 100 ευρώ το δίκλινο (με πρωινό). Σε αυτούς τους ορόφους υπάρχουν μόνο μονόκλινα δωμάτια αυτή τη στιγμή.
Στον 4ο όροφο: 60 ευρώ το μονόκλινο και 85 ευρώ το δίκλινο (με πρωινό). Σε αυτόν τον όροφο υπάρχουν μόνο δίκλινα δωμάτια αυτή τη στιγμή.

Γεύματα:
Πρωινό: 7:00-11:00 π.μ.
Μεσημεριανό: 12:30-14:30 μ.μ.
Βραδινό: 19:00-21:30 μ.μ.

Τοποθεσία: 5 χλμ. από το κέντρο της Κωνσταντινούπολης. Ήσυχο μέρος, δίπλα σε χαμάμ. Κοντά σε στάση λεωφορείου και σε πιάτσα ταξί.

Γραμματική: Βλέπω και παρατηρώ ...

Διαβάζεις το παρακάτω κείμενο και απαντάς στις ερωτήσεις.

Τα Ζαγοροχώρια είναι μικρά χωριά στον νομό Ιωαννίνων με παραδοσιακά σπιτάκια και μικρές πλατειούλες. Θα βρείτε πολλές ταβερνούλες για να πιείτε το ουζάκι σας και να δοκιμάσετε νόστιμους μεζέδες. Είναι πολύ γνωστή η ταβέρνα «η Ελενίτσα και ο Κωστάκης». Το ζευγάρι ετοιμάζει μοναδικούς μεζέδες! Μην τους χάσετε!

Ερωτήσεις:

1. Αρέσουν τα σπίτια και οι πλατείες στον συγγραφέα του κειμένου; _____

2. Οι πλατείες είναι μικρές ή μεγάλες; Πώς το καταλαβαίνεις; _____

3. Ποιο ποτό αρέσει πολύ σ' αυτούς που πηγαίνουν στην ταβέρνα «Η Ελενίτσα και ο Κωστάκης»; _____

4. Η Ελενίτσα και ο Κωστάκης είναι μικρά παιδιά; _____

Βλέπω 👀

Βλέπεις τα παρακάτω παραδείγματα.

Ο	Κώστας-Κωστάκης, Γιάννης-Γιαννάκης, Πέτρος-Πετράκης
Η	πλατεία-πλατειούλα, ταβέρνα-ταβερνούλα, Ελένη-Ελενίτσα
ΤΟ	ούζο-ουζάκι, σπίτι-σπιτάκι

και παρατηρώ ... 🔍

Και απαντάς στις ερωτήσεις.

Όταν μιλάμε **α)** για κάποιον / κάτι μικρό,

β) για κάποιον / κάτι που αγαπάμε / μας αρέσει πολύ ή

γ) σε έναν καλό μας φίλο τότε:

Ποιες αλλαγές γίνονται στα χρωματιστά γράμματα, όταν μια λέξη έχει μπροστά το:

Ο: _____

Η: _____

ΤΟ: _____

Άσκηση 1

Παίζουμε τένις! Παίζεις τένις με τον διπλανό / τη διπλανή σου. Χρησιμοποιείς τις λέξεις:

ούζο, δουλειά, πλατεία, κορίτσι, κουβέρτα, σεντόνι, φούστα, Μαίρη, μπαλκόνι, Γιώργος, Γιάννης, Βίκυ

Μαθητής Α:

ούζο

Μαθητής Β:

ουζάκι, δουλειά

Άσκηση 2

Μαζί με τον διπλανό / τη διπλανή σου ακολουθείτε τις λέξεις που **δείχνουν κάτι μικρό** και βγαίνετε από τον λαβύρινθο.

Αρχή

παιδάκι	δουλίτσα	φόρεμα	Ελένη	χέρι
πιρούνι	ταβερνούλα	αγώνας	παντελόνι	σεντόνι
φουστίτσα	ουζάκι	Μαρία	μολύβι	βιβλίο
Γιαννάκης	μπαλκόνι	μανούλα	ξενοδοχειάκι	μπυρίτσα
Ελενίτσα	ωρίτσα	σπιτάκι	μωρό	Κωστάκης
κουζίνα	αγόρι	Νίκος	παιδί	Βασιλικούλα

Τέλος

Άσκηση 3

Μαζί με τον διπλανό / τη διπλανή σου συμπληρώνετε τα κενά, όπως στο παράδειγμα.

0. Η _Αννούλα_ (Άννα) είναι 5 χρονών.

1. Η Βίκυ έχει δύο _____ (αγόρι) και η Μαίρη ένα _____ (κορίτσι) 6 χρονών.

2. Ο Κωστάκης έχει μια _____ (αδελφή).

3. Πώς κάνει, Γιάννη, η _____ (γάτα);

4. Αγόρασα μια πολύ ωραία _____ (τσάντα).

5. Ωραίο το _____ (φουστάνι) σου, Μαρία μου.

6. Θέλω ένα _____ (παντελόνι) για το παιδί μου.

7. Ο _____ (Γιάννης) και ο _____ (Δημήτρης) είναι αδέρφια.

8. Σε μια _____ (ώρα) θα φύγω.

9. Η _____ (Ελένη) είναι φίλη μου.

10. Τι κάνεις _____ (καρδιά) μου;

Άσκηση 4

Μαζί με τον διπλανό / τη διπλανή σου διαβάζεις και σημειώνεις ένα ✓ κάτω από τη σωστή απάντηση:

	Σε ποιες προτάσεις κάποιος μιλάει	για κάποιον / κάτι μικρό ή λίγο;	για κάποιον που αγαπάει;	για κάτι που του αρέσει πολύ;
0.	Σε μια ωρίτσα θα είμαι πίσω.	✓		
1.	Αυτό το παιδάκι είναι πολύ όμορφο.			
2.	Αγόρασα ένα πολύ ωραίο φουστανάκι για τη θάλασσα.			
3.	Ο Κωστάκης μου παντρεύτηκε χθες.			
4.	Είμαι στο Παρίσι για μια δουλίτσα.			
5.	Η Ελενίτσα είναι 3 χρονών.			
6.	Μανούλα μου, σ' αγαπώ πολύ.			
7.	Πάμε για μια μπιρίτσα αύριο;			
8.	Το σπιτάκι είναι της Μαρίας.			
9.	Τι κάνει το παιδάκι μου;			

Βόλτα στη Θεσσαλονίκη!

Γραμμή 50 του ΟΑΣΘ.
Στάσεις διαδρομής:

Πρώτη στάση: Μουσεία
Δεύτερη στάση: Ανάκτορο Γαλέριου, Έσπερος
Τρίτη στάση: Αγίας Σοφίας
Τέταρτη στάση: Πλατεία Αριστοτέλους
Πέμπτη στάση: Δημαρχείο

Έκτη στάση: Διοικητήριο
Έβδομη στάση: Άγιος Δημήτριος
Όγδοη στάση: Κουλέ Καφέ
Ένατη στάση: Ταξιαρχών
Δέκατη στάση: Άνω Πόλη

Άσκηση 1

Συμπληρώνεις τα κενά. Βλέπεις τι γράφει ο διπλανός / η διπλανή σου. Γράφετε τα ίδια;

0. Ο _____Πρώτος_____ νικητής κερδίζει ένα ταξίδι για πέντε μέρες.

1. Ο _____ μήνας του χρόνου είναι ο Απρίλιος.

2. Η _____ μέρα της εβδομάδας είναι η Παρασκευή.

3. Ο _____ μήνας του χρόνου είναι ο Σεπτέμβριος και ο _____ ο Οκτώβριος.

4. Η _____ μέρα της εβδομάδας είναι το Σάββατο.

5. Ο _____ μήνας του χρόνου είναι ο Ιούλιος.

6. Η _____ μέρα της εβδομάδας είναι η Τρίτη.

7. Ο _____ μήνας του χρόνου είναι ο Μάρτιος.

8. Ο _____ μήνας το χρόνου είναι ο Αύγουστος.

Άσκηση 2

Δουλεύεις σε ένα ταξιδιωτικό γραφείο. Ο διευθυντής σου μόλις σου έφερε ανακατεμένες τις στάσεις μιας εκδρομής σε όλη την Ελλάδα. Πρέπει να ετοιμάσεις το πρόγραμμα της εκδρομής για το διαφημιστικό φυλλάδιο. Βλέπεις με προσοχή τις ημερομηνίες, βάζεις τις στάσεις στη σειρά και κάνεις το πρόγραμμα.

1/10: Αθήνα	15/10: Βλάστη-Μέτσοβο-Μετέωρα
22/10: Ξάνθη-Κομοτηνή	17/10: Θεσσαλονίκη
13/10: Φλώρινα-Καστοριά	8/10: Μεσολόγγι-Άρτα
4/10: Ναύπλιο-Πάτρα	19/10: Σέρρες-Δράμα-Καβάλα
26/10: Αλεξανδρούπολη	10/10: Ιωάννινα-Ζαγοροχώρια

Πρώτη στάση: Αθήνα _____
_____
_____
_____
_____
_____
_____
_____
_____

ΚΑΤΑΝΟΗΣΗ ΠΡΟΦΟΡΙΚΟΥ ΛΟΓΟΥ

- Τι καιρό έχει συνήθως στη χώρα σου;
- Ποιος καιρός σου αρέσει;
- Τι ρούχα φοράς σε κάθε εποχή;

Άσκηση 1

(cd 1, 12)

Ακούς με προσοχή το κείμενο. Στον χάρτη που έχεις μπροστά σου κρατάς σύντομες σημειώσεις για τον καιρό που θα έχει σε διάφορες περιοχές της Ελλάδας.

Συμβουλή:
Ποιο είναι το θέμα του κειμένου;
Ποιες λέξεις / φράσεις περιμένεις να ακούσεις;

Καβάλα
Καιρός: _ζέστη_
Θερμοκρασία: _25° C_

Θεσσαλονίκη
Καιρός: _____
Θερμοκρασία: _____

Μυτιλήνη
Καιρός: _____
Θερμοκρασία: _____

Βόλος
Καιρός: _____
Θερμοκρασία: _____

Ιωάννινα
Καιρός: _____
Θερμοκρασία: _____

Αθήνα
Καιρός: _____
Θερμοκρασία: _____

Καλαμάτα
Καιρός: _____
Θερμοκρασία: _____

Κρήτη
Καιρός: _____
Θερμοκρασία: _____

Βορράς

Δύση — Ανατολή

Νότος

Άσκηση 2

Διαλέγεις μια πόλη από τις παραπάνω. Τι ρούχα φοράνε οι άνθρωποι που μένουν σε αυτή την πόλη;

λεξιλόγιο

Άσκηση 1

Πες το αντίθετο. Ενώνεις τις φράσεις και γράφεις τα αντίθετα.
Βλέπεις τι γράφει ο διπλανός / η διπλανή σου. Γράφετε τα ίδια;

0. καλός καιρός ___γ___
1. υψηλή θερμοκρασία _____
2. δυνατός άνεμος _____
3. λιακάδα _____

α. ασθενής άνεμος
β. συννεφιά
γ. κακός καιρός
δ. χαμηλή θερμοκρασία

γράφω τα αντίθετα

καλός καιρός ≠ κακός καιρός

Συμβουλή:
Δεν καταλαβαίνεις μια λέξη; Ρωτάς τον δάσκαλό / τη δασκάλα σου:
«Τι σημαίνει η λέξη ...;»

Άσκηση 2

Διαβάζεις τις παρακάτω προτάσεις. Τι σημαίνουν; Εξηγείς τις υπογραμμισμένες φράσεις στην τάξη χωρίς να μιλήσεις. Ζωγραφίζεις ή / και δείχνεις.

- Ακούτε το <u>κεντρικό δελτίο καιρού του σταθμού</u> μας.
- <u>Η θερμοκρασία δεν θα ξεπεράσει</u> τους 25 βαθμούς Κελσίου.
- <u>Η θερμοκρασία δεν θα πέσει κάτω από</u> τους 25 βαθμούς Κελσίου.
- <u>Ο υδράργυρος θα φτάσει τους</u> 30 βαθμούς σε μερικές περιοχές.

Άσκηση 3

Ενώνεις τις εικόνες με τις λέξεις.

0. ψιχαλίζει
1. αστράφτει
2. άνεμος
3. σύννεφα
4. ομίχλη
5. παγωνιά
6. ζέστη
7. βροχές
8. χιόνια
9. ήλιος
10. καταιγίδα
11. κεραυνός
12. πάγος

α.

β.

γ.

δ.

ε.

στ.

ζ. 0

η.

θ.

ι.

κ.

λ.

μ.

Άσκηση 4

Ενώνεις τις φράσεις στις δύο στήλες. Βλέπεις τι γράφει ο συμμαθητής / η συμμαθήτριά σου. Γράφετε τα ίδια;

0. Βρέχει.	γ	**α.** Μπορεί να βρέξει.
1. Έχει ζέστη.	_____	**β.** Βάλε σκούφο και γάντια.
2. Χιονίζει.	_____	**γ.** Πάρε ομπρέλα.
3. Έχει παγωνιά / πολύ κρύο.	_____	**δ.** Η θάλασσα έχει κύματα.
4. Έχει ομίχλη.	_____	**ε.** Πάμε στη θάλασσα;
5. Φυσάει.	_____	**στ.** Οδήγησε με προσοχή.
6. Έχει σύννεφα.	_____	**ζ.** Πάμε για σκι;

Άσκηση 5

Σημειώνεις Σ δίπλα στις προτάσεις που είναι σωστές και Λ δίπλα σε αυτές που είναι λάθος.

0. Όταν βρέχει, έχει ήλιο.   Λ

1. Όταν έχει κρύο, φοράμε μαγιό.   _____

2. Όταν έχει ομίχλη, δεν βλέπουμε μπροστά μας.   _____

3. Τον χειμώνα στη Σκωτία κάνει πολλή ζέστη.   _____

4. Όταν έχει σύννεφα, μπορεί να βρέξει.   _____

5. Το φθινόπωρο στην Ελλάδα χιονίζει.   _____

6. Όταν κάνει ζέστη, μπορούμε να βάλουμε παλτό.   _____

7. Το καλοκαίρι στην Ελλάδα πηγαίνουμε στη θάλασσα.   _____

8. Όταν χιονίζει, έχει κρύο.   _____

9. Την άνοιξη στην Ελλάδα βγαίνουν ωραία λουλούδια.   _____

Άσκηση 6

Συμπληρώνεις τα κενά με τις λέξεις / φράσεις. Βλέπεις τι γράφει ο συμμαθητής / η συμμαθήτριά σου. Γράφετε τα ίδια;

> *δυνατό αέρα, θα ανέβει, θα βρέξει, θερμοκρασία, ο υδράργυρος δεν θα ξεπεράσει, θα έχει ήλιο, χαμηλή*

Ο καιρός αύριο δεν θα είναι καλός στη χώρα μας.

0 _Θα έχει ήλιο_ στη βόρεια και ανατολική Ελλάδα. Η **1** _____, όμως, θα είναι **2** _____, 0-2 βαθμούς Κελσίου. Σε μερικές περιοχές μπορεί να χιονίσει. Στη νότια Ελλάδα και στα νησιά του Αιγαίου **3** _____ και θα έχει **4** _____. Ο **5** _____ τους 5 βαθμούς Κελσίου. Από το απόγευμα ο καιρός θα αρχίσει να γίνεται πιο καλός. Η θερμοκρασία **6** _____ και οι βροχές θα σταματήσουν.

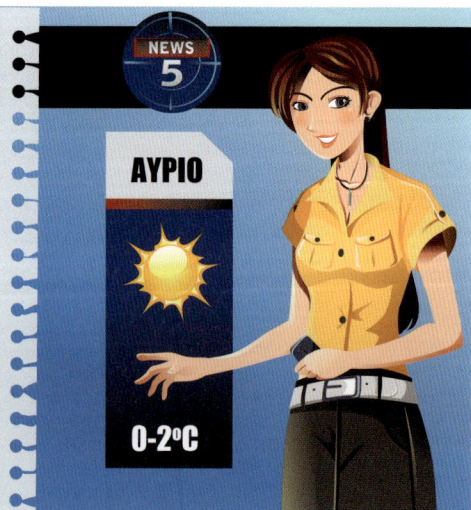

Άσκηση 7

Ποια εποχή δείχνει κάθε εικόνα; Γράφεις τους μήνες, τον καιρό που κάνει και τα ρούχα που φοράμε κάθε εποχή.

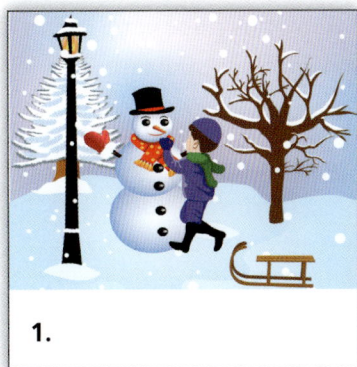

1. _____
_____
_____
_____
_____

2. _____
_____
_____
_____
_____

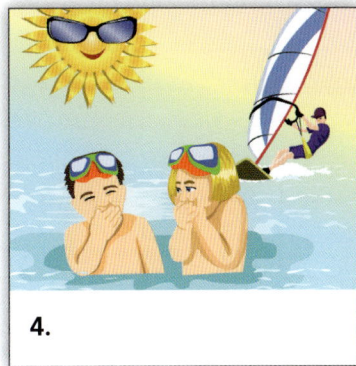

3. _____
_____
_____
_____
_____

4. _____
_____
_____
_____
_____

Άσκηση 8

Μαζί με τον διπλανό / τη διπλανή σου, κάνετε ερωτήσεις και συμπληρώνετε τον παρακάτω χάρτη.

Μαθητής Α: *Τι καιρό κάνει/Τι καιρό έχει στην Αθήνα;*
Μαθητής Β: *Έχει ήλιο/λιακάδα/καλό καιρό.*

Μαθητής Β: *Τι θερμοκρασία έχει;*
Μαθητής Α: *29 βαθμούς Κελσίου.*

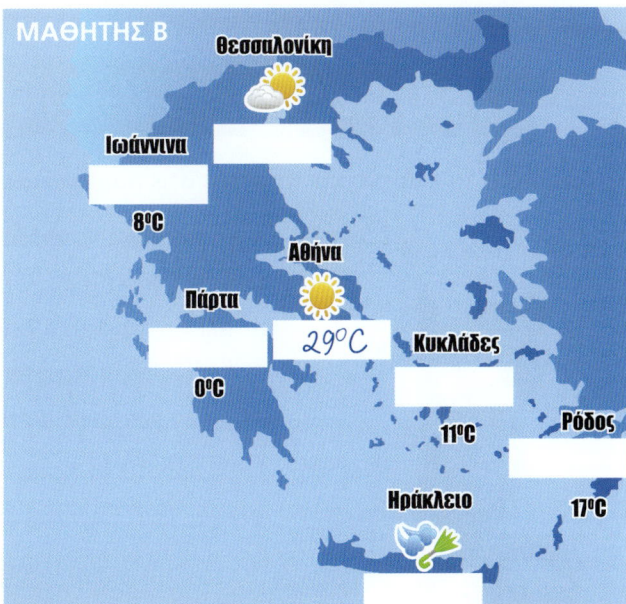

Άσκηση 9

Λες στην τάξη τι καιρό κάνει στη χώρα σου.

α. τον χειμώνα **β.** την άνοιξη **γ.** το φθινόπωρο **δ.** το καλοκαίρι

Προφορά

Άσκηση 1
(cd 1, 13)

Ακούς προσεκτικά το παρακάτω κείμενο, προσέχεις τις χρωματιστές λέξεις και συμπληρώνεις τον πίνακα.

Η οικογένεια της Τάνιας και της Καλλιόπης φεύγει αύριο για διακοπές στο Ναύπλιο. Θα λείψει από την Πρωτοχρονιά μέχρι τις εννιά Ιανουαρίου. Το χριστουγεννιάτικο ταξίδι είναι δώρο του Ηλία και της Νίας. Θα μείνουν σε ένα παλιό σπίτι με ωραία μπαλκόνια, μπάνιο και κουζίνα. Ο καιρός θα είναι καλός. Δεν θα έχει καθόλου χιόνια. Θα έχει κρύο αλλά θα έχει και ήλιο.

	[n]	[ɲ]	[l]	[ʎ]
οικογένεια	✓			
Τάνιας				
Καλλιόπης				
Ναύπλιο				
λείψει				
Πρωτοχρονιά				
εννιά				
χριστουγεννιάτικο				
Ηλία				
Νία				
παλιό				
μπαλκόνια				
μπάνιο				
κουζίνα				
καλός				
καθόλου				
χιόνια				
αλλά				
ήλιο				

Άσκηση 2
(cd 1, 14)

Ακούς τις παρακάτω λέξεις κι επαναλαμβάνεις.

χρόνος, χρόνια, πιρούνι, πιρούνια, τηγάνι, τηγάνια, Χριστούγεννα, χριστουγεννιάτικος, μπαλκόνι, μπαλκόνια, εννέα, εννιά, γελάω, γέλιο, φιλί, φιλιά, μαλλί, μαλλιά, πάλι, παλιά, μαρούλι, μαρούλια, φασόλι, φασόλια

Άσκηση 3

Ποια λέξη δεν ταιριάζει με τις υπόλοιπες;

0. άλλος, ~~αλλιώς~~, καλός, καλή
1. φιλιά, φίλα, φύλλα, φίλη
2. Καλλιόπη, ήλιος, παλιός, καλός
3. πιρούνι, πιρούνια, τηγάνι, φλιτζάνι
4. μπάνιο, κουζίνα, μπαλκόνια, μπαλόνια
5. χιόνι, χιόνια, σεντόνι, παντελόνι

Άσκηση 4

Διαλέγεις λέξεις από την άσκηση 2, κάνεις μια ιστορία και τη λες στην τάξη.

Γραμματική: Βλέπω και παρατηρώ ...

Διαβάζεις το κείμενο και απαντάς στις παρακάτω ερωτήσεις.

Ελένη: Αύριο πρέπει να διαβάσω και να κάνω πολλές δουλειές στο σπίτι. Πρέπει να καθαρίσω και να πλύνω τα ρούχα μου. Μπορεί να πάω σινεμά το βράδυ, αλλά πρώτα πρέπει να τελειώσω τις δουλειές μου. Εσύ τι θα κάνεις το σαββατοκύριακο;

Μαρία: Το Σάββατο το πρωί θα πάω στην αγορά για ψώνια. Την Κυριακή θα πάω στη γιορτή της Ιωάννας. Θα περάσουμε πολύ ωραία. Εσύ, Κώστα τι θα κάνεις;

Κώστας: Εγώ αύριο πετάω για Λονδίνο. Θα μείνω τρεις μέρες. Θα πάω για δουλειά, αλλά μπορεί να πάω και στο θέατρο.

Ερωτήσεις:

Τι θα κάνει αύριο:

α. η Ελένη;

_____

_____

_____

β. η Μαρία;

_____

_____

_____

γ. ο Κώστας;

_____

_____

_____

Θυμάσαι;

Αύριο, Την επόμενη εβδομάδα, Σε λίγο		Τώρα
εγώ θα φύγω	Μπορεί / Πρέπει να φύγω	Φεύγω
εσύ θα φύγεις	Μπορεί / Πρέπει να φύγεις ...	Φεύγεις
αυτός / αυτή / αυτό θα φύγει		Φεύγει
εμείς θα φύγουμε		Φεύγουμε
εσείς θα φύγετε		Φεύγετε
αυτοί / αυτές / αυτά θα φύγουν		Φεύγουν

Δες!

Τώρα	Αύριο, Την επόμενη εβδομάδα, Σε λίγο
	Θα / Μπορεί να / Πρέπει να
ανεβαίνω	ανέβω/ανεβώ
γίνομαι	γίνω
θέλω	θελήσω
καταλαβαίνω	καταλάβω
κατεβαίνω	κατέβω / κατεβώ
μένω	μείνω
θυμάμαι	θυμηθώ
λυπάμαι	λυπηθώ
κάθομαι	κάτσω
κοιμάμαι	κοιμηθώ

Άσκηση 1

Συμπληρώνεις τα κενά. Βλέπεις τι γράφει ο συμμαθητής / η συμμαθήτριά σου. Γράφετε τα ίδια;

Γεωργία: Έρχονται οι Απόκριες. Επιτέλους, 0 ___θα βγω___ (βγαίνω) έξω. Θα ντυθώ καρναβάλι και 1 _____ (πηγαίνω) στο πάρτι της φίλης μου. Εκεί 2 _____ (βλέπω) πολλούς φίλους και πολλές φίλες μου. 3 _____ (περνάω) πολύ ωραία. 4 _____ (χορεύω) όλοι μαζί, 5 _____ (τραγουδώ), 6 _____ (τρώω) και 7 _____ (πίνω). Ο Αποστόλης θα ντυθεί μάγειρας και η Μαρία με την Άννα θα ντυθούν κλόουν. Εσύ τι 8 _____ (κάνω) αυτές τις μέρες; 9 _____ (μένω) εδώ ή 10 _____ (φεύγω);

Ματίνα: Αύριο 11 _____ (πετάω) για Παρίσι. 12 _____ (φεύγω) στις 10 το πρωί. Πρέπει 13 _____ (μένω) εκεί 5 μέρες. Θα έχω πολλή δουλειά αλλά μπορεί 14 _____ (βλέπω) και τους φίλους μου στο Παρίσι. 15 _____ (γυρίζω) την άλλη Παρασκευή και 16 _____ (μιλάω) από κοντά.

Άσκηση 2

Γράφεις ποια από τις παρακάτω προτάσεις λέει κάτι που θα γίνει α) *σίγουρα* ή β) *ίσως*. Βλέπεις τι γράφει ο συμμαθητής / η συμμαθήτριά σου. Γράφετε τα ίδια;

0. Αύριο πρέπει να πάρω ομπρέλα, γιατί θα βρέξει. ___σίγουρα___
1. Αύριο θα έχει καλό καιρό, μπορεί να πάμε στη θάλασσα. _____
2. Πάρε ομπρέλα, μπορεί να βρέξει. _____
3. Έχει πολύ ήλιο, πρέπει να βάλετε γυαλιά. _____
4. Κάνει κρύο, πρέπει να φορέσεις τα γάντια σου. _____
5. Μπορεί να χιονίσει, θα βάλω γάντια και κασκόλ. _____

Άσκηση 3

Μαζί με τον διπλανό / τη διπλανή σου βρίσκετε τις σωστές προτάσεις και διορθώνετε τα λάθη σε αυτές που δεν είναι σωστές.

0. Πρέπω να διαβάσω αύριο.　　　　　　　　　_Πρέπει να διαβάσω αύριο._

1. Πρέπει να φύγουμε. Είναι αργά.　　　　　　_____

2. Πρέπετε να διαβάσετε, παιδιά.　　　　　　　_____

3. Πρέπουμε να φάμε κάτι. Δεν φάγαμε τίποτα όλη τη μέρα.　_____

4. Πρέπει να πλύνω τα πιάτα.　　　　　　　　_____

Άσκηση 4

Δίπλα στις παρακάτω προτάσεις γράφεις ποιες από τις υπογραμμισμένες λέξεις σημαίνουν *ίσως* και ποιες σημαίνουν *έχω τη δυνατότητα* ή *την ικανότητα*. Βλέπεις τις γράφει ο συμμαθητής / η συμμαθήτριά σου. Γράφετε τα ίδια;

0. <u>Μπορεί</u> να πάμε σινεμά το σαββατοκύριακο.　　_ίσως_

1. <u>Μπορεί</u> να έρθει, αν θέλει.　　　　　　　_____

2. <u>Μπορεί</u> να φύγουν την Πρωτοχρονιά.　　　_____

3. <u>Μπορούν</u> να διαβάσουν τώρα.　　　　　　_____

4. <u>Μπορεί</u> να βρέξει.　　　　　　　　　　_____

5. <u>Μπορείς</u> να φας τώρα. Το φαγητό είναι έτοιμο.　_____

6. <u>Μπορούμε</u> να πάμε σινεμά σήμερα. Δεν έχω καμιά δουλειά.　_____

7. <u>Μπορεί</u> να έρθει αύριο, δεν ξέρω.　　　　_____

Άσκηση 5

Συμπληρώνεις τα κενά με το *μπορεί* ή με το *πρέπει*. Βλέπεις τι γράφει ο συμμαθητής / η συμμαθήτριά σου. Γράφετε τα ίδια;

0. _____Πρέπει_____ να φας, είσαι αδύνατος.

1. _____ να φύγουμε το σαββατοκύριακο. Δεν ξέρουμε ακόμη.

2. _____ να έρθει ο Γιώργος σήμερα. Θα τηλεφωνήσει για να μας πει.

3. _____ να ξυπνήσει. Είναι μεσημέρι.

4. _____ να ντυθείς καλά. Κάνει κρύο.

5. _____ να πάω στη Λάρισα αύριο, αλλά

　_____ και να μείνω εδώ.

6. _____ να φύγω. Είναι αργά.

7. _____ να πάω στη θάλασσα αύριο. Θα έρθεις;

→ ΠΑΡΑΓΩΓΗ ΠΡΟΦΟΡΙΚΟΥ ΛΟΓΟΥ

Άσκηση 1

Α. Τι σου αρέσει να κάνεις, όταν έχει κρύο κι όταν έχει ζέστη;

Υπογραμμίζεις τρία πράγματα που σου αρέσει να κάνεις, όταν έχει κρύο και όταν έχει ζέστη. Βάζεις σε κύκλο τρία πράγματα που δεν σου αρέσει να κάνεις, όταν έχει κρύο και όταν έχει ζέστη. Ρωτάς τους συμμαθητές / τις συμμαθήτριές σου τι αρέσει σε εκείνους / εκείνες.

πηγαίνω βόλτα, πηγαίνω στο βουνό, κάνω μπάνιο στη θάλασσα, βλέπω τηλεόραση, κάνω σκι, κάνω κολύμπι, κάνω ταξίδια, πηγαίνω στο θέατρο, πηγαίνω σε συναυλίες, πηγαίνω στη δουλειά, μένω στο σπίτι, τρώω παγωτό, πίνω ζεστό τσάι, πίνω κρύο καφέ, βγάζω φωτογραφίες

Β. Τι σου αρέσει να κάνεις στα ταξίδια και τι δεν σου αρέσει;

Υπογραμμίζεις τρία πράγματα που σου αρέσει να κάνεις, όταν ταξιδεύεις και βάζεις σε κύκλο τρία πράγματα που δεν σου αρέσει να κάνεις. Ρωτάς τους συμμαθητές / τις συμμαθήτριές σου τι αρέσει σε εκείνους / εκείνες.

πηγαίνω σε μουσεία, κάνω βόλτες, βγαίνω στα μπαρ, πηγαίνω στο θέατρο, κάνω εκδρομές, παίρνω πολλά ρούχα, αγοράζω κάρτες

Γ. Διαλέγεις μια φωτογραφία / εικόνα από την ενότητα 14. Την περιγράφεις στους συμμαθητές / στις συμμαθήτριές σου. Εκείνοι / Εκείνες προσπαθούν να καταλάβουν ποια φωτογραφία / εικόνα περιγράφεις.

Άσκηση 2
(cd 1, 15)

Ακούς και συμπληρώνεις τα κενά.

Στάθης: Σε έναν μήνα θα έρθουν οι διακοπές του Πάσχα. [0] <u>Θέλεις να κάνουμε</u> κάτι;

Πόπη: Τι καιρό θα έχει;

Στάθης: Δεν ξέρω… Μπορεί να βρέχει….

Πόπη: Αν βρέχει, [1] _____ να μείνουμε στο σπίτι.

Στάθης: Αν, όμως, ο καιρός είναι καλός;

Πόπη: Τότε μπορούμε να πάμε μια μικρή [2] _____.

Στάθης: Ωραία. Πού θέλεις [3] _____;

Πόπη: Στην Ελλάδα ή στο εξωτερικό;

Στάθης: Είναι λίγες οι μέρες για να πάμε στο εξωτερικό. Θα περάσουμε πιο καλά στην Ελλάδα. Μπορούμε να πάμε σε κάποιο νησί.

Πόπη: [4] _____. Πάμε στην Κέρκυρα;

Στάθης: [5] _____; Είναι ωραία;

Πόπη: Είναι πολύ ωραίο νησί κι έχει πολύ κόσμο το Πάσχα.

Στάθης: Με αεροπλάνο να πάμε [6] _____;

Πόπη: Με αεροπλάνο θα πάμε [7] _____ αλλά είναι ακριβά [8] _____.

Στάθης: Θέλεις να ρωτήσουμε σε ένα ταξιδιωτικό γραφείο;

Πόπη: Ναι. Μπορεί να μας πει και κάποιο άλλο μέρος.

Στάθης: Σωστά. Τελικά [9] _____ σίγουρα κάπου. Δεν πειράζει, αν [10] _____ δεν είναι καλός.

Άσκηση 3

Μαζί με τον διπλανό / τη διπλανή σου ετοιμάζετε τα παρακάτω παιχνίδια ρόλων για 3 λεπτά και τα παρουσιάζετε στην τάξη.

Παιχνίδι Ρόλων 1

Ρόλος Α
Το Πάσχα θα πας ένα ταξίδι με τον φίλο / τη φίλη σου. Εσύ θέλεις να πας σε μια μεγάλη ευρωπαϊκή πόλη να δεις μουσεία, να πας σε μπαρ και σε θέατρα. Ο φίλος / Η φίλη σου θέλει να πάει σε ένα μικρό χωριό στην Ελλάδα ή στο εξωτερικό. Προσπαθείς να τον / την πείσεις.

Ρόλος Β
Το Πάσχα θα πας ένα ταξίδι με τον φίλο / τη φίλη σου. Εσύ θέλεις να πας σ' ένα μικρό χωριό στην Ελλάδα ή στο εξωτερικό, για να ξεκουραστείς. Ο φίλος / Η φίλη σου θέλει να πάει σε μια μεγάλη ευρωπαϊκή πόλη. Προσπαθείς να τον / την πείσεις.

Παιχνίδι Ρόλων 2

Ρόλος Α
Θέλεις να πας ένα ταξίδι το καλοκαίρι. Πηγαίνεις σ' ένα ταξιδιωτικό γραφείο και ζητάς πληροφορίες. Ρωτάς σε ποια μέρη κάνουν ταξίδια, τις τιμές, τα μεταφορικά μέσα, το πρόγραμμα των ταξιδιών και ό,τι άλλο νομίζεις.

Ρόλος Β
Δουλεύεις σ' ένα ταξιδιωτικό γραφείο. Έρχεται ένα πελάτης / μια πελάτισσα και ζητάει πληροφορίες για τα ταξίδια που κάνετε το καλοκαίρι. Του / Της λες τα μέρη, τις τιμές, το πρόγραμμα των ταξιδιών και ό, τι άλλο νομίζεις.

Συμβουλές:
α) Υπογραμμίζετε τις λέξεις-κλειδιά.
β) Γράφετε το λεξιλόγιο που θα χρησιμοποιήσετε.
γ) Κάνετε τον διάλογο.

→ ΠΑΡΑΓΩΓΗ ΓΡΑΠΤΟΥ ΛΟΓΟΥ

Άσκηση 1

Η Ελένη δουλεύει σ' ένα εργοστάσιο που κάνει ρούχα. Ο διευθυντής της της ζήτησε να πάει στο Λονδίνο, για να πουλήσει κάποια ρούχα. Το ταξίδι πηγαίνει πολύ καλά. Η Ελένη πούλησε πολλά ρούχα και γνώρισε έναν πολύ ευγενικό νέο άντρα. Γράφει ένα γράμμα στον διευθυντή της και ένα γράμμα στη φίλη της και λέει τα νέα της. Διαβάζεις με προσοχή τα γράμματα της Ελένης και συμπληρώνεις τα κενά με τις λέξεις / φράσεις.

θα σας ενημερώσω, χωρίς καμία καθυστέρηση, <u>σας γράφω,</u> όλα πήγαν καλά, επιστρέφω την Πέμπτη, με εκτίμηση

Κύριε Διευθυντή,

0 <u> Σας γράφω </u> για να σας πω ότι όλα στο ταξίδι πηγαίνουν πολύ καλά. Έφτασα χθες το απόγευμα. Η πτήση ήταν πολύ καλή και

1 _____. Από το αεροδρόμιο ήρθε και με πήρε ένας πολύ καλός κύριος. Με πήγε στο ξενοδοχείο. Το ξενοδοχείο είναι μικρό, όμως είναι πολύ ωραίο, καθαρό και ήσυχο.

Σήμερα το πρωί στη συνάντηση 2_____
_____. Είχαμε πολλές παραγγελίες και τα ρούχα μας άρεσαν πολύ. Οι Άγγλοι πήραν πολλά φορέματα! Μετά τη συνάντηση ήταν όλοι πολύ ευγενικοί και περάσαμε πολύ ωραία.

3 _____ το πρωί στις 10. Θα έρθω στο γραφείο και 4_____ με λεπτομέρειες.

5 _____,

Ελένη Κυριακού

δυστυχώς γυρίζω την Πέμπτη, υπέροχο ταξίδι, <u>τέλεια</u>, ευγενικός και πολύ όμορφος, δουλίτσα, για να τα πούμε, ξενοδοχειάκι, φιλάκια

Αγαπημένη μου φίλη,

σου γράφω για να σου πω τα νέα μου. Είμαι στο Λονδίνο και περνάω 0 <u> τέλεια </u>!

Ήρθα για μια 1_____ και όλα είναι καταπληκτικά. Είχα 2_____. Μένω σ' ένα μικρό αλλά πολύ καλό 3_____ και η δουλειά πηγαίνει πολύ καλά.

Γνώρισα κι έναν πολύ συμπαθητικό Άγγλο. Ήρθε και με πήρε από το αεροδρόμιο και ήταν πολύ ευγενικός. Μετά τη συνάντηση πήγαμε μαζί στο θέατρο. Είδαμε μια πολύ ωραία παράσταση! Μετά πήγαμε σ' ένα πολύ καλό εστιατόριο και περάσαμε πολύ ωραία. Είναι πολύ

4 _____. Αύριο θα τον δω πάλι.

5 _____ στις 10 το πρωί. Κρίμα... Όταν φτάσω, θα σου τηλεφωνήσω

6 _____ από κοντά.

7 _____,

Ελένη

Άσκηση 2

Διαβάζεις με προσοχή τα γράμματα και γράφεις ποιες λέξεις χρησιμοποιεί η Ελένη, όταν μιλάει στον διευθυντή και ποιες όταν μιλάει στη φίλη της.

		διευθυντής	φίλη
0.	χαιρετισμός στην αρχή του γράμματος	Κύριε Διευθυντή,	Αγαπημένη μου φίλη,
1.	ταξίδι		
2.	ξενοδοχείο		
3.	δουλειά		
4.	γνωριμίες		
5.	χαιρετισμός στο τέλος		

Άσκηση 3

Η Πέρσα πήγε ένα ταξίδι αλλά δεν πέρασε καλά. Γράφει ένα γράμμα στον διευθυντή του ταξιδιωτικού γραφείου με τα παράπονά της. Διαβάζεις με προσοχή το παρακάτω κείμενο, βρίσκεις και διορθώνεις τα λάθη.

Αγαπημένε μου διευθυντή,

σου γράφω αυτό το γράμμα για να σου πω πώς περάσαμε στο ταξίδι μας. Καθόλου ωραία. Αργήσαμε να φτάσουμε, έχασα τη βαλίτσα μου και δεν τη βρήκα. Δεν μου άρεσε το ξενοδοχείο. Ήταν βρόμικο και δεν είχε πρωινό.

Επίσης, δεν πήγαμε στα μουσεία που μας είπατε. Ήμασταν όλη τη μέρα στο ξενοδοχείο. Τι θα γίνει; Πρέπει κάτι να κάνεις. Περιμένω την απάντησή σου.

Πέρσα

Άσκηση 4

Πήγες ένα ταξίδι για ένα μήνα στην Ελλάδα, για να μάθεις τη γλώσσα. Γράφεις ένα γράμμα στη δασκάλα σου και ένα γράμμα στη φίλη σου, για να πεις πώς περνάς. Γράφεις για το πρόγραμμα των μαθημάτων, τους Έλληνες και τις δραστηριότητες **που κάνεις.** (80-100 λέξεις)

Συμβουλές:

α) Υπογραμμίζεις τις λέξεις που δείχνουν τι πρέπει να γράψεις.

β) Γράφεις το λεξιλόγιο που θα χρησιμοποιήσεις.

γ) Γράφεις τα γράμματα.

δ) Διαβάζεις τα γράμματα και βάζεις ✓ στον πίνακα.

Και τα δύο γράμματα έχουν τόνους.	
Και τα δύο γράμματα έχουν αρχή.	
Και τα δύο γράμματα έχουν τέλος.	
Και τα δύο γράμματα έχουν τελείες.	
Έγραψα για το πρόγραμμα της εκδρομής.	
Έγραψα για τους Έλληνες.	
Έγραψα για τις δραστηριότητες.	
Χρησιμοποίησα σωστό λεξιλόγιο στο γράμμα προς τη δασκάλα.	
Χρησιμοποίησα σωστό λεξιλόγιο στο γράμμα προς τη φίλη.	

Ώρα για τραγούδι

Ακούς μια φορά το τραγούδι.

(cd 1, 16)

Άσκηση 1

Ακούς ξανά και υπογραμμίζεις τις λέξεις που δείχνουν γιατί τα ταξίδια είναι ωραία.

Μουσική, νότες και γεύσεις έχεις τόσα να διαλέξεις,
τι μοναδικά τοπία, αυτή είναι εμπειρία.
Φιλέας Φογκ θέλω να γίνω και να κάνω ένα γύρο,
τον κόσμο όλο να γυρίσω και ανθρώπους να γνωρίσω.
Τα ταξίδια είναι γνώση που ποτέ δεν θα τελειώσει,
περπατάς και δοκιμάζεις και πολύ συχνά αλλάζεις.
Κι αυτή είναι μια αιτία να μη χάνεις ευκαιρία
τη βαλίτσα να γεμίζεις και τον κόσμο να γυρίζεις.

Άσκηση 2

Γιατί τα ταξίδια είναι ωραία;

Τώρα ξέρεις ...

	Ναι	Όχι
να ετοιμάζεις ένα ταξίδι;		
να νοικιάζεις αυτοκίνητο;		
να κλείνεις δωμάτιο σε ξενοδοχείο;		
να καταλαβαίνεις τον καιρό;		
να μιλάς για κάτι που είναι μικρό;		
να μιλάς για κάτι που θα γίνει;		

Ώρα για επανάληψη

Άσκηση 1

Ενώνεις τις ερωτήσεις με τις απαντήσεις.

0. Τι επάγγελμα κάνετε; _____ε_____
1. Η μικρή είναι η ανιψιά σου; _____
2. Είστε παντρεμένος; _____
3. Πότε ανεβαίνει η παράσταση; _____
4. Τι ώρα είναι η συναυλία; _____
5. Πόσο κάνει το εισιτήριο; _____
6. Ποιος είναι στο πιάνο; _____
7. Πολύ ωραίο το παντελόνι σου. Ακριβό; _____
8. Από πού πήρες το μπουφάν σου; _____
9. Θα φτάσετε στην ώρα σας; _____
10. Έκλεισες εισιτήρια; _____
11. Πώς θα πας από τον σταθμό στο ξενοδοχείο; _____
12. Πάμε στη θάλασσα; _____
13. Τι καιρό θα έχει αύριο; _____

α. Πιάνο παίζει η Θεανώ Ανδρικοπούλου.
β. Όχι, η πτήση μας έχει καθυστέρηση.
γ. Η είσοδος είναι ελεύθερη.
δ. Όχι, το αγόρασα στη μισή τιμή.
ε. Είμαι αρχιτέκτονας.
στ. Με το μετρό.
ζ. Ναι, με επιστροφή.
η. Όχι, φυσάει πολύ.
θ. Η παράσταση έχει πρεμιέρα την Παρασκευή στις 9:00 μ.μ. στο θέατρο *Άλφα*.
ια. Μπορεί να βρέξει.
ιβ. Το αγόρασα από το εμπορικό κέντρο.
ιγ. Όχι, χωρισμένος.
ιδ. Στις 9:30 το βράδυ.
ιε. Ναι, είναι η κόρη του αδελφού μου.

Άσκηση 2

Με ποιες από τις παρακάτω λέξεις / φράσεις ταιριάζουν οι υπογραμμισμένες λέξεις / φράσεις μέσα στο κείμενο;

α. δυάρι _____
β. μπορεί _____
γ. αγοράζουν _____
δ. θα αλλάξουν σπίτι _____
ε. σημαντικές _____
στ. σχεδιάζει κτίρια __0__
ζ. τον γιο του θείου του _____
η. μένει _____

Ο Άγγελος ⁰ είναι αρχιτέκτονας. Έφυγε από την Ελλάδα πριν από δύο χρόνια και τώρα ¹ ζει στο Λονδίνο μαζί με ² τον ξάδελφό του, τον Νίκο. Μένουν σε ένα διαμέρισμα ³ με δύο δωμάτια αλλά τον άλλο μήνα ⁴ θα μετακομίσουν και θα νοικιάσουν ένα πιο μεγάλο. Ο Νίκος σπουδάζει ηθοποιός. Στο Λονδίνο ⁵ έχει την ευκαιρία να δει πολλές και ⁶ σπουδαίες θεατρικές παραστάσεις.
Ο Άγγελος και ο Νίκος αγαπάνε πολύ τα ταξίδια. ⁷ Κλείνουν φθηνά εισιτήρια και ταξιδεύουν πολύ συχνά σε διάφορες χώρες.

Άσκηση 3

Με ποιες από τις παρακάτω λέξεις είναι αντίθετες οι υπογραμμισμένες λέξεις στις προτάσεις;

α. κλειστό _____   **στ.** μειωμένα _____
β. χαμηλή _____   **ζ.** μελαχρινός _____
γ. συννεφιά _____   **η.** το τέρμα _____
δ. φτηνό _____   **θ.** κοντός _____
ε. άγνωστος __0__

· Ο συγγραφέας αυτός είναι ⁰ γνωστός.
· Ο Γιώργος είναι ¹ ψηλός και ² ξανθός.
· Αυτό το μπουφάν είναι πολύ ³ ακριβό.
· Το εμπορικό κέντρο είναι ⁴ ανοιχτό Δευτέρα-Παρασκευή.
· Σήμερα θα έχει ⁵ λιακάδα και η θερμοκρασία θα είναι ⁶ υψηλή.
· Θα πάρεις το λεωφορείο 25 από ⁷ την αφετηρία.
· Θα ταξιδέψουμε με το τρένο. Έκλεισα δύο ⁸ κανονικά εισιτήρια.

Άσκηση 4

Συμπληρώνεις τα κενά με τις λέξεις στην παρένθεση.

0. Ο Κυριάκος και η Λίτσα αυτή τη στιγμή ___καθαρίζουν___ (καθαρίζουν) τον κήπο τους.

1. Την προηγούμενη εβδομάδα ο Ηλίας _____ (βάζω) χρήματα στον λογαριασμό μου.

2. Η Μαρία αύριο _____ (πετάω) για Ρώμη.

3. Χθες ο Πέτρος και η Μαρίνα _____ (βγαίνω) για ποτό με τους φίλους τους.

4. Εδώ και τρία χρόνια εγώ και η οικογένειά μου _____ (μένω) στην Αθήνα.

5. Ποιος _____ (βγάζω) χθες το βράδυ τον σκύλο βόλτα;

6. Εγώ και τα παιδιά μου πάντα _____ (ξυπνάω) νωρίς.

7. Πριν από τρεις μέρες η αστυνομία _____ (βρίσκω) τον κλέφτη.

8. Χθες το απόγευμα σε _____ (περιμένω) για μια ώρα στο γραφείο.

9. Όλα τα παιδιά _____ (πηγαίνω) στο σχολείο και _____ (μαθαίνουν) ξένες γλώσσες.

10. Όλα τα ρούχα είναι βρόμικα. Γύρισα αργά στο σπίτι και δεν _____ (πλένω) τίποτα.

11. Εσείς _____ (τρώω) συχνά γλυκά και παγωτά;

12. Δεν πήρες ακόμη το γράμμα; Το _____ (στέλνω) εδώ και μια εβδομάδα.

13. Πέρασα από τον Μιχάλη και _____ (φέρνω) τα πράγματά σου.

Άσκηση 5

Βάζεις σε κύκλο το σωστό.

0. Τα γυαλιά της Δώρας, με / (μου) αρέσουν πολύ.

1. Του / Τον έδωσα το βιβλίο μου.

2. Της / Την είδα την προηγούμενη εβδομάδα στην αγορά.

3. Η μαμά μου μου / με φροντίζει πολύ.

4. Δεν σε / σου είπα ποτέ ψέματα.

5. Κάθε μέρα της / τη συναντώ στο λεωφορείο.

6. Η Ελένη τον / του ρώτησε και της / την είπε όχι.

7. Αυτό το μπουφάν δεν σου / σε πηγαίνει καθόλου.

8. Χθες μου / με έστειλε ένα μήνυμα.

9. Πρέπει / Μπορεί να μείνεις στο σπίτι, είσαι κουρασμένος.

10. Πρέπει / Μπορεί να έρθει και ο Γιώργος το βράδυ. Δεν ξέρω ακόμη.

11. Αύριο μπορεί / πρέπει να πάμε στον κινηματογράφο. Θα έρθεις;

12. Πρέπει / Μπορεί να ξυπνήσεις. Θα αργήσεις στη δουλειά.

13. Είναι πολύ αργά. Πρέπει / Μπορεί να επιστρέψω.

Άσκηση 6

Συμπληρώνεις τα κενά με τις λέξεις στην παρένθεση.

0. Στην οδό Αγίας Σοφίας έχει πολλά ___καταστήματα___ (κατάστημα) με ρούχα.

1. Όλα _____ (επάγγελμα) έχουν δυσκολίες.

2. Τα _____ (στρώμα) μας είναι πολύ καλά και αναπαυτικά.

3. Θέλω όλοι να γράψετε πάνω στο χαρτί τα _____ (όνομα) σας.

4. Αυτά τα δύο _____ (χρώμα) δεν μου αρέσουν.

5. Αυτό είναι το ποδήλατο του _____ (γιος) μου.

6. Η διάρκεια της _____ (πτήση) είναι 25 λεπτά.

7. Η αδελφή του _____ (άντρας) μου μένει στην Αμερική.

8. Το ωράριο των _____ (κατάστημα) είναι 9:00 -15:00.

9. Η τιμή του _____ (πρόγραμμα) είναι 5 ευρώ.

10. Η τιμή των _____ (μάθημα) είναι 25 ευρώ την ώρα.

11. Στις 9 _____ (Δεκέμβριος) γιορτάζει η Άννα.

12. Το παιχνίδι είναι η χαρά των _____ (παιδί).

13. Η αυλή του _____ (σχολείο) είναι επικίνδυνη.

Άσκηση 7

Διορθώνεις τα λάθη.

0. Τα αθλήμρα μου αρέσουν πολύ. ___αθλήματα___

1. Εκαταλάβα καλά. _____

2. Η τιμή του προγραμμάτων είναι 15 ευρώ. _____

3. Ο κύριος του δεύτερου όροφου μου έκανε παρατήρηση. _____

4. Οι ηθοποιοί του θεάτρου ήταν πολύ καλοί. _____

5. Έσπασε η μύτη του μολύβιου. _____

Επιτραπέζιο παιχνίδι

13 Περιγράφεις την εικόνα.

14 Πηγαίνεις δύο βήματα μπροστά.

15 Περιγράφεις την εικόνα.

16 Περιγράφεις την εικόνα.

17 Πηγαίνεις δύο βήματα πίσω.

18

19 Περιγράφεις την εικόνα.

20 Πηγαίνεις τρία βήματα μπροστά.

21 Ποιες ηλεκτρικές συσκευές υπάρχουν στο σπίτι σου;

22 Πηγαίνεις δύο βήματα πίσω.

23

12

11 Σου αρέσει πιο πολύ η ζωή στην πόλη ή η ζωή στο χωριό; Γιατί;

10 Χάνεις τη σειρά σου.

6 Τι κάνεις κάθε μέρα;

8 Πηγαίνεις πάλι στην αρχή.

7 Τι επάγγελμα κάνεις/θέλεις να κάνεις; Γιατί;

9 Πηγαίνεις δύο βήματα πίσω.

5 Σε ποιο γιατρό πηγαίνουμε, όταν πονάει το δόντι μας;

4 Πού δουλεύει ένας δημοσιογράφος;

ΑΡΧΗ

1

2 Ποια αθλήματα σού αρέσουν;

3 Έχεις ξαδέρφια; Περιγράφεις έναν ξάδερφο / μια ξαδέρφη σου.

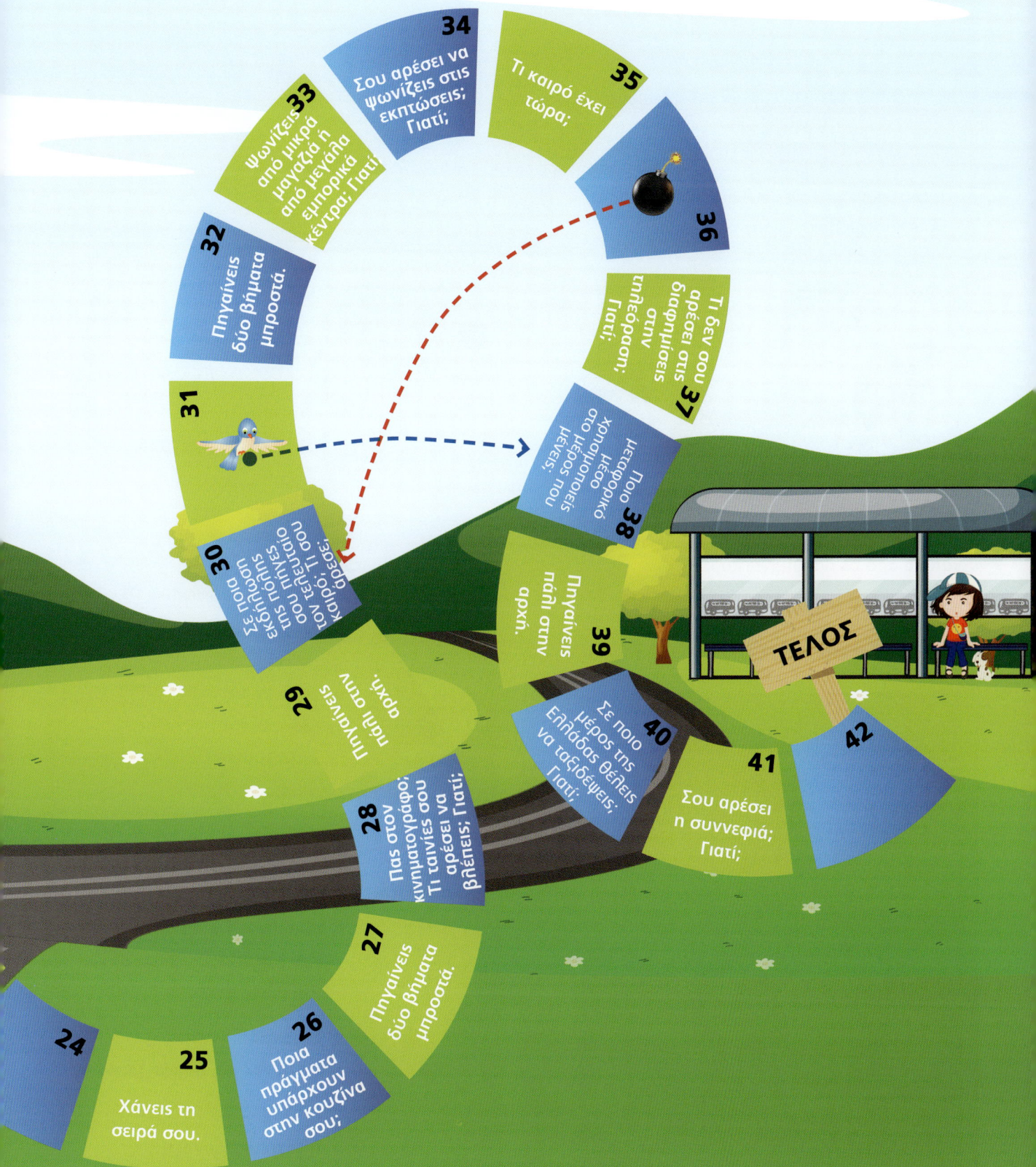

34 Σου αρέσει να ψωνίζεις στις εκπτώσεις; Γιατί;

35 Τι καιρό έχει τώρα;

33 Ψωνίζεις από μικρά μαγαζιά ή από μεγάλα εμπορικά κέντρα; Γιατί

32 Πηγαίνεις δύο βήματα μπροστά.

36 Τι δεν σου αρέσει στις διαφημίσεις στην τηλεόραση; Γιατί;

37 Μεταφορικό μέσο χρησιμοποιείς; Ποιο μέσο

31

30 Σε ποια εκδήλωση της πόλης σου πήγες τον τελευταίο καιρό; Τι Τι;

38 Ποιο μέσο χρησιμοποιείς μέταφορικό που ταξιδεύεις;

29 Πηγαίνεις πάλι στην αρχή.

39 Πηγαίνεις πάλι στην αρχή.

40 Σε ποιο μέρος της Ελλάδας θέλεις να ταξιδέψεις; Γιατί;

28 Πας στον κινηματογράφο; Τι ταινίες σου αρέσει να βλέπεις; Γιατί;

41 Σου αρέσει η συννεφιά; Γιατί;

42

27 Πηγαίνεις δύο βήματα μπροστά.

26 Ποια πράγματα υπάρχουν στην κουζίνα σου;

25 Χάνεις τη σειρά σου.

24

ΤΕΛΟΣ

Ενότητα 4

ΧΡΟΜΙΑ ΠΟΛΛΑ!

➡ ΚΑΤΑΝΟΗΣΗ ΓΡΑΠΤΟΥ ΛΟΓΟΥ

- Τι δείχνουν οι εικόνες στις παρακάτω κάρτες;
- Πότε χρησιμοποιούμε την κάθε κάρτα;

1.

2.

3.

4.

Άσκηση 1
Διαβάζεις γρήγορα τα κείμενα. Βρίσκεις ποιο κείμενο ταιριάζει με κάποια από τις παραπάνω κάρτες.

Άσκηση 2
Διαβάζεις προσεκτικά τα κείμενα και βάζεις σε κύκλο το σωστό.

Συμβουλή:
Πρώτα βλέπεις προσεκτικά τις ερωτήσεις και υπογραμμίζεις τα σημεία που πρέπει να προσέξεις μέσα στα κείμενα. Όταν κάνεις την άσκηση, υπογραμμίζεις τις απαντήσεις μέσα στα κείμενα.

Α

Γιώργο,
Χρόνια Πολλά
για τα γενέθλιά σου.
Να τα εκατοστίσεις.
Να είσαι πάντα γερός
και χαρούμενος.
Με πολλή αγάπη,
η φίλη σου
Χαρά

Β

Σας προσκαλούμε στη βάφτιση της κόρης μας που θα γίνει στον Ιερό Ναό Αγίου Δημητρίου την Κυριακή 19 Μαΐου 2013 στις 11 το πρωί.

Οι γονείς
Αντώνης και Μαρία Στεφάνου

Η νονά
Αναστασία Κανάκη

Γ

Σας προσκαλούμε στον γάμο μας που θα γίνει την Κυριακή 16 Ιουνίου 2013 στις 6 το απόγευμα στον Ιερό Ναό Αγίας Σοφίας Θεσσαλονίκης
Γιάννης-Ελευθερία

Οικογένειες: Γιάννη & Άννας Ανδρέου
Νίκου & Ελένης Χατζηπαύλου

Κουμπάροι: Γρηγόρης & Θωμαή Αρσένη

Συγχαρητήρια! Να ζήσετε! Ευτυχισμένοι!

Δ

Καλή χρονιά και ευτυχισμένος ο καινούριος χρόνος.

Με αγάπη
Θανάσης-Σοφία

Ε

Αγαπημένη μου Λίτσα,
Καλό Πάσχα και
Καλή Ανάσταση!
Με αγάπη,
Ντίνα

Χριστός Ανέστη! Αληθώς Ανέστη!

ΣΤ

Αγαπημένες μου Ειρήνη και Μαρία,
Καλά Χριστούγεννα και
Καλές Γιορτές.
Πολλές ευχές
και φιλιά στον
θείο και στη
θεία μου.

Με αγάπη,
Μαριάννα

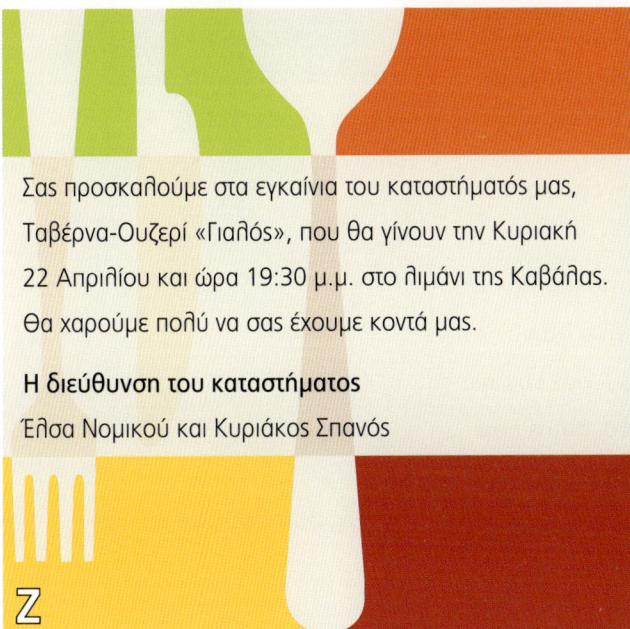

Ζ

Σας προσκαλούμε στα εγκαίνια του καταστήματός μας, Ταβέρνα-Ουζερί «Γιαλός», που θα γίνουν την Κυριακή 22 Απριλίου και ώρα 19:30 μ.μ. στο λιμάνι της Καβάλας. Θα χαρούμε πολύ να σας έχουμε κοντά μας.

Η διεύθυνση του καταστήματος
Έλσα Νομικού και Κυριάκος Σπανός

Η

Αγαπημένη μου Σοφία,
Έμαθα ότι πριν από λίγο καιρό πέθανε η μητέρα σου. Συλλυπητήρια!
Θα έρθω να σε δω από κοντά.
Η φίλη σου,
Μαρία

0. Στην Α κάρτα ο Γιώργος

    (α.) έχει γενέθλια.

    β. πέρασε στο Πανεπιστήμιο.

    γ. πήρε καινούριο αυτοκίνητο.

    δ. έχει γιορτή.

1. Η Β κάρτα είναι πρόσκληση σε

    α. γιορτή.

    β. γάμο.

    γ. βάφτιση.

    δ. γενέθλια.

2. Ο Γιάννης και η Ελευθερία στην Γ κάρτα

    α. είναι παντρεμένοι.

    β. δεν είναι ακόμη παντρεμένοι.

    γ. βαφτίζουν τον γιο τους.

    δ. βαφτίζουν την κόρη τους.

3. Με την Δ κάρτα ο Θανάσης και η Σοφία στέλνουν τις ευχές τους για

    α. γενέθλια.

    β. γάμο.

    γ. την Πρωτοχρονιά.

    δ. τα Χριστούγεννα.

4. Στην Ε κάρτα η Ντίνα στέλνει ευχές για το Πάσχα

    α. στη μαμά της.

    β. στη φίλη της.

    γ. στη δασκάλα της.

    δ. στις ξαδέλφες της.

5. Στην ΣΤ κάρτα η Μαριάννα στέλνει ευχές

    α. στις ξαδέλφες της.

    β. στις φίλες της.

    γ. στον παππού και στη γιαγιά της.

    δ. στις θείες της.

6. Στην Ζ κάρτα μια ταβέρνα στην Καβάλα

    α. κάνει γιορτή για την Πρωτοχρονιά.

    β. στέλνει ευχές στους πελάτες της.

    γ. ανοίγει για πρώτη μέρα.

    δ. γιορτάζει δέκα χρόνια λειτουργίας.

7. Στην Η κάρτα η Μαρία λέει

    α. ότι χαίρεται.

    β. ότι λυπάται.

    γ. «Χρόνια Πολλά».

    δ. «Περαστικά».

Άσκηση 3

Διαλέγεις μια γιορτή και γράφεις μια κάρτα σε έναν φίλο / μια φίλη σου που μένει μακριά.

Λεξιλόγιο

Άσκηση 1

Πες το αλλιώς. Ενώνεις τις φράσεις και γράφεις τα ζευγάρια. Βλέπεις τι γράφει ο συμμαθητής / η συμμαθήτριά σου. Γράφετε τα ίδια;

γράφω τα ζευγάρια

Να τα εκατοστίσεις. =
Να ζήσεις εκατό χρόνια.

0. Να τα εκατοστίσεις.   γ

1. Ο γάμος θα γίνει στον Ιερό Ναό Αγίας Σοφίας. _____

2. Ο Γιάννης είναι ο κουμπάρος μας. _____

3. Τα εγκαίνια του καταστήματος θα γίνουν την Κυριακή 22 Απριλίου. _____

4. Περαστικά. _____

5. Συλλυπητήρια. _____

α. Να γίνεις γρήγορα καλά.

β. Λυπάμαι πολύ.

γ. Να ζήσεις εκατό χρόνια.

δ. Ο γάμος θα γίνει στην εκκλησία της Αγίας Σοφίας.

ε. Ο Γιάννης είναι αυτός που μας πάντρεψε.

στ. Το κατάστημα ανοίγει για πρώτη φορά την Κυριακή 22 Απριλίου.

Άσκηση 2

Μαζί με τον διπλανό / τη διπλανή σου ενώνετε τις προτάσεις της πρώτης στήλης με τις ευχές στη δεύτερη στήλη.

0. Είναι Δευτέρα πρωί.	_ε_	α. Καλό σαββατοκύριακο!
1. Είναι Παρασκευή.	_____	β. Καλό απόγευμα!
2. Είναι άρρωστος ο φίλος σου.	_____	γ. Καλό βράδυ!
3. Έχει γενέθλια ο φίλος σου.	_____	δ. Καλό μεσημέρι!
4. Είναι Ιούνιος.	_____	ε. Καλή εβδομάδα!
5. Είναι 12:00 μ.μ.	_____	στ. Καλό μήνα!
6. Είναι Δεκέμβριος.	_____	ζ. Καλό χειμώνα!
7. Είναι 17:00 μ.μ.	_____	η. Καλό καλοκαίρι!
8. Είναι 1 Οκτωβρίου.	_____	θ. Καλή χρονιά! / Ευτυχισμένος ο καινούριος χρόνος!
9. Τρώμε φαγητό.	_____	ι. Χρόνια πολλά! / Να τα εκατοστίσεις!
10. Είναι 1 Ιανουάριου.	_____	ια. Συγχαρητήρια! / Να ζήσετε! / Να ζήσετε ευτυχισμένοι!
11. Είναι 21:00 μ.μ.	_____	ιβ. Περαστικά!
12. Παντρεύεται η φίλη σου.	_____	ιγ. Καλή όρεξη!

Άσκηση 3

Συμπληρώνεις τα κενά. Βλέπεις τι γράφει ο συμμαθητής / η συμμαθήτριά σου και διορθώνετε τα λάθη σας.

~~να τα εκατοστίσεις~~, χρόνια πολλά, καλή χρονιά, ευτυχισμένος ο καινούριος χρόνος, καλό Πάσχα, να ζήσετε, καλό χειμώνα, καλό σαββατοκύριακο, καλό μήνα, καλό καλοκαίρι, καλή εβδομάδα, καλή όρεξη

0. - Σήμερα έχω γενέθλια. Θα γίνω 22 χρονών.
   - Αλήθεια; Χρόνια Πολλά! _Να τα εκατοστίσεις_ !

1. - Γεια σου, Άννα. Από 'δώ ο άντρας μου, ο Νίκος.
   - Γεια σου, Νίκο. Χαίρω πολύ. _____!
     Δεν μπόρεσα να έρθω στον γάμο σας, γιατί ήμουν
     στο εξωτερικό.

2. Καλημέρα, παιδιά και _____!
   Όπως κάθε Δευτέρα, έτσι και σήμερα θα κάνουμε
   μαθηματικά την πρώτη ώρα.

3. Σήμερα είναι πρώτη Απριλίου. _____!
   Υπάρχει ένα έθιμο στην Ελλάδα αυτή την ημέρα. Ο
   ένας λέει ψέματα στον άλλον.

4. Ήρθε ο Δεκέμβριος και μαζί του ήρθε και το κρύο.
   Άντε, _____!

5. Σήμερα είναι η τελευταία μέρα στο σχολείο.
   _____ σε όλους!

6. Μπήκε το 2014! _____
   και _____!

7. Γεια σου, Μαρία. Σήμερα είναι η γιορτή
   σου. _____!

8. - Τι θα κάνετε το Πάσχα;
   - Θα πάμε στο χωριό. Εσύ;
   - Πουθενά. Θα μείνω εδώ με τους γονείς
     μου.
   - Λοιπόν, _____.
   - Επίσης.

9. - Γιώργο, τι κάνεις; Θα έρθεις;
   - Δεν μπορώ τώρα, τρώω.
   - _____!

10. Γεια σας, κορίτσια. Θα τα πούμε τη
    Δευτέρα. _____!

Άσκηση 4

Μαζί με τον συμμαθητή / τη συμμαθήτριά σου διαβάζετε τις παρακάτω προτάσεις. Τι κάνει ο ομιλητής; **Προσκαλεί, λέει *ναι* ή *όχι* σε μια πρόσκληση;**

0.	Πάμε για καφέ;	*Προσκαλεί*
1.	Ευχαριστώ!	
2.	Θέλεις να φάμε μαζί αύριο;	
3.	Μπορούμε να πάμε για καφέ.	
4.	Ναι, γιατί όχι;	
5.	Ωραία ιδέα. Ευχαριστώ.	
6.	Δυστυχώς δεν μπορώ σήμερα.	
7.	Εντάξει.	
8.	Σε περιμένω στις 6 στο σπίτι.	
9.	Ευχαριστώ, αλλά δεν μπορώ.	
10.	Έλα στο σπίτι για καφέ.	
11.	Έχω διάβασμα …	
12.	Ευχαριστώ πολύ. Μια άλλη φορά.	
13.	Σε καλώ στο σπίτι μου.	
14.	Θέλεις να έρθεις στο σπίτι μου για καφέ;	

Γραμματική: Βλέπω και παρατηρώ …

Διαβάζεις τα παρακάτω κείμενα και απαντάς στις ερωτήσεις.

Γεια σας, είμαι ο Νικόλας.

Τώρα που πλησιάζουν οι γιορτές είμαι δύο φορές χαρούμενος. Ξέρετε γιατί; Ε, φυσικά, γιατί έρχονται τα **Χριστούγεννα** αλλά όχι μόνο γι' αυτό. Γιορτάζω κι εγώ. Τα **γενέθλιά** μου είναι στις 24 Δεκεμβρίου, δηλαδή μια μέρα πριν από τα Χριστούγεννα. Μπορεί, βέβαια, μερικοί να το ξεχνάνε με τις ετοιμασίες για τις γιορτές. Αυτή την ημέρα από το πρωί τα παιδιά λένε **κάλαντα** και εμείς οι μεγάλοι τρέχουμε για δώρα. Ακόμη κι εγώ πολλές φορές το ξεχνάω. Η γυναίκα μου, όμως, φροντίζει να μου το θυμίζει. Φέτος μου έκανε δώρο ένα βιβλίο, για να μάθω επιτέλους, **αγγλικά**. Χρόνια Πολλά σε όλους και Καλά Χριστούγεννα!

Γεια σου, Νικόλα.

Να τα εκατοστίσεις! Να είσαι πάντα γερός και ευτυχισμένος! Θα περάσω το βράδυ από **το μπαρ**, για να σου πω «Χρόνια Πολλά» και από κοντά. Θα αργήσω λίγο, γιατί δεν μπορώ να πάρω το αυτοκίνητό μου. Έχουν χαλάσει οι πόρτες από **τα γκαράζ** της πολυκατοικίας και καταλαβαίνεις … Επίσης, έμαθα ότι **τα ταξί** δεν δουλεύουν σήμερα. Έτσι, θα περιμένω τη Μαρία να γυρίσει από τη δουλειά. Θα τα πούμε από κοντά.
Ελίνα

Ερωτήσεις:

1. Τι είναι στις 24 Δεκεμβρίου;
2. Ποιο έθιμο υπάρχει στις 24 Δεκεμβρίου;
3. Τι δώρο έκανε στον Νικόλα η γυναίκα του;
4. Τι θέλει να μάθει ο Νικόλας;
5. Πού θα συναντήσει η Ελίνα τον Νικόλα το βράδυ;
6. Γιατί δεν μπορεί να πάρει το αυτοκίνητό της η Ελίνα;
7. Ποια δεν δουλεύουν σήμερα;

Βλέπω

Βλέπεις τις παρακάτω προτάσεις.

ΕΝΑ	ΠΟΛΛΑ
Το παιχνίδι είναι μεγάλο.	**Τα παιχνίδια** είναι μεγάλα.
Το βιβλίο είναι ωραίο.	**Τα βιβλία** είναι ωραία.
Το μάθημα είναι την Πέμπτη.	**Τα μαθήματα** είναι την Πέμπτη.
-	Έρχονται **τα Χριστούγεννα**.
-	**Τα γενέθλιά** μου είναι την παραμονή των Χριστουγέννων.
-	Το πρωί τα παιδιά λένε **τα κάλαντα**.
-	Μαθαίνω **αγγλικά, γαλλικά, ελληνικά**.
Το ταξί είναι έξω από το σπίτι.	**Τα ταξί** δεν δουλεύουν σήμερα.
Το γκαράζ του σπιτιού χάλασε.	**Τα γκαράζ** των σπιτιών χάλασαν.
Το μπαρ είναι ανοιχτό.	**Τα μπαρ** είναι ανοιχτά.

και παρατηρώ ...

Απαντάς στις ερωτήσεις.

1. Βλέπεις προσεκτικά τις λέξεις με τα τονισμένα γράμματα στην πρώτη στήλη.
   *Λέμε **το** βιβλί**ο**, **το** παιχνίδ**ι**, **το** μάθημ**α**, όταν μιλάμε για ένα.*
   *Λέμε **τα** βιβλί**α**, **τα** παιχνίδ**ια**, **τα** μαθήμ**ατα**, όταν μιλάμε για πολλά.*

2. Τι παρατηρείς στις λέξεις *Χριστούγεννα, γενέθλια, κάλαντα, αγγλικά / γαλλικά / ελληνικά;*
   _____

3. Λέμε *το ταξί, το γκαράζ, το μπαρ*, όταν μιλάμε για ένα.
   Λέμε *τα ταξί, τα γκαράζ, τα μπαρ*, όταν μιλάμε για πολλά.
   α. Είναι οι παραπάνω λέξεις ελληνικές; _____
   β. Τι παρατηρείς στις παραπάνω λέξεις; _____

Άσκηση 1

Μαζί με τον συμμαθητή / τη συμμαθήτριά σου βρίσκετε τα λάθη στις παρακάτω προτάσεις.

0. Την ημέρα <u>του γενεθλίου</u> μου θα κάνω πάρτι στο σπίτι μου.   *των γενεθλίων*

1. Το δέντρο του Χριστουγέννου είναι πολύ όμορφο. _____

2. Τα ταξιά στη Θεσσαλονίκη είναι μπλε αλλά στην Αθήνα είναι κίτρινα. _____

3. Την παραμονή της Πρωτοχρονιάς όλα τα παιδιά λένε κάλαντο. _____

4. Το σαββατοκύριακο βγήκα έξω για ποτό. Πήγα σε διάφορα μπάρια. _____

5. Μιλάω πολύ καλά αγγλικό και γαλλικό. _____

6. Οι πόρτες των γκαραζιών ήταν κλειστές. _____

→ ΚΑΤΑΝΟΗΣΗ ΠΡΟΦΟΡΙΚΟΥ ΛΟΓΟΥ

- Εσύ πηγαίνεις σε δημόσιες υπηρεσίες;

- Ποια είναι η γνώμη σου για τις δημόσιες υπηρεσίες;

- Είσαι ευχαριστημένος / -η από την εξυπηρέτηση στις δημόσιες υπηρεσίες;

Άσκηση 1

(cd 1, 17)

Ακούς προσεκτικά τον διάλογο και κρατάς σύντομες σημειώσεις.

0. Ο διάλογος γίνεται _____στο τηλέφωνο_____.

1. Ο γάμος της Αναστασίας έγινε στις _____.

2. Ο γάμος της Αναστασίας έγινε στην εκκλησία

   _____.

3. Η Αναστασία δεν θα πληρώσει τίποτα, αν δηλώσει τον γάμο

   τις πρώτες _____.

4. Αν η Αναστασία δηλώσει τον γάμο 131 ημέρες μετά, θα

   πληρώσει _____.

5. Η Αναστασία πρέπει έχει μαζί της _____

   _____ και _____ από την Εκκλησία.

Συμβουλές:

Πριν ακούσεις τον διάλογο, βλέπεις την άσκηση και απαντάς στις παρακάτω ερωτήσεις.

1. Το κείμενο που θα ακούσεις είναι σχετικό με

   α. βάφτιση.   β. γάμο.   γ. γιορτή.

2. Η Αναστασία είναι

   α. ελεύθερη.

   β. παντρεμένη.

   γ. χωρισμένη.

Άσκηση 2

Κάνεις τρεις (3) ερωτήσεις στον συμμαθητή / στη συμμαθήτριά σου σχετικά με τον διάλογο που άκουσες. Απαντάς κι εσύ στις ερωτήσεις του / της.

✎ Λεξιλόγιο

Άσκηση 1

Πες το αλλιώς. Ενώνεις τις φράσεις και βρίσκεις τα ζευγάρια. Βλέπεις τι γράφει ο συμμαθητής / η συμμαθήτριά σου. Γράφετε τα ίδια;

0. ΚΕΠ   _στ_   **α.** Μέσα σε σαράντα μέρες.

1. Θα ήθελα μια πληροφορία.   _____   **β.** Η υπηρεσία όπου δηλώνουμε ένα γάμο, τη γέννηση ενός παιδιού κ.ά.

2. Πώς μπορώ να σας εξυπηρετήσω;   _____   **γ.** Τι μπορώ να κάνω για εσάς; / Πώς μπορώ να σας βοηθήσω;

3. Δηλώνω τον γάμο μου.   _____   **δ.** Το επίσημο έγγραφο με τα προσωπικά μου στοιχεία (ονοματεπώνυμο κ.ά).

4. Μέσα σε διάστημα σαράντα ημερών.   _____   **ε.** Παρακαλώ, μπορείτε να μου δώσετε μια πληροφορία;

5. Ληξιαρχείο.   _____   **στ.** Κέντρο Εξυπηρέτησης Πολιτών

6. Αστυνομική ταυτότητα.   _____   **ζ.** Ενημερώνω επίσημα μια κρατική υπηρεσία για τον γάμο μου.

γράφω τα ζευγάρια

ΚΕΠ = Κέντρο Εξυπηρέτησης Πολιτών

Άσκηση 2

Ακούς προσεκτικά τον διάλογο και μαζί με τον διπλανό / τη διπλανή σου βρίσκετε τα λάθη στις προτάσεις.

(cd 1, 18)

0. Ο Θανάσης αύριο θα πάει στη δουλειά.

Ο Θανάσης αύριο **δεν θα πάει** στη δουλειά.

1. Ο Θανάσης πρέπει να κάνει μερικές δουλειές μέσα στο σπίτι.

_____

2. Ο Θανάσης πρέπει να στείλει ένα απλό γράμμα.

_____

3. Ο Θανάσης πρέπει να πληρώσει τον λογαριασμό του τηλεφώνου.

_____

4. Ο Θανάσης πρέπει να πάρει μαζί του το διαβατήριό του.

_____

5. Ο Θανάσης πρέπει να πάει στην αστυνομία, για να δηλώσει τον γάμο τους.

_____

ΟΤΕ: Οργανισμός Τηλεπικοινωνιών Ελλάδας
ΕΛΤΑ: Ελληνικά Ταχυδρομεία
ΕΥΑΘ: Εταιρεία Ύδρευσης Αποχέτευσης Θεσσαλονίκης
ΕΥΔΑΠ: Εταιρεία Ύδρευσης Αποχέτευσης Πρωτεύουσας

ΔΕΗ: Δημόσια Επιχείρηση Ηλεκτρισμού
ΔΕΠΑ: Δημόσια Επιχείρηση Αερίου
ΔΟΥ: Δημόσια Οικονομική Υπηρεσία

Άσκηση 3

Μαζί με τον διπλανό / τη διπλανή σου ενώνετε τις λέξεις / φράσεις της πρώτης στήλης με την κατάλληλη υπηρεσία της δεύτερης στήλης.

0. Λογαριασμός ηλεκτρικού ρεύματος	_β_	**α.** ΟΤΕ
1. Συστημένο γράμμα	_____	**β.** ΔΕΗ
2. Ανάληψη χρημάτων	_____	**γ.** ΕΥΑΘ
3. Λογαριασμός νερού	_____	**δ.** ΔΕΠΑ
4. Πληροφορίες για τους πολίτες	_____	**ε.** ΚΕΠ
5. Φωτιά	_____	**στ.** ΕΛΤΑ
6. Λογαριασμός φυσικού αερίου	_____	**ζ.** ΑΣΤΥΝΟΜΙΑ
7. Κλοπή τσάντας	_____	**η.** ΤΡΟΧΑΙΑ
8. Ατύχημα με αυτοκίνητο	_____	**θ.** ΠΥΡΟΣΒΕΣΤΙΚΗ
9. Πρόβλημα υγείας	_____	**ια.** ΛΗΞΙΑΡΧΕΙΟ
10. Λογαριασμός τηλεφώνου	_____	**ιβ.** ΠΡΩΤΕΣ ΒΟΗΘΕΙΕΣ
11. Δήλωση γάμου	_____	**ιγ.** ΤΡΑΠΕΖΑ

Άσκηση 4

Συμπληρώνεις τα κενά με τις λέξεις. Βλέπεις τι γράφει ο συμμαθητής / η συμμαθήτριά σου και βρίσκετε τα λάθη σας.

Inbox - Windows Mail

File   Edit   View   Tools   Message   Help   Search

Create Mail ▼   Reply   Reply All   Forward   Send/Receive ▼

Local Folders
Inbox
Outbox
Sent Items
Deleted Items
Drafts
Junk E-mail

!   🖉   Από: Ζωή   Προς: Δήμητρα

τροχαία, τράπεζα, ανάληψη, απλό, ατύχημα, γράμμα, λογαριασμό, ταχυδρομείο

Δήμητρα,

Δεν θα έρθω στο σπίτι σήμερα. Θα κοιμηθώ στο σπίτι της Αλεξάνδρας, γιατί έχουμε πολλή δουλειά. Πάνω στο γραφείο άφησα τον ⁰___*λογαριασμό*___ της ΔΕΗ και τα χρήματα. Σε παρακαλώ πλήρωσέ τον αύριο, γιατί εγώ δεν θα προλάβω. Σου αφήνω την κάρτα μου για να κάνεις ¹_____ χρημάτων από την ²_____. Πέρασε και από το ³_____, για να στείλεις ένα ⁴_____ στην Κατερίνα. Όχι συστημένο, ⁵_____. Εγώ θα περάσω το μεσημεράκι από την ⁶_____ για το ⁷_____ που είχα χθες με το αυτοκίνητο. Μετά θα ξαναγυρίσω στη δουλειά. Θα τα πούμε αύριο το βράδυ.

Φιλάκια,

Ζωή

Άσκηση 5
Βάζεις σε κύκλο το σωστό. Βλέπεις τι γράφει ο συμμαθητής / η συμμαθήτριά σου. Γράφετε τα ίδια;

0. - Δεν μπορώ να τηλεφωνήσω, γιατί χάλασε το τηλέφωνό μου.
- Πάρε από το κινητό σου στον (OTE) / ΔΕΗ, για να το φτιάξουν.

1. - Έχω μια ειδοποίηση για ένα απλό / συστημένο γράμμα.
- Μπορείτε να το πάρετε από το απέναντι γραφείο.

2. - Πάω στο ταχυδρομείο, για να πληρώσω τον υπάλληλο / λογαριασμό του νερού.

3. - Σας παρακαλώ, κολλήστε πάνω στον φάκελο τα δέματα / γραμματόσημα και ρίξτε τα στο γραμματοκιβώτιο / ταχυδρομείο μόνη σας.
- Εντάξει, σας ευχαριστώ.

4. - Αν θέλετε να ανοίξετε καινούριο λογαριασμό, πρέπει να μου δώσετε την ταυτότητά / ανάληψή σας.
- Αχ! δεν την έχω μαζί μου.
- Καλά, περάστε ξανά αύριο. Πάρτε και αυτήν την αίτηση / κατάθεση και συμπληρώστε τα βιβλιάρια / στοιχεία σας.
- Ευχαριστώ, θα τα φέρω αύριο.

5. - Τι μπορώ να κάνω με αυτήν εδώ την κάρτα;
- Με την κάρτα σας μπορείτε να κάνετε ανάληψη / αίτηση χρημάτων από το μηχάνημα ATM. Έτσι, δεν είναι απαραίτητο να περιμένετε στο ταμείο / έγγραφο.

6. - Χθες πήρε φωτιά ένα κατάστημα δίπλα στο σπίτι του Γιώργου.
- Ναι, το έμαθα. Ευτυχώς ήρθε γρήγορα η αστυνομία / πυροσβεστική και την έσβησε.

Γραμματική: Βλέπω και παρατηρώ ...

Βλέπω 👀
Διαβάζεις με προσοχή τους παρακάτω διαλόγους.

και παρατηρώ ... 🔍
Και απαντάς στις ερωτήσεις.

1 κ. Χατζή — Υπάλληλος
Θέλ**ω** μια πληροφορία.

2 Υπάλληλος
Η κυρία Χατζή λέει **ότι** θέλ**ει** μια πληροφορία.

3 Υπάλληλος — κ. Μακρίδης
Πλήρ**ωσα** τον λογαριασμό του νερού.

4 Υπάλληλος
Ο κύριος Μακρίδης λέει **ότι** πλήρ**ωσε** τον λογαριασμό του νερού.

1. Ποιος μιλάει στο πρώτο σκίτσο;
2. Ποιος μιλάει στο δεύτερο σκίτσο;
3. Ποιος μιλάει στο τρίτο σκίτσο;
4. Ποιος μιλάει στο τέταρτο σκίτσο;
5. Τι αλλάζει στα λόγια της κυρίας Χατζή / του κυρίου Μακρίδη, όταν ο υπάλληλος τα μεταφέρει σε κάποιον άλλο; Πρόσεξε τις λέξεις με τα τονισμένα γράμματα.

Άσκηση 1

Μεταφέρεις σε κάποιον άλλο τα λόγια των ανθρώπων. Βλέπεις τι γράφει ο διπλανός / η διπλανή σου και διορθώνετε τα λάθη σας.

0. Μαρία: Είμαι στο ταχυδρομείο.

   Η Μαρία λέει *ότι είναι στο ταχυδρομείο.*

1. Ελένη: Χθες πήγα στην εφορία.

   Η Ελένη λέει _____

2. Κώστας: Θα γυρίσω σπίτι το βράδυ.

   Ο Κώστας λέει _____

3. Γιάννης: Ο λογαριασμός λήγει σήμερα.

   Ο Γιάννης λέει _____

4. Χαράλαμπος: Έστειλα ένα συστημένο γράμμα στη Δήμητρα.

   Ο Χαράλαμπος λέει _____

5. Αγγελική: Το απόγευμα θα πάω στο ΚΕΠ.

   Η Αγγελική λέει _____

6. Αντώνης: Πάντα κάνω ανάληψη χρημάτων από το μηχάνημα ΑΤΜ.

   Ο Αντώνης λέει _____

Άσκηση 2

Γράφεις τι ακριβώς λένε οι άνθρωποι. Βλέπεις τι γράφει ο διπλανός / η διπλανή σου και διορθώνετε τα λάθη σας.

0. Ο μπαμπάς μου λέει ότι έχει πολλή δουλειά.

   Μπαμπάς: *Έχω πολλή δουλειά.*

1. Η Βασιλική λέει ότι έχει έναν αδελφό.

   Βασιλική: _____

2. Η Κατερίνα λέει ότι πλήρωσε τον λογαριασμό.

   Κατερίνα: _____

3. Ο Βασίλης λέει ότι το απόγευμα θα πάει στην αστυνομία.

   Βασίλης: _____

4. Ο Δημήτρης λέει ότι έχει τρία παιδιά.

   Δημήτρης: _____

5. Η Σωτηρία λέει ότι έφαγε πολύ στο πάρτι.

   Σωτηρία: _____

6. Ο Μιχάλης λέει ότι θα καθαρίσει το σπίτι.

   Μιχάλης: _____

ΠΑΡΑΓΩΓΗ ΠΡΟΦΟΡΙΚΟΥ ΛΟΓΟΥ

Άσκηση 1
Ρωτάς τους συμμαθητές / τις συμμαθήτριές σου και απαντάς κι εσύ στις παρακάτω ερωτήσεις:

α. Πηγαίνεις σε κάποια δημόσια υπηρεσία; Σε ποια;

β. Για ποιον λόγο πηγαίνεις στις δημόσιες υπηρεσίες; Τι ακριβώς κάνεις εκεί;

γ. Ποια είναι η γνώμη σου για τις δημόσιες υπηρεσίες στην Ελλάδα;

δ. Σύγκρινε κάποιες υπηρεσίες στην Ελλάδα με αυτές στη χώρα σου.

Άσκηση 2
Διαλέγεις μια φωτογραφία / εικόνα από την ενότητα 15. Την περιγράφεις στους συμμαθητές / στις συμμαθήτριές σου. Εκείνοι / Εκείνες προσπαθούν να καταλάβουν ποια φωτογραφία / εικόνα περιγράφεις.

Άσκηση 3
(cd 1, 19)
Ακούς και συμπληρώνεις τα κενά.

Κυριακή: Καλημέρα σας.
Αστυνομικός: Καλημέρα σας. Παρακαλώ.
Κυριακή: Θα ήθελα να βγάλω αστυνομική ⁰ __ταυτότητα__. Τι πρέπει να κάνω;
Αστυνομικός: Λοιπόν. Πάρτε αυτή την ¹_____ και συμπληρώστε πάνω τα ²_____ σας. Επίσης, θέλω και δύο ³_____ για ταυτότητα.
Κυριακή: Αχ! Δεν το ήξερα και δεν έχω μαζί μου φωτογραφίες αυτή τη στιγμή.
Αστυνομικός: Δεν πειράζει. Την ημέρα που θα φέρετε τις φωτογραφίες θα πρέπει να φέρετε και ένα πιστοποιητικό ⁴_____.
Κυριακή: Ορίστε; Τι είπατε; Συγνώμη, δεν σας άκουσα.
Αστυνομικός: Μαζί με τις φωτογραφίες πρέπει να φέρετε κι ένα πιστοποιητικό γέννησης.
Κυριακή: Από πού μπορώ να το πάρω αυτό;
Αστυνομικός: Από τα ⁵_____ του Δήμου όπου μένετε ή από κάποιο Κέντρο Εξυπηρέτησης Πολιτών.
Κυριακή: Πιο αργά, παρακαλώ... Πρέπει να κάνω και κάτι άλλο;
Αστυνομικός: Όταν φέρετε όλα τα απαραίτητα ⁶_____, θα πρέπει να έρθει μαζί σας και ένας μάρτυρας.
Κυριακή: Δηλαδή;
Αστυνομικός: Δηλαδή ένας φίλος ή φίλη σας που θα μας βεβαιώσει τα στοιχεία σας.
Κυριακή: Μάλιστα, ⁷_____. Ευχαριστώ πολύ για όλα. Α! ποιες μέρες και ποιες ώρες μπορώ να ξαναπεράσω;
Αστυνομικός: Το Γραφείο Ταυτοτήτων ⁸_____ καθημερινά εκτός από την Τετάρτη, από τις 07:30 το πρωί έως τις 14:30 το μεσημέρι. Την Τετάρτη λειτουργεί από τις 14:00 το μεσημέρι έως τις 20:30 το βράδυ, για την εξυπηρέτηση των ⁹_____ που δουλεύουν το πρωί. Επίσης, κάθε ¹⁰_____ από τις 08:00 το πρωί έως τη 13:00 το μεσημέρι εξυπηρετούμε μόνο τους μαθητές.
Κυριακή: Και σε πόσο καιρό θα έχω την ταυτότητα στα χέρια μου;
Αστυνομικός: Την ίδια μέρα κιόλας.
Κυριακή: Πολύ ωραία. Σας ευχαριστώ και πάλι. Χαίρετε.
Αστυνομικός: Παρακαλώ. Αντίο.

Άσκηση 4
Μαζί με τον διπλανό / τη διπλανή σου ετοιμάζετε το παρακάτω παιχνίδι ρόλων για 3 λεπτά και το παρουσιάζετε στην τάξη.

Συμβουλές:
α) Υπογραμμίζετε τις λέξεις-κλειδιά.
β) Γράφετε το λεξιλόγιο που θα χρησιμοποιήσετε.
γ) Κάνετε τον διάλογο.

Ρόλος Α
Θέλετε να πάτε ένα ταξίδι στο εξωτερικό. Δεν έχετε, όμως, διαβατήριο. Πηγαίνετε στο αστυνομικό τμήμα της γειτονιάς σας και ζητάτε πληροφορίες από έναν αστυνομικό υπάλληλο. Τον ρωτάτε τι πρέπει να φέρετε για να βγάλετε διαβατήριο, πότε λειτουργούν τα γραφεία και σε πόσο καιρό θα το έχετε στα χέρια σας.

Ρόλος Β
Είστε αστυνομικός υπάλληλος στο αστυνομικό τμήμα μιας περιοχής. Έρχεται ένας κύριος / μια κυρία που θέλει να βγάλει διαβατήριο. Σας ζητάει πληροφορίες. Εσείς του / της λέτε τι πρέπει να κάνει και τι πρέπει να φέρει στο αστυνομικό τμήμα. Επίσης, απαντάτε στις ερωτήσεις του / της για τις μέρες και τις ώρες που λειτουργεί το γραφείο διαβατηρίων και του / της λέτε σε πόσο καιρό θα έχει το διαβατήριο στα χέρια του / της.

ΠΑΡΑΓΩΓΗ ΓΡΑΠΤΟΥ ΛΟΓΟΥ

Άσκηση 1

Σήμερα το πρωί ο Λευτέρης πήγε σε μια τράπεζα, για να ανοίξει έναν τραπεζικό λογαριασμό. Ο / Η υπάλληλος δεν ήταν καθόλου ευγενικός / ευγενική μαζί του και δεν τον εξυπηρέτησε. Γράφει ένα γράμμα στον φίλο του και ένα γράμμα στον διευθυντή της τράπεζας, για να τους εξηγήσει τι έγινε και να πει τα παράπονά του. Διαβάζεις με προσοχή τα δύο γράμματα του Λευτέρη και συμπληρώνεις τα κενά με τις παρακάτω φράσεις.

> *σας γράφω, με κοιτάζει άγρια, εσύ τι λες, ήρθα στην τράπεζά σας, θέλω να ανοίξω, σας παρακαλώ πολύ, εξυπηρέτησε, η σειρά μου, σας ενημερώσω, εκείνος μου λέει, με εκτίμηση, λογαριασμό, έτσι κι έτσι, είμαι πελάτης σας, περιμένω την απάντησή σου*

Αγαπημένε μου φίλε,

είσαι καλά; Εγώ είμαι ⁰ _____έτσι κι έτσι_____.
Σου γράφω, γιατί σήμερα το πρωί έγινε κάτι που με νευρίασε πάρα πολύ.

    Πάω στην τράπεζα της γειτονιάς μου για να ανοίξω έναν ¹ _____.
Ζητάω, λοιπόν, πληροφορίες από έναν υπάλληλο για τον λογαριασμό. Εκείνος ² _____ και μου λέει ότι δεν είναι ³ _____.
Εγώ του δίνω το νούμερό μου και του λέω ότι είναι η δική μου σειρά. Δεν απαντάει και συνεχίζει τη δουλειά του. Του λέω ευγενικά ότι ⁴ _____ έναν λογαριασμό.
Εκείνος μου δίνει μια αίτηση. Γράφω, λοιπόν, την αίτηση και σε πέντε λεπτά την ξαναδίνω σ' αυτόν. ⁵ _____: «Άφησε εδώ την αίτηση και έλα αύριο ξανά, δεν μπορώ να σ' εξυπηρετήσω σήμερα».

    Όπως καταλαβαίνεις, έγινε μεγάλη φασαρία και έφυγα. Θα γράψω ένα γράμμα στον διευθυντή της τράπεζας.

⁶ _____ να κάνω;

⁷ _____.

Λευτέρης

Κύριε διευθυντή,

⁸ _____ αυτό το γράμμα, για να
⁹ _____ για κάτι πολύ σοβαρό που έγινε σήμερα το πρωί στην τράπεζά σας.

    Σήμερα το πρωί ¹⁰_____ για ν' ανοίξω έναν τραπεζικό λογαριασμό. Ο υπάλληλος που δουλεύει στο ταμείο δεν ήταν καθόλου ευγενικός μαζί μου και δεν με
¹¹ _____. Μου έδωσε μια αίτηση και μου είπε να ξαναπεράσω αύριο. Δεν μπορώ να καταλάβω, γιατί το έκανε αυτό. Εγώ γνωρίζω ότι ο τραπεζικός λογαριασμός μπορεί ν' ανοίξει την ίδια μέρα. Φυσικά, ούτε εκείνος μου εξήγησε τον λόγο.

    Εγώ ¹² _____ σας εδώ και πολλά χρόνια. Ποτέ δεν έγινε ξανά κάτι τέτοιο.

¹³ _____ να δείτε με προσοχή όλο αυτό το θέμα.

¹⁴ _____,

Λευτέρης Κεσόγλου

Άσκηση 2

Σήμερα το πρωί πήγες στον ΟΤΕ, για να πληρώσεις έναν λογαριασμό που έληξε. Ο / Η υπάλληλος δεν ήταν καθόλου ευγενικός / ευγενική μαζί σου και δεν σ' εξυπηρέτησε. Γράφεις ένα γράμμα στον φίλο / στη φίλη σου και ένα γράμμα στον διευθυντή / στη διευθύντρια του ΟΤΕ και τους εξηγείς τι έγινε. Λες τα παράπονά σου.

(80-100 λέξεις)

Συμβουλές:

α) Υπογραμμίζεις τις λέξεις που δείχνουν τι πρέπει να γράψεις.

β) Γράφεις το λεξιλόγιο που θα χρησιμοποιήσεις.

γ) Γράφεις τα γράμματα.

δ) Διαβάζεις τα γράμματα και βάζεις ✓ στον πίνακα.

Και τα δύο γράμματα έχουν τόνους.	
Και τα δύο γράμματα έχουν αρχή.	
Και τα δύο γράμματα έχουν τέλος.	
Και τα δύο γράμματα έχουν τελείες.	
Έγραψα για τη συμπεριφορά του / της υπαλλήλου.	
Έγραψα τα παράπονά μου.	
Χρησιμοποίησα σωστό λεξιλόγιο στο γράμμα προς τον φίλο / τη φίλη.	
Χρησιμοποίησα σωστό λεξιλόγιο στο γράμμα προς τον διευθυντή / τη διευθύντρια του ΟΤΕ.	

Ώρα για τραγούδι

Ακούς μια φορά το τραγούδι.

(cd 1, 20)

Άσκηση 1

Ακούς ξανά και συμπληρώνεις τα κενά.

Να ζήσεις Γιαννάκη και [0] _χρόνια πολλλά_,

[1] _____ να γίνεις με [2] _____ μαλλιά.

Παντού να σκορπίζεις της γνώσης [3] _____.

Και όλοι να λένε [4] _____!

Άσκηση 2

Ποιο τραγούδι τραγουδάτε στη χώρα σου, όταν κάποιος έχει γενέθλια;

Τώρα ξέρεις ...

	Ναι	Όχι
να δίνεις ευχές;		
να πηγαίνεις σε μια δημόσια υπηρεσία και να μιλάς;		
να χρησιμοποιείς σωστά λέξεις όπως: Χριστούγεννα, κάλαντα, γκαράζ κτλ.;		
να λες τι σου είπε κάποιος άλλος;		

Ενότητα 5

ΥΓΕΙΑ ΠΑΝΩ ΑΠ' ΟΛΑ

➡ ΚΑΤΑΝΟΗΣΗ ΓΡΑΠΤΟΥ ΛΟΓΟΥ

- Τι βλέπεις στις φωτογραφίες;
- Υπάρχουν κίνδυνοι για τα μικρά παιδιά στο σπίτι σου; Ποιοι;

Άσκηση 1

Διαβάζεις γρήγορα το παρακάτω κείμενο και απαντάς στις ερωτήσεις.

1. Το κείμενο είναι
   α. άρθρο.
   β. αφίσα.
   γ. διαφήμιση.

2. Το κείμενο το βρίσκουμε
   α. σε μια κολόνα στον δρόμο.
   β. στην τηλεόραση.
   γ. στην εφημερίδα.

Άσκηση 2

Διαβάζεις με προσοχή το κείμενο και βάζεις σε κύκλο το σωστό.

ΚΙΝΔΥΝΟΙ ΣΤΟ ΣΠΙΤΙ

Συμβουλή:

Πρώτα βλέπεις προσεκτικά τις ερωτήσεις. Μπορείς να απαντήσεις σε κάποια από αυτές; Όταν κάνεις την άσκηση, υπογραμμίζεις τη σωστή απάντηση μέσα στο κείμενο.

Έχετε μικρά παιδιά; Προσέξτε την ασφάλεια του σπιτιού σας. Πολλοί χώροι κρύβουν μεγάλους κινδύνους. Δεν είναι δύσκολο τα παιδιά σας να αποκτήσουν πληγές και τραύματα.

Προσέξτε τις ηλεκτρικές πρίζες σε όλα τα δωμάτια. Καλύψτε τες, γιατί τα παιδιά μπορεί να πάθουν ηλεκτροπληξία. Βάλτε τις ηλεκτρικές συσκευές σε ένα μέρος που δεν μπορούν να φτάσουν τα παιδιά. Επίσης, κρύψτε τα μικρά αντικείμενα. Μπορεί να τα βάλουν στο στόμα τους και να πνιγούν.

Κουζίνα. Τα παιδιά αγαπούν πολύ τα συρτάρια και τα ντουλάπια. Θέλουν να τ' ανοίγουν και να παίζουν με όλα όσα υπάρχουν μέσα σ' αυτά. Βάλτε τα μαχαίρια ψηλά! Κλειδώστε τα ντουλάπια με τα απορρυπαντικά. Προσοχή στην ηλεκτρική κουζίνα! Πολύ συχνά τα παιδιά πιάνουν τον φούρνο, όταν μαγειρεύετε, και καίνε τα χέρια και τα δάχτυλά τους.

Μπάνιο: Απορρυπαντικά, σαμπουάν, καλλυντικά μπορούν να δηλητηριάσουν τα παιδάκια σας. Γι' αυτό κλείστε καλά την πόρτα του μπάνιου.

Μπαλκόνια-Κήπος: Φροντίστε τα κάγκελα. Υπάρχει κίνδυνος τα παιδιά να πέσουν κάτω από το μπαλκόνι, όταν παίζουν. Μην αφήνετε νερά. Τα παιδιά τρέχουν χωρίς να προσέχουν και μπορεί να πέσουν και να χτυπήσουν το κεφάλι τους ή κάποιο άλλο μέρος στο σώμα τους. Φυτέψτε λουλούδια, αλλά προσέξτε τα εργαλεία σας. Για τη φροντίδα των φυτών σας χρησιμοποιήστε προϊόντα φιλικά για το περιβάλλον και τον πλανήτη, όπως ξύδι ή λεμόνι. Προτιμήστε υλικά από χαρτί και όχι από πλαστικό. Το γυαλί είναι φιλικό για το περιβάλλον αλλά είναι επικίνδυνο για τα παιδιά.

Τι θα κάνετε, αν τα παιδιά σας χτυπήσουν; Μάθετε ποιες είναι οι πρώτες βοήθειες. Πρέπει να έχετε πάντα στο σπίτι σας ένα φαρμακείο με γάζες, βαμβάκι, οινόπνευμα και γάντια μιας χρήσης. Μπορεί να χρειαστούν.

---

0. Σύμφωνα με το κείμενο, κίνδυνοι για τα παιδιά υπάρχουν
   α. σε όλα τα δωμάτια του σπιτιού.
   β. σε μερικά δωμάτια του σπιτιού.
   γ. μόνο στο μπαλκόνι.
   δ. μόνο στον κήπο.

1. Οι ηλεκτρικές πρίζες είναι μεγάλος κίνδυνος για
   α. τα υπνοδωμάτια.
   β. την κουζίνα.
   γ. το μπάνιο.
   δ. όλα τα δωμάτια.

2. Τα παιδιά αγαπούν τα συρτάρια, γιατί
   α. έχουν μέσα πολλά πράγματα.
   β. κρύβονται σε αυτά.
   γ. είναι πάντα κλειστά.
   δ. είναι πάντα ανοιχτά.

3. Κλειδώστε τα ντουλάπια με
   α. τις πετσέτες.
   β. τα καθαριστικά.
   γ. τα φαγητά.
   δ. τις κατσαρόλες.

4. Τα παιδιά μέσα στην κουζίνα μπορεί να
   α. κάψουν το χέρι τους.
   β. πέσουν και να χτυπήσουν.
   γ. κρυφτούν στα ντουλάπια.
   δ. ανέβουν πάνω στο τραπέζι.

5. Τα παιδιά μέσα στο μπάνιο μπορεί να
   α. πέσουν κάτω, επειδή έχει νερά.
   β. πέσουν μέσα στην μπανιέρα.
   γ. βραχούν από τα νερά.
   δ. πάθουν δηλητηρίαση.

6. Πρέπει να προσέχετε τα παιδιά να μη(ν)
   α. ανοίξουν τη βρύση στο μπαλκόνι.
   β. είναι κοντά στα κάγκελα.
   γ. πέσουν από το μπαλκόνι.
   δ. ρίξουν πολύ νερό στα λουλούδια.

Άσκηση 3
Κάνεις τρεις (3) ερωτήσεις στον διπλανό / στη διπλανή σου σχετικά με τους κινδύνους που κρύβει το σπίτι του / της και απαντάς στις δικές του / της.

λεξιλόγιο

Άσκηση 1

Μαζί με τον διπλανό / τη διπλανή σου ενώνεις τις εικόνες με τις λέξεις.

0. συρτάρια
1. δάχτυλα
2. ντουλάπια
3. μαχαίρι
4. απορρυπαντικά
5. ηλεκτρικές συσκευές
6. φούρνος
7. καλλυντικά
8. πρίζα
9. κάγκελα
10. εργαλεία
11. λάδι
12. ξύδι
13. λεμόνια
14. χαρτί
15. πλαστικό
16. γυαλί
17. γάζες
18. φαρμακείο
19. οινόπνευμα
20. γάντια μιας χρήσης
21. βαμβάκι

α.

β.

γ. 0

δ.

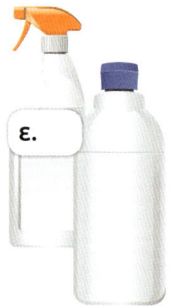
ε.

στ.

π.

ζ.

θ.

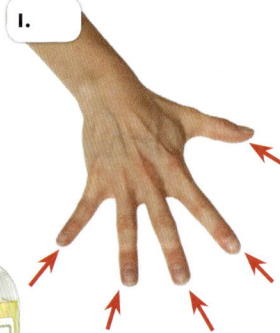
ι.

κ.

λ.

μ.

ν. ξ.

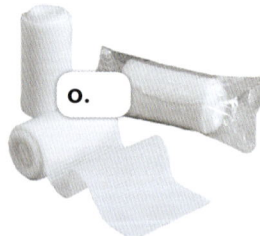
ο.

π.

ρ.

σ.

τ.

υ.

φ.

Άσκηση 2

Πες το αλλιώς. Ενώνεις τις φράσεις και γράφεις τα ζευγάρια. Βλέπεις τι γράφει ο διπλανός / η διπλανή σου. Γράφετε τα ίδια;

0. Πολλοί χώροι του σπιτιού κρύβουν κινδύνους. ___β___

1. Τα καλλυντικά μπορούν να δηλητηριάσουν τα παιδάκια σας. _____

2. Τα παιδιά μπορεί να πέσουν την ώρα που παίζουν. _____

3. Μην αφήνετε μικρά αντικείμενα στα χέρια των παιδιών. _____

α. Τα παιδιά μπορεί να πέσουν, όταν παίζουν.

β. Σε πολλούς χώρους του σπιτιού υπάρχουν κίνδυνοι για τα παιδιά.

γ. Μην αφήνετε μικρά πράγματα στα χέρια των παιδιών.

δ. Τα παιδάκια σας μπορεί να πάθουν δηλητηρίαση από τα φάρμακα.

γράφω τα ζευγάρια

Πολλοί χώροι κρύβουν κινδύνους. = Σε πολλούς χώρους υπάρχουν κίνδυνοι.

Άσκηση 3

Πες το αντίθετο. Ενώνεις τις λέξεις και λες τα αντίθετα. Βλέπεις τι γράφει ο συμμαθητής / η συμμαθήτριά σου. Γράφετε τα ίδια;

0. ανοιχτός φούρνος ___γ___

1. ψηλά _____

2. μεγάλος κίνδυνος _____

3. μικρά παιδιά _____

α. μεγάλα παιδιά

β. μικρός κίνδυνος

γ. κλειστός φούρνος

δ. χαμηλά

γράφω τα αντίθετα

ανοιχτός φούρνος ≠ κλειστός φούρνος

Άσκηση 4

Βρίσκεις τις λέξεις μέσα στο κείμενο (σελ. 102-103). Τι σημαίνουν; Εξηγείς τις λέξεις στην τάξη χωρίς να μιλήσεις. Ζωγραφίζεις ή / και δείχνεις.

Συμβουλή:
Δεν καταλαβαίνεις μια λέξη; Ρωτάς τον δάσκαλό / τη δασκάλα σου:
«Τι σημαίνει η λέξη ...;»

- ηλεκτροπληξία
- φροντίζω
- πιάνω
- φτάνω
- πνίγομαι
- καίω

- ασφάλεια
- χώρος
- κλειδώνω
- καλύπτω
- φροντίδα
- περιβάλλον

- πλανήτης
- τραύμα
- πληγή
- φυτεύω

Άσκηση 5

Βάζεις σε κύκλο το σωστό. Βλέπεις τι γράφει ο συμμαθητής / η συμμαθήτριά σου. Γράφετε τα ίδια;

SOS ΓΗ

Το περιβάλλον χρειάζεται τη βοήθειά μας. Δεν είναι δύσκολο να [0] (βοηθήσουμε) / καθαρίσουμε τη γη. Μπορούμε να κάνουμε πολλά μικρά πράγματα κάθε μέρα ...

- [1] Φυτέψτε / Κάντε λουλούδια στο μπαλκόνι σας. Θα κάνουν τον χώρο σας πιο όμορφο και θα χαρίσουν πολύ οξυγόνο στον [2] ουρανό / πλανήτη!
- Μη(ν) [3] χρησιμοποιείτε / πετάτε τις πλαστικές [4] σακούλες / βαλίτσες. Χρησιμοποιήστε τες ξανά. Το πλαστικό κάνει μεγάλο κακό στο [5] οξυγόνο / περιβάλλον.
  - Μην ξοδεύετε πολύ [6] χαρτί / σελίδες.
  - [7] Κάντε / Φτιάξτε ανακύκλωση.

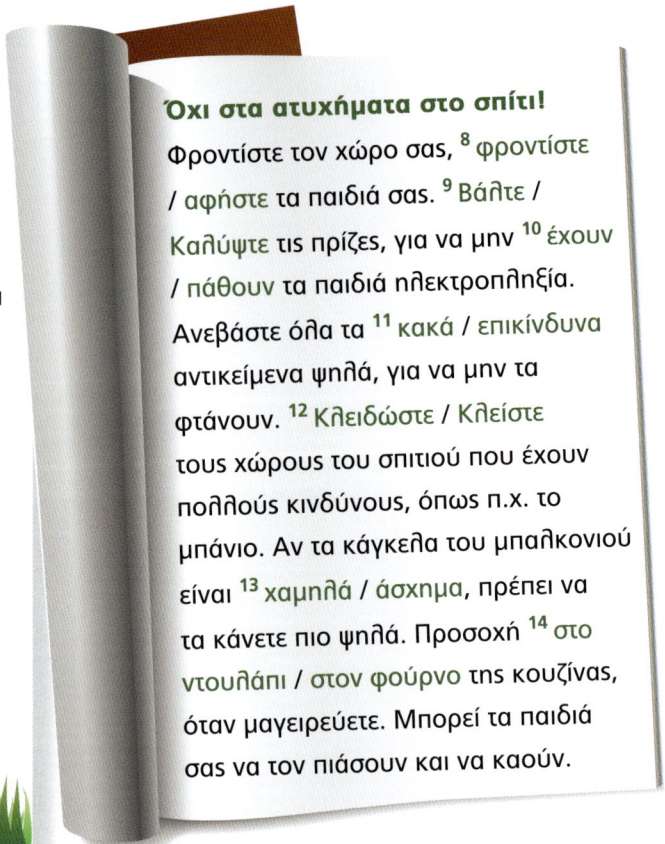

Όχι στα ατυχήματα στο σπίτι!

Φροντίστε τον χώρο σας, [8] φροντίστε / αφήστε τα παιδιά σας. [9] Βάλτε / Καλύψτε τις πρίζες, για να μην [10] έχουν / πάθουν τα παιδιά ηλεκτροπληξία. Ανεβάστε όλα τα [11] κακά / επικίνδυνα αντικείμενα ψηλά, για να μην τα φτάνουν. [12] Κλειδώστε / Κλείστε τους χώρους του σπιτιού που έχουν πολλούς κινδύνους, όπως π.χ. το μπάνιο. Αν τα κάγκελα του μπαλκονιού είναι [13] χαμηλά / άσχημα, πρέπει να τα κάνετε πιο ψηλά. Προσοχή [14] στο ντουλάπι / στον φούρνο της κουζίνας, όταν μαγειρεύετε. Μπορεί τα παιδιά σας να τον πιάσουν και να καούν.

Άσκηση 6

Συμπληρώνεις τα κενά με τις παρακάτω λέξεις. Βλέπεις τι γράφει ο συμμαθητής / η συμμαθήτριά σου και διορθώνετε τα λάθη σας.

ξοδέψετε πολύ ρεύμα, δύσκολες βρομιές, να δουλέψει, δύσκολοι λεκέδες, φιλικό για το περιβάλλον, μπορείτε να καθαρίστε πολύ καλά, απορρυπαντικό στο πλυντήριο, βάλτε ξύδι, ανακατέψτε λίγο ξύδι, ζεστό νερό

Καθαρίστε και σώστε το περιβάλλον

Ρούχα

Αγοράζετε απορρυπαντικό που δεν είναι
[0] ___φιλικό για το περιβάλλον___; Λάθος!
Τα ρούχα καθαρίζουν, όμως, τι γίνεται με τα ποτάμια και τις θάλασσες; Μη βάζετε πολύ
[1] _____, γιατί δεν φεύγει εύκολα από τα ρούχα. Βάλτε το πλυντήριο στους 30 ή τους 40 βαθμούς όχι στους 60 ή στους 90. Έτσι, δεν θα
[2] _____. Καθαρίστε το πλυντήριό σας. Κάθε 3 μήνες [3] _____ στη θήκη του απορρυπαντικού και αφήστε το πλυντήριο
[4] _____ στους 60 βαθμούς.

Σπίτι

Για ολόκληρο το σπίτι
[5] _____ με μαγειρική σόδα σε 2 λίτρα ζεστό νερό.
Με αυτό [6] _____ τα τζάμια, τους καθρέφτες και τις βρύσες.
Για πιο [7] _____ χρησιμοποιήστε λεμόνι. Για τα πιάτα σας είναι πολύ καλό το σαπούνι ελιάς
με [8] _____.
Με λίγο ξύδι θα βγουν και οι πιο
[9] _____.

Άσκηση 7

Μαζί με τον διπλανό / τη διπλανή σου διαβάζετε με προσοχή α) πώς μπορεί να σας βοηθήσουν τα προϊόντα της φύσης και β) τι πρόβλημα έχουν μερικοί άνθρωποι. Γράφετε τι πρέπει να πάρει ο κάθε άνθρωπος για το πρόβλημα που έχει.

Α – Το **χαμομήλι** είναι ένα φυτό που κάνει καλό στο άγχος και στα σπυράκια της νεαρής ηλικίας. Βοηθάει ανθρώπους με προβλήματα ύπνου ή πόνο στο στομάχι. Επίσης, μπορείτε να το πιείτε, όταν έχετε πυρετό.

– Η **ρίγανη**, το **πράσινο τσάι** και ο **βασιλικός** διώχνουν τον πονοκέφαλο. Πιείτε βασιλικό, όταν δεν έχετε καλή διάθεση ή αν έχετε προβλήματα με την αναπνοή σας. Το τσάι του βουνού, επίσης, βοηθάει όταν έχουμε πονοκέφαλο, βήχα ή γρίπη.

– Το **καρότο** κάνει καλό σε όσους δεν βλέπουν πολύ καλά και το **γαρίφαλο** στον πονόδοντο.

– Τέλος, αν έχετε προβλήματα με την καρδιά σας, φάτε **σκόρδο**.

Β

0.

Μαρία: Είναι 15 χρονών και θέλει να φύγουν τα σπυράκια από το πρόσωπό της.
Πρέπει να πιει χαμομήλι.

1.

Ελένη: Έχει πολύ άγχος για τη δουλειά της και δεν μπορεί να κοιμηθεί καλά το βράδυ.
_____

2.

Κώστας: Είναι άρρωστος εδώ και μία βδομάδα. Πονάει το κεφάλι του, έχει πυρετό και βήχα.
_____

3.

Δημήτρης: Πήγε σε καρδιολόγο, γιατί έχει προβλήματα με την καρδιά του.
_____

4.

Γιάννης: Δεν βλέπει πολύ καλά.
_____

5.

Άννα: Πονάει πολύ το δόντι της και η αναπνοή της δεν είναι καθαρή.
_____

Άσκηση 8

Πώς πρέπει να είναι τα σπίτια στο μέλλον, για να είναι φιλικά για το περιβάλλον; Πώς θα ανοίγουν οι πόρτες, τα παράθυρα, οι ηλεκτρικές συσκευές κτλ.; Γράφεις 5-6 προτάσεις.

Γραμματική: Βλέπω και παρατηρώ ...

Ο Βασίλης πονάει στην κοιλιά. Ρωτάει μερικούς φίλους του τι να κάνει. Παρακάτω είναι οι απαντήσεις των φίλων του. Τις διαβάζεις με προσοχή και απαντάς στις ερωτήσεις.

> **Μάριος:** Θα **πιεις** ένα ποτήρι χαμομήλι. Το χαμομήλι κάνει πολύ καλό.

> **Τάσος:** Βράζεις το νερό και ρίχνεις το χαμομήλι για 3 λεπτά. Το **πίνεις** και περνάει ο πόνος.

> **Ξανθή:** Κάνε ένα ποτήρι χαμομήλι και **πιες** το.

> **Θωμαή:** **Να πιεις** χαμομήλι! Θα περάσει ο πόνος αμέσως.

> **Αλέξης:** **Μπορείς να πάρεις** κανένα χάπι αλλά **μπορείς να πιεις** και ένα ποτήρι χαμομήλι.

> **Χαρίκλεια:** Αν θέλεις, **πιες** κανένα χαμομήλι αλλά πρέπει σίγουρα να σε δει γιατρός.

ανεβαίνω	ανέβα ανεβείτε	μην ανέβεις μην ανεβείτε
θυμάμαι	θυμήσου θυμηθείτε	μη θυμηθείς μη θυμηθείτε
κατεβαίνω	κατέβα κατεβείτε	μην κατεβείς μην κατεβείτε
κοιμάμαι	κοιμήσου κοιμηθείτε	μην κοιμηθείς μην κοιμηθείτε
μένω	μείνε μείνετε	μη μείνεις μη μείνετε

Δίνω συμβουλές

Θα πιεις ... Θα πιείτε ...
Πίνεις ... Πίνετε ...
Πιες! Πιείτε!
Μπορείς να πιεις ... Μπορείτε να πιείτε ...
Να πιεις ... Να πιείτε ...
Αν θέλεις, πιες ... Αν θέλετε, πιείτε ...

Ερωτήσεις:

1. Πόσα άτομα απαντούν στον Βασίλη;

2. Τι λέει ο καθένας;

3. Με ποιες φράσεις δίνει ο καθένας τη συμβουλή του;

Άσκηση 1

Σημειώνεις ένα ✓ δίπλα στις προτάσεις που δίνουν οδηγίες ή συμβουλές.

0. Κάτσε στο σπίτι. ✓
1. Οδηγούν προσεκτικά. _____
2. Αν θέλεις, πιες λίγο τσάι. Θα σου κάνει καλό. _____
3. Κατεβείτε με προσοχή από το λεωφορείο. _____
4. Πήγαινε αριστερά και μετά δεξιά. _____
5. Ανακατεύουμε τα υλικά και η σαλάτα είναι έτοιμη. _____
6. Να πιω το γάλα μου. _____
7. Πρέπει να πας στον γιατρό. _____
8. Μάθε τι κάνει ο Αλέξης. _____
9. Μπορείς να βάλεις λίγο ξύδι. _____
10. Πίνουν ένα ποτήρι γάλα το πρωί κι ένα το βράδυ. _____
11. Κόβουμε μικρά κομματάκια, τα βάζουμε σε νερό και τα βράζουμε. _____
12. Ανεβείτε τις σκάλες. _____
13. Φεύγουν από την Ελλάδα. _____
14. Κοιμηθείτε 8 ώρες την ημέρα. _____

Άσκηση 2

Συμπληρώνεις τα κενά. Βλέπεις τι γράφει ο συμμαθητής / η συμμαθήτριά σου και διορθώνετε τα λάθη σας.

0. Μαρία, πρέπει να ___φας___ (τρώω). Είσαι πολύ αδύνατη.
1. Δεν έχετε καλή διάθεση; Μπορείτε να _____ (πίνω) βασιλικό και θα νιώσετε πολύ καλά.
2. Δείτε τις προτάσεις και _____ (συμπληρώνω) τα κενά.
3. _____ (φυτεύω) λουλούδια στο μπαλκόνι σας.
4. _____ (βάζω) τα μαχαίρια ψηλά, κλειδώνεις όλα τα ντουλάπια με τα απορρυπαντικά και δεν φοβάσαι τίποτα.
5. _____ (βάζω) τα μαχαίρια ψηλά, κλειδώστε όλα τα ντουλάπια με τα απορρυπαντικά και μη φοβάστε τίποτα.
6. _____ (τρέχω), όταν οδηγείς.

Άσκηση 3

Είσαι δημοσιογράφος σ' ένα περιοδικό και θέλεις να γράψεις οδηγίες α) για το πώς πρέπει να οδηγούν οι άνθρωποι, β) για το πώς πρέπει να τρώει κάποιος, όταν θέλει να χάσει κιλά και γ) για το τι πρέπει να κάνει κάποιος, όταν είναι άρρωστος. Γράφεις 2-3 προτάσεις για κάθε περίπτωση. Μπορείς να χρησιμοποιήσεις τις λέξεις:

βάζω, βγάζω, βγαίνω, βλέπω, βρίσκω, δίνω, έρχομαι, κάνω, κατεβαίνω, λέω, μπαίνω, παίρνω, περιμένω, πηγαίνω, πίνω, πλένω, στέλνω, τρώω, φέρνω, φεύγω

→ ΚΑΤΑΝΟΗΣΗ ΠΡΟΦΟΡΙΚΟΥ ΛΟΓΟΥ

- Τι βλέπεις στις φωτογραφίες;
- Ξέρεις ποια είναι η σωστή διατροφή;
- Εσύ τρως σωστά;

Άσκηση 1

(cd 1, 21)

Θα ακούσεις μια εκπομπή για τη σωστή διατροφή. Καθώς ακούς, βάζεις σε κύκλο τη σωστή απάντηση στις ερωτήσεις που έχεις μπροστά σου.

Συμβουλή:
Πρώτα διαβάζετε προσεκτικά τις ερωτήσεις. Μπορείτε να απαντήσετε σε κάποια από τις ερωτήσεις, πριν ακούσετε την εκπομπή;

0. Καλεσμένος της εκπομπής είναι ο κύριος
   (α.) Αντωνίου.
   β. Ελευθερίου.
   γ. Γεωργίου.
   δ. Αποστόλου.

1. Οι κατηγορίες των τροφών είναι
   α. 2.
   β. 3.
   γ. 4.
   δ. 5.

2. Τις τροφές που βρίσκονται κοντά στη βάση της πυραμίδας πρέπει να τις τρώμε
   α. συχνά.
   β. σπάνια.
   γ. βραστές.
   δ. ψητές.

3. Ψωμί με τυρί μπορούμε να τρώμε
   α. κάθε μέρα.
   β. 2 φορές την εβδομάδα.
   γ. 3 φορές την εβδομάδα.
   δ. 5 φορές την εβδομάδα.

4. Πορτοκάλια, μπρόκολα και ντομάτες μπορούμε να τρώμε
   α. κάθε μέρα.
   β. 2 φορές την εβδομάδα.
   γ. 3 φορές την εβδομάδα.
   δ. 5 φορές την εβδομάδα.

5. Αβγά μπορούμε να τρώμε
   α. 1 φορά την εβδομάδα.
   β. 2-3 φορές την εβδομάδα.
   γ. κάθε μέρα.
   δ. ποτέ.

6. Κάντε μάσκες ομορφιάς με πράγματα που
   α. έχετε στο σπίτι σας.
   β. έχετε στο γραφείο σας.
   γ. αγοράζετε από το φαρμακείο.
   δ. αγοράζετε από τα μαγαζιά με καλλυντικά.

7. Για να φύγει η μάσκα, πλύνετε το πρόσωπό σας με
   α. πολύ ζεστό νερό.
   β. λίγο ζεστό νερό.
   γ. πολύ κρύο νερό.
   δ. λίγο κρύο νερό.

Άσκηση 2

Γράφεις τα βασικά σημεία από το κείμενο που άκουσες. Συγκρίνεις το κείμενο που έγραψες με τα κείμενα των συμμαθητών / συμμαθητριών σου. Είναι το ίδιο;

λεξιλόγιο

Άσκηση 1

Μαζί με τον διπλανό / τη διπλανή σου ενώνεις τις εικόνες με τις λέξεις.

- Ø. τροφή
- 1. πυραμίδα διατροφής
- 2. αβγό
- 3. κατσαρολάκι

α.

β. 0

γ.

δ.

Άσκηση 2

Πες το αντίθετο. Ενώνεις τις λέξεις και γράφεις τα αντίθετα. Βλέπεις τι γράφει ο συμμαθητής / η συμμαθήτριά σου. Γράφετε τα ίδια;

γράφω τα αντίθετα
η βάση της πυραμίδας ≠ η κορυφή της πυραμίδας

- 0. η βάση της πυραμίδας ___a___
- 1. χαμηλή φωτιά _____
- 2. είναι αλήθεια _____
- 3. ζεστό νερό _____
- 4. συχνά _____

- α. η κορυφή της πυραμίδας
- β. κρύο νερό
- γ. σπάνια
- δ. δυνατή φωτιά
- ε. είναι ψέμα

Άσκηση 3

Βρίσκεις τις λέξεις μέσα στο κείμενο. Τι σημαίνουν; Εξηγείς τις λέξεις στην τάξη χωρίς να μιλήσεις. Ζωγραφίζεις ή / και δείχνεις.

Συμβουλή:

Δεν καταλαβαίνεις μια λέξη; Ρωτάς τον δάσκαλό / τη δασκάλα σου:
«Τι σημαίνει η λέξη ...;»

Όλοι ξέρουμε ότι τα φρούτα δεν πρέπει να λείπουν από την καθημερινή διατροφή μας. Ξέρετε, όμως, ότι μπορούμε να τα χρησιμοποιήσουμε και για μάσκες ομορφιάς; Πάρτε λίγο μήλο, μισή μπανάνα. Καθαρίστε τα φρούτα και λιώστε τα. Προσθέστε 1 κουταλιά λάδι και η μάσκα ομορφιάς είναι έτοιμη.

- διατροφή
- προσθέστε
- λιώστε

Άσκηση 4

Ενώνεις τις λέξεις της στήλης Α με τις λέξεις στις εικόνες. Βλέπεις τι γράφει ο συμμαθητής / η συμμαθήτριά σου. Γράφετε τα ίδια;

A

0. γλυκά
1. όσπρια
2. ξηροί καρποί
3. λαχανικά
4. κόκκινο κρέας
5. δημητριακά
6. άσπρο κρέας
7. γαλακτοκομικά
8. ζυμαρικά
9. φρούτα

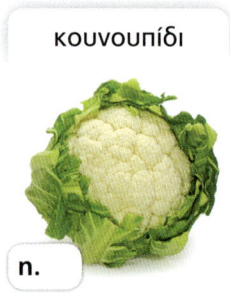

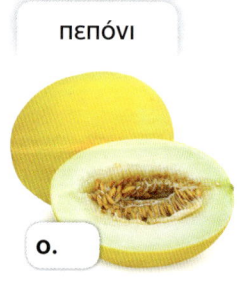

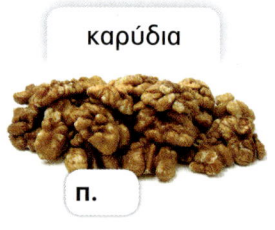

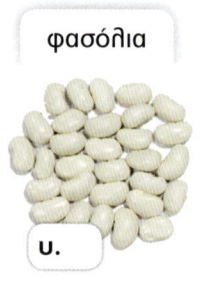

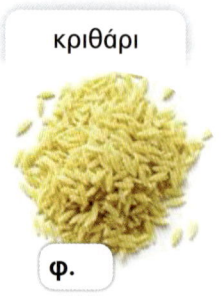

γάλα
α.

φουντούκια
β.

τυρί
γ.

μακαρόνια
δ.

κοτόπουλο
ε.

σοκολάτα
στ. 0

μήλα
ζ.

κουνουπίδι
η.

αμύγδαλα
θ.

μπριζόλα
ι.

τούρτα
κ. 0

κεράσια
λ.

φακές
μ.

μπρόκολο
ν.

γιαούρτι
ξ.

πεπόνι
ο.

καρύδια
π.

πάστα
ρ. 0

καλαμπόκι
σ.

παντζάρια
τ.

φασόλια
υ.

κριθάρι
φ.

Άσκηση 5

Βάζεις σε κύκλο το σωστό. Βλέπεις τι απαντάει ο συμμαθητής / η συμμαθήτριά σου. Γράφετε τα ίδια;

Πώς θα φτιάξετε τη δική σας μάσκα ομορφιάς

- 1/2 μπανάνα
- 1 κουταλιά της σούπας αγγούρι
- 1 κουταλιά της σούπας γιαούρτι
- 1 κουταλιά της σούπας ελαιόλαδο

⁰ Ανακατεύετε / *Βάζετε* όλα τα υλικά και κάνετε μια κρέμα. Την ¹ αφήνετε / απλώνετε στο πρόσωπο και στο(ν) ² στόμα / λαιμό και την αφήνετε για 30 λεπτά. Ξεπλένετε τη μάσκα με ³ χλιαρό / πολύ ζεστό νερό και στο τέλος ρίχνετε λίγο κρύο νερό στο πρόσωπό σας.

- 2 κουταλιές της σούπας λάδι
- 1 κουταλιά της σούπας μέλι
- 1 κουταλιά της σούπας γιαούρτι
- 1 κουταλάκι του γλυκού ζάχαρη
- 1 αβγό

Ανακατέψτε τα ⁴ πράγματα / υλικά. Απλώστε τη μάσκα σε όλο το ⁵ πρόσωπο / κεφάλι και αφήστε τη για 25 λεπτά. Τα υλικά της μάσκας είναι πάρα πολύ ⁶ καλά / καλή για όλα τα πρόσωπα. Τα αποτελέσματα της μάσκας είναι καταπληκτικά από την πρώτη φορά που θα τη(ν) ⁷ χρησιμοποιήσετε / έχετε. Μπορείτε να τη χρησιμοποιείτε 2 φορές την εβδομάδα.

Άσκηση 6

Συμπληρώνεις τα κενά με τις παρακάτω λέξεις. Βλέπεις τι γράφει ο συμμαθητής / η συμμαθήτριά σου και διορθώνετε τα λάθη σας.

προσθέστε, ρίξτε, κουταλιά της σούπας, απλώστε, χλιαρό, ανακατέψτε, αφήστε, περιμένετε, είναι έτοιμη, το πρόσωπό

Μάσκες για το πρόσωπό σας

- μισό λεμόνι
- μία ⁰ _κουταλιά της σούπας_ μέλι

Σε ένα μπολ ¹_____ τον χυμό του λεμονιού, βάλτε το μέλι και ²_____ τα καλά με ένα κουτάλι μέχρι να γίνει μια κρέμα. ³_____ τη μάσκα στο πρόσωπο, όχι όμως και στα μάτια. ⁴_____ τη για 15-20 λεπτά και πλένετε με χλιαρό νερό.

- μία μπανάνα
- ένα κουτάλι μέλι
- ένα κουτάλι χυμό πορτοκαλιού ή λεμονιού

Λιώστε την μπανάνα σε ένα μπολ και ⁵_____ το μέλι. Ρίξτε τον χυμό του πορτοκαλιού ή του λεμονιού, ανακατέψτε τα όλα μαζί και η μάσκα ⁶_____. Απλώστε τη στο πρόσωπο και στον λαιμό, ⁷_____ 15 λεπτά και βγάλτε τη με μια ζεστή πετσέτα.

- μία κουταλιά της σούπας λάδι
- λίγο αλάτι

Ανακατεύετε το ελαιόλαδο με το αλάτι. Τρίβετε ⁸_____ σας με αυτή την κρέμα και ξεπλένετε με ⁹_____ νερό.

Άσκηση 7

Η φίλη σου έχει πολύ άγχος τον τελευταίο καιρό και είναι πάντα κουρασμένη. Της δίνεις 3-4 συμβουλές, για να νιώσει πιο καλά.

Άσκηση 8

Απάντησε στις παρακάτω ερωτήσεις και μάθε πόσο φροντίζεις τον εαυτό σου.

1. Πόσο συχνά τρως πρωινό;
   α. Κάθε μέρα.
   β. 2 φορές την εβδομάδα.
   γ. Ποτέ.

2. Πόσο συχνά τρως κρέας;
   α. 1 φορά την εβδομάδα.
   β. 2-3 φορές την εβδομάδα.
   γ. Πιο πολύ από 3 φορές την εβδομάδα.

3. Πόσο συχνά κάνεις γυμναστική;
   α. Πιο πολύ από 3 φορές την εβδομάδα.
   β. 2-3 φορές την εβδομάδα.
   γ. 1 φορά την εβδομάδα.

4. Συνήθως το βράδυ τρως
   α. φρούτα.   **β.** πίτσα.   **γ.** κρέας.

5. Πόσα φρούτα τρως κάθε μέρα;
   α. 2-3   **β.** 1-2   **γ.** κανένα

6. Πόσο συχνά τρως φαγητό στο σπίτι;
   α. Πιο πολύ από 3 φορές την εβδομάδα.
   β. 2-3 φορές την εβδομάδα.
   γ. 1 φορά την εβδομάδα.

7. Πόσο συχνά τρως φαγητό από έξω;
   α. 1 φορά την εβδομάδα.
   β. 2-3 φορές την εβδομάδα.
   γ. Πιο πολύ από 3 φορές την εβδομάδα.

8. Πόσα ποτήρια νερό πίνεις την ημέρα;
   α. 12   **β.** 7   **γ.** 3

9. Πόσο κρασί πίνεις κάθε μέρα;
   α. 1 ποτήρι   **β.** 2-3 ποτήρια   **γ.** 3-4 ποτήρια

10. Πόσες ώρες κοιμάσαι κάθε μέρα;
    α. 12   **β.** 8   **γ.** 5

Αποτελέσματα

Πιο πολλά α: Μπράβο! Φροντίζεις πολύ τον εαυτό σου. Έχεις πάντα καλή διάθεση και το σώμα σου είναι πολύ καλά.

Πιο πολλά β: Φροντίζεις αρκετά τον εαυτό σου αλλά μπορείς να τον φροντίσεις κι άλλο. Μπορείς να το κάνεις! Δεν είναι δύσκολο!

Πιο πολλά γ: Προσοχή. Πρέπει να φροντίσεις πιο πολύ τον εαυτό σου. Πρέπει να τρως πιο σωστά και να κάνεις γυμναστική.

Γραμματική: Βλέπω και παρατηρώ ...

Διαβάζεις τον παρακάτω διάλογο.

> Κάθε μέρα τρώω σίγουρα μερικά φρούτα, ένα-δύο πορτοκάλια, ένα μήλο και μια μπανάνα. Τρώω πολύ καλά το πρωί. Το βράδυ θα φάω κάτι αλλά ποτέ δεν τρώω πολύ.

> Μπράβο σου, Χρύσα. Προσέχεις πολύ την υγεία σου. Με τέτοια διατροφή και με τόσα φρούτα σίγουρα θα ζήσεις πολλά χρόνια!

Απαντάς στις ερωτήσεις.

1. Η Χρύσα τρώει φρούτα; _____

2. Η Χρύσα τρώει το βράδυ; _____

Βλέπω 👀

Βλέπεις με προσοχή τον παρακάτω πίνακα.

ΕΝΑ	ΠΟΛΛΑ
ένας / μια / ένα	μερικοί / μερικές / μερικά
κάθε	-
κάτι	κάτι
τίποτα δεν	-
κανείς / καμιά / κανένα δεν	-
άλλος / άλλη / άλλο	άλλοι / άλλες / άλλα
τέτοιος / τέτοια / τέτοιο	τέτοιοι / τέτοιες / τέτοια
τόσος / τόση / τόσο	τόσοι / τόσες / τόσα
αυτός ο / αυτή η / αυτό το	αυτοί οι / αυτές οι / αυτά τα
εκείνος ο / εκείνη η / εκείνο το	εκείνοι οι / εκείνες οι / εκείνα τα

και παρατηρώ ...

Απαντάς στις ερωτήσεις.

1. Ποιες λέξεις χρησιμοποιούμε, όταν μιλάμε
   α. μόνο για ένα;
   β. για πολλά;

2. Μετά από ποιες λέξεις μπαίνουν τα: **ο, η, το, οι, τα**;

3. Μετά από ποιες λέξεις μπαίνει το: **δεν**;

4. Ποιες λέξεις χρησιμοποιούμε και για **ένα** και για **πολλά**;

Άσκηση 1

Μαζί με τον συμμαθητή / τη συμμαθήτριά σου βρίσκετε και σημειώνετε τα λάθη που υπάρχουν.

0. Μερικοί ~~οι~~ άνθρωποι είναι πολύ αδύνατοι.
1. Μερικές παιδιά δεν κοιμούνται το βράδυ.
2. Κάθε άνθρωποι έχει τον χαρακτήρα του.
3. Αυτό παντελόνι σου πηγαίνει πολύ.
4. Τέτοιο φόρεμα είναι πολύ ωραίο.
5. Θέλω να φάω τίποτα.
6. Κάτι δεν θα φάω για το βράδυ.
7. Κανείς θέλει να βγει μαζί του.
8. Μερικά τα ρούχα σου πηγαίνουν πολύ.
9. Κάθε η Κυριακή βλέπω τους φίλους μου.

Άσκηση 2

Συμπληρώνεις τα κενά με τις παρακάτω λέξεις. Βλέπεις τι γράφει ο συμμαθητής / η συμμαθήτριά σου. Γράφετε τα ίδια;

> μερικά, κάθε, κάτι, τίποτα, καμιά, τόση, αυτά, εκείνος

0. _Κάθε_ Τρίτη και Πέμπτη τα μαγαζιά είναι ανοιχτά.
1. Βάζεις _____ ζάχαρη στον καφέ; Δεν είναι καλό!
2. _____ κοπέλα δεν θέλει να βγει μαζί του.
3. _____ παιδιά κάνουν πολλή φασαρία.
4. Πήγα στην αγορά, όμως δεν αγόρασα _____
5. _____ τα ρούχα σου πηγαίνουν πολύ.
6. _____ θα πιω το βράδυ αλλά δεν ξέρω τι.
7. _____ ο δάσκαλος ήταν πολύ καλός.

→ ΠΑΡΑΓΩΓΗ ΠΡΟΦΟΡΙΚΟΥ ΛΟΓΟΥ

Άσκηση 1

Α. Προτιμάς να τρως στο σπίτι ή σε εστιατόριο; Γιατί;

Υπογραμμίζεις 3 λόγους για τους οποίους προτιμάς να τρως στο σπίτι ή έξω. Ρωτάς τους συμμαθητές / τις συμμαθήτριές σου τι τους αρέσει να κάνουν.

> *δύσκολα φαγητά, τιμή, παρέα, καλά υλικά, δίαιτα, φαγητό = διασκέδαση,*
> *μαγείρεμα = κούραση, δεν έχω χρόνο, γυρίζω αργά στο σπίτι, δεν ξέρω να μαγειρεύω*

Β. *«Τρία μήλα την ημέρα τον γιατρό τον κάνουν πέρα.»* Τι νομίζεις ότι σημαίνει αυτή η παροιμία; Έχετε αυτή την παροιμία στη χώρα σου;

Γ. Διαλέγεις μια φωτογραφία / εικόνα από την ενότητα 16. Την περιγράφεις στους συμμαθητές / στις συμμαθήτριές σου. Εκείνοι / Εκείνες προσπαθούν να καταλάβουν ποια φωτογραφία / εικόνα περιγράφεις.

Άσκηση 2

Ακούς και συμπληρώνεις τα κενά.

(cd 1, 22)

Γιατρός: Καλή σας μέρα.

Ασθενής: Καλημέρα, γιατρέ.

Γιατρός: 0 ___Τι έχετε___, παρακαλώ;

Ασθενής: Γιατρέ, πονάει το στομάχι μου.

Γιατρός: 1 _____ σας πονάει;

Ασθενής: Περίπου 6 με 7 μέρες.

Γιατρός: Τι αισθάνεστε;

Ασθενής: Δεν μπορώ να φάω τίποτα. Μόλις φάω κάτι αρχίζουν 2 _____. Μήπως κόλλησα κάτι;

Γιατρός: Τι τρώτε και σας πονάει;

Ασθενής: Αυτές τις μέρες 3 _____ μουσακά, αρνί με πατάτες στον φούρνο ...

Γιατρός: 4 _____ φάρμακο;

Ασθενής: Όχι, πίνω, όμως, πολλές σόδες.

Γιατρός: Σας 5 _____;

Ασθενής: Ναι, αρκετά...

Γιατρός: Κοιτάξτε. Αυτά τα φαγητά είναι πολύ 6 _____. Πρέπει να φάτε κάτι πιο ελαφρύ. Δοκιμάστε να αλλάξετε 7 _____ σας και ο πόνος θα φύγει.

Ασθενής: Θα μου 8 _____ φάρμακο;

Γιατρός: Όχι, δεν χρειάζεστε φάρμακο. Αν θέλετε μπορείτε 9 _____. Θα σας κάνει πολύ καλό.

Άσκηση 3

Μαζί με τον διπλανό / τη διπλανή σου ετοιμάζετε τα παρακάτω παιχνίδια ρόλων για 3 λεπτά και τα παρουσιάζετε στην τάξη.

Παιχνίδι Ρόλων 1

Ρόλος Α	Ρόλος Β
Είστε άρρωστος / άρρωστη με πυρετό και βήχα. Πηγαίνετε στον / στη γιατρό, απαντάτε στις ερωτήσεις του / της, λέτε τι έχετε και ζητάτε τη βοήθειά του / της.	Είστε γιατρός. Έρχεται ένας άρρωστος / μια άρρωστη. Τον / την ρωτάτε τι έχει, πόσο καιρό είναι άρρωστος / άρρωστη και αν παίρνει κάποια φάρμακα. Ακούτε τι σας λέει, απαντάτε στις ερωτήσεις του / της και του / της λέτε τι έχει και τι πρέπει να κάνει.

Παιχνίδι Ρόλων 2

Ρόλος Α	Ρόλος Β
Έχετε ένα μικρό παιδί 5 χρονών. Συζητάτε με τον άντρα / τη γυναίκα σας για τη διατροφή του παιδιού. Εσείς πιστεύετε ότι το παιδί δεν πρέπει να τρώει καθόλου κρέας, αλλά να τρώει πάρα πολλά φρούτα και λαχανικά. Εκείνος / Εκείνη πιστεύει ότι το κρέας είναι απαραίτητο. Προσπαθείτε να τον / την πείσετε.	Έχετε ένα παιδί 5 χρονών. Συζητάτε με τον άντρα / τη γυναίκα σας για τη διατροφή του παιδιού. Εσείς πιστεύετε ότι το παιδί πρέπει να τρώει κρέας 2 φορές την εβδομάδα. Εκείνος / Εκείνη διαφωνεί και θέλει το παιδί να τρώει πολλά φρούτα και λαχανικά. Προσπαθείτε να τον / την πείσετε.

Συμβουλές:

α) Υπογραμμίζετε τις λέξεις-κλειδιά.

β) Γράφετε το λεξιλόγιο που θα χρησιμοποιήσετε.

γ) Κάνετε τον διάλογο.

ΠΑΡΑΓΩΓΗ ΓΡΑΠΤΟΥ ΛΟΓΟΥ

Άσκηση 1

Η Νίκη παντρεύεται σε έναν μήνα και έχει πολλή αγωνία. Γράφει ένα γράμμα στη φίλη της και ένα γράμμα σε ένα περιοδικό για να ζητήσει μερικές συμβουλές ομορφιάς. Διαβάζεις με προσοχή τα δύο γράμματα της Νίκης και συμπληρώνεις τα κενά με τις παρακάτω φράσεις.

συγχαρητήρια για, έκανα τίποτα για μένα, φροντίσω την εμφάνισή μου, μήπως μπορείς, πες μου σε παρακαλώ, Μπορείτε να μου προτείνετε, ξέρεις, σε έναν μήνα, τι να κάνω, θα ήθελα να σας ζητήσω μερικές συμβουλές ομορφιάς, μήπως γνωρίζετε

Αγαπημένη μου φίλη,

Τι κάνεις; Εγώ είμαι καλά αλλά έχω πολύ άγχος, γιατί παντρεύομαι 0 ___σε έναν μήνα___ και έχω πολλές δουλειές.

Είναι όλα έτοιμα αλλά δεν 1 _____. Το πρόσωπό μου είναι πολύ κουρασμένο και τα μαλλιά μου είναι λίγο ξηρά. 2 _____ για να είμαι ωραία; 3 _____ να με βοηθήσεις; 4 _____ κανένα καλλυντικό που μπορώ να αγοράσω ή να φτιάξω μόνη μου; 5 _____, γιατί εκείνη την ημέρα πρέπει να είμαι πολύ όμορφη. Είμαι σίγουρη ότι μπορείς να με βοηθήσεις.

Περιμένω την απάντησή σου.

Σ' αγαπώ πολύ!
Νίκη

Αγαπημένες μου κυρίες,

6 _____ τις συμβουλές που δίνετε στα προβλήματα μας. Μας βοηθάτε πάντα πάρα πολύ. Σας διαβάζω συνέχεια!

Σήμερα είναι η πρώτη φορά που σας γράφω. 7 _____. Παντρεύομαι σε έναν μήνα και δεν γνωρίζω πώς να 8 _____. Μπορείτε να μου πείτε τι να κάνω για το πρόσωπο και τα μαλλιά μου; Τα μαλλιά μου είναι πολύ ξηρά και σκληρά. 9 _____ κάτι; 10 _____ καμία συνταγή ομορφιάς που μπορώ να κάνω μόνη μου ή κάποιο άλλο καλλυντικό που μπορώ να αγοράσω;

Περιμένω με αγωνία την απάντησή σας.
Νίκη Κ.

Άσκηση 2

Παρακάτω είναι οι συμβουλές που έδωσαν στη Νίκη, η φίλη της και οι κυρίες από το περιοδικό. Βρες ποιος έδωσε κάθε συμβουλή και βάλε ✓ στον παρακάτω πίνακα.

		Φίλη	Περιοδικό
0.	Βάλε λάδι στα μαλλιά σου.	✓	
1.	Για τα μαλλιά είναι πολύ καλό το λάδι. Απλώστε λίγο λάδι, πριν από το μπάνιο, και αφήστε το για 30 λεπτά.		
2.	Κάνε μια μάσκα ομορφιάς για το πρόσωπο. Έχει πολλές συνταγές στο διαδίκτυο. Εγώ κάνω συχνά μια με αγγούρι και γιαούρτι. Είναι πολύ καλή.		
3.	Τα καλλυντικά "Νιότη" έχουν πολύ καλά και γρήγορα αποτελέσματα. Μπορείτε να τα βρείτε σε όλα τα φαρμακεία.		
4.	Αγόρασε το καλλυντικό "Νιότη" από το φαρμακείο.		
5.	Μπορείτε να κάνετε μόνη σας διαφορετικές μάσκες ομορφιάς. Υπάρχουν πολλές συνταγές στο διαδίκτυο. Εγώ σας προτείνω να χρησιμοποιήσετε αβγό, μέλι, γιαούρτι και αγγούρι. Θα σας κάνουν 5 χρόνια πιο νέα!		

Άσκηση 3

Τις τελευταίες μέρες έχεις μερικά προβλήματα υγείας. Γράφεις ένα γράμμα σε έναν φίλο / μια φίλη σου και ένα γράμμα σε ένα περιοδικό υγείας, για να ζητήσεις μερικές συμβουλές.
(80-100 λέξεις)

Συμβουλές:

α) Υπογραμμίζεις τις λέξεις που δείχνουν τι πρέπει να γράψεις.

β) Γράφεις το λεξιλόγιο που θα χρησιμοποιήσεις.

γ) Γράφεις το γράμμα.

δ) Διαβάζεις το γράμμα και βάζεις ✓ στον πίνακα.

Τα γράμματα έχουν τόνους.	
Τα γράμματα έχουν αρχή.	
Τα γράμματα έχουν τέλος.	
Τα γράμματα έχουν τελείες.	
Περιέγραψα το πρόβλημα υγείας.	
Χρησιμοποίησα το σωστό λεξιλόγιο στο γράμμα για τον φίλο / τη φίλη.	
Χρησιμοποίησα το σωστό λεξιλόγιο στο γράμμα για το περιοδικό.	

Ώρα για τραγούδι

Ακούς μια φορά το τραγούδι.

(cd 1, 23)

Άσκηση 1

Ακούς ξανά και συμπληρώνεις τα κενά.

Για να έχετε [0] _____υγεία_____ και να έχετε ομορφιά,

πρέπει όλες να θυμάστε τα μικρά μας [1] _____.

Μέλι, γάλα και καρότα, αγγούρια, λάδι της ελιάς,

κάντε τα όλα μια κρέμα, μια [2] _____.

[3] _____ τη στο πρόσωπό σας και [4] _____ την εκεί

και μετά από λίγη ώρα θα είστε πάλι πιο μικρή!

Άσκηση 2

Ποιο είναι το μυστικό ομορφιάς του τραγουδιού;

Τώρα ξέρεις ...

	Ναι	Όχι
να δίνεις συμβουλές;		
να μιλάς για το περιβάλλον;		
να καταλαβαίνεις και να λες συνταγές;		
να πηγαίνεις σε έναν γιατρό και να λες το πρόβλημά σου;		

→ ΚΑΤΑΝΟΗΣΗ ΓΡΑΠΤΟΥ ΛΟΓΟΥ

- Τι βλέπεις στις φωτογραφίες;
- Τι διαφορές υπάρχουν;
- Ποια είναι η εκπαίδευση στη χώρα σου;
- Εσύ σε ποια τάξη πηγαίνεις;

Άσκηση 1

Διαβάζεις γρήγορα το κείμενο και απαντάς στις ερωτήσεις.

1. Το κείμενο είναι
   α. άρθρο.
   β. αφίσα.
   γ. διαφήμιση.

2. Το κείμενο το βρίσκουμε
   α. σε μια κολόνα στον δρόμο.
   β. στην τηλεόραση.
   γ. στην εφημερίδα.

Άσκηση 2

Διαβάζεις με προσοχή το κείμενο και στον πίνακα που ακολουθεί σημειώνεις ένα ✓ κάτω από το ΣΩΣΤΟ δίπλα στις προτάσεις που συμφωνούν με το κείμενο και κάτω από το ΛΑΘΟΣ δίπλα στις προτάσεις που δεν συμφωνούν.

Συμβουλή:

Πρώτα βλέπεις τον πίνακα με τις προτάσεις και υπογραμμίζεις τα σημεία που πρέπει να προσέξεις μέσα στο κείμενο. Όταν κάνεις την άσκηση, υπογραμμίζεις τις απαντήσεις μέσα στο κείμενο.

Η εκπαίδευση στην Ελλάδα είναι υποχρεωτική για όλα τα παιδιά 6-15 χρονών. Η υποχρεωτική εκπαίδευση είναι το Δημοτικό Σχολείο και το Γυμνάσιο. Η σχολική ζωή, όμως, των μαθητών μπορεί να ξεκινά, πριν από το Δημοτικό Σχολείο στους Βρεφονηπιακούς Παιδικούς Σταθμούς. Στην προσχολική εκπαίδευση λειτουργούν και τα Νηπιαγωγεία. Στα Νηπιαγωγεία φοιτούν παιδιά 4-6 χρονών.

Η υποχρεωτική εκπαίδευση διαρκεί 9 χρόνια. Το Δημοτικό Σχολείο διαρκεί 6 χρόνια, από την Α΄ έως τη Στ΄ τάξη του Δημοτικού Σχολείου. Το Γυμνάσιο διαρκεί 3 χρόνια, από την Α΄ έως τη Γ΄ τάξη του Γυμνασίου.

Μετά το Γυμνάσιο η εκπαίδευση δεν είναι υποχρεωτική. Οι μαθητές, αν θέλουν, συνεχίζουν την εκπαίδευσή τους για τρία χρόνια στο Λύκειο.

Μετά το Λύκειο υπάρχει η πανεπιστημιακή εκπαίδευση (ΑΕΙ) ή η τεχνολογική (ΑΤΕΙ). Οι μαθητές σε όλη τη χώρα δίνουν εξετάσεις για να περάσουν στα ΑΕΙ ή στα ΑΤΕΙ. Σ' αυτά τα εκπαιδευτικά ιδρύματα μπορούν να σπουδάσουν αυτό που επιθυμούν.

		ΣΩΣΤΟ	ΛΑΘΟΣ
0.	Το κείμενο μιλάει για την ελληνική εκπαίδευση.	✓	
1.	Το Νηπιαγωγείο διαρκεί 3 χρόνια.		
2.	Στην Ελλάδα τα παιδιά πρέπει να πάνε στο σχολείο τουλάχιστον εννέα χρόνια.		
3.	Τα παιδιά πηγαίνουν στο Δημοτικό Σχολείο υποχρεωτικά.		
4.	Στο Δημοτικό Σχολείο πηγαίνουν τα παιδιά από 6 έως 15 χρονών.		
5.	Στο Γυμνάσιο πηγαίνουν τα παιδιά για τρία χρόνια.		
6.	Το Λύκειο δεν είναι υποχρεωτικό για τους μαθητές.		
7.	Οι μαθητές μπαίνουν στο Πανεπιστήμιο χωρίς εξετάσεις.		

Άσκηση 3

Κάνεις τρεις (3) ερωτήσεις στον διπλανό / στη διπλανή σου για το παραπάνω κείμενο και απαντάς στις δικές του / της.

Λεξιλόγιο

Άσκηση 1

Πες το αλλιώς. Ενώνεις τις φράσεις και γράφεις τα ζευγάρια. Βλέπεις τι γράφει ο συμμαθητής / η συμμαθήτριά σου. Γράφετε τα ίδια;

0. Η εκπαίδευση στην Ελλάδα είναι υποχρεωτική για τα παιδιά 6-15 χρονών. ___γ___

1. Στα Νηπιαγωγεία φοιτούν παιδιά 4-6 χρονών. _____

2. Η εκπαίδευση διαρκεί 9 χρόνια. _____

3. Μετά το Λύκειο η δημόσια εκπαίδευση είναι τα ΑΕΙ και τα ΑΤΕΙ. _____

4. Οι μαθητές σε όλη τη χώρα δίνουν εξετάσεις, για να σπουδάσουν σ' αυτά τα ιδρύματα. _____

α. Οι μαθητές σε όλη τη χώρα δίνουν εξετάσεις, για να μπορέσουν να σπουδάσουν στα ΑΕΙ και στα ΑΤΕΙ.

β. Μετά το Λύκειο η δωρεάν εκπαίδευση από το κράτος είναι τα ΑΕΙ και τα ΑΤΕΙ.

γ. Στην Ελλάδα τα παιδιά 6-15 χρονών πρέπει να πηγαίνουν στο σχολείο.

δ. Στα Νηπιαγωγεία παρακολουθούν τα μαθήματα παιδιά 4-6 χρονών.

ε. Η εκπαίδευση είναι 9 χρόνια.

γράφω τα ζευγάρια

Η εκπαίδευση στην Ελλάδα είναι υποχρεωτική για τα παιδιά 6-15 χρονών. = Στην Ελλάδα τα παιδιά 6-15 χρονών πρέπει να πηγαίνουν στο σχολείο.

Άσκηση 2

Μαζί με τον διπλανό / τη διπλανή σου συμπληρώνετε το παρακάτω σχεδιάγραμμα για την ελληνική εκπαίδευση. Μπορείτε να ξαναδιαβάσετε και το κείμενο της προηγούμενης σελίδας. Στη συνέχεια κάνετε ο καθένας / η καθεμιά ένα σχεδιάγραμμα για την εκπαίδευση στη χώρα σας και το παρουσιάζετε στην τάξη σας.

Η ΕΚΠΑΙΔΕΥΣΗ ΣΤΗΝ ΕΛΛΑΔΑ

5 _____
_____
18 χρονών

4 _____
15-18 χρονών

3 _____
12-15 χρονών

2 _____
6-12 χρονών

1 _____
4-6 χρονών

0 ___ ΒΡΕΦΟΝΗΠΙΑΚΟΙ ΠΑΙΔΙΚΟΙ ΣΤΑΘΜΟΙ ___
2-4 χρονών

Άσκηση 3

Διαβάζεις με προσοχή τα παρακάτω κείμενα μαθητών από διάφορες τάξεις και διαλέγεις τη λέξη που ταιριάζει σε κάθε κενό. Βλέπεις τι γράφει ο συμμαθητής / η συμμαθήτριά σου και βρίσκετε τα λάθη σας.

τελειώνω, εκδρομή, πολιτισμό, Μαθηματικά, κόσμο, Νηπιαγωγείο, σπουδάσω, αγαπημένο, δασκάλες, δύσκολη, λάθος, γλώσσα, εξετάσεις, συμμαθήτριες, τραγουδάκια, ιατρική, Ιστορία

Είμαι 5 χρονών. Φέτος άρχισα το σχολείο. Πηγαίνω στο [0] __Νηπιαγωγείο__. Περνάμε πολύ ωραία. Μαθαίνουμε [1] _____, γράμματα, αριθμούς. Έχω πολλούς συμμαθητές και [2] _____. Παίζουμε μαζί πολλά παιχνίδια και στην τάξη και έξω στην αυλή. Έχω δύο [3] _____, την κυρία Αναστασία και την κυρία Στέλλα. Τις αγαπώ πολύ και τις δύο.

Πηγαίνω στην Τρίτη τάξη του Δημοτικού. Μ' αρέσει το σχολείο αλλά η Τρίτη τάξη είναι πιο [4] _____ από τη Δευτέρα τάξη. Πιο πολύ από όλα τα μαθήματα μου αρέσουν τα [5] _____.
Φέτος κάνουμε και δύο καινούρια μαθήματα, [6] _____ και Θρησκευτικά. Επίσης, όπως και πέρσι, έτσι και φέτος κάνουμε Αγγλικά, Γλώσσα, Μουσική και Γυμναστική.

Εγώ είμαι στην Τρίτη Γυμνασίου. Το [7] _____ μου μάθημα είναι τα Αρχαία Ελληνικά. Όταν έκανα για πρώτη φορά Αρχαία στην Πρώτη Γυμνασίου μου φάνηκαν πολύ δύσκολα. Έκανα, όμως, [8] _____. Τώρα μου αρέσουν πολύ. Έτσι καταλαβαίνω πώς ήταν στην αρχαιότητα η [9] _____ που μιλάω. Τα Αρχαία Ελληνικά είναι γνωστά σ' ολόκληρο τον [10] _____.
Τα έργα και τα κείμενα πολλών αρχαίων Ελλήνων είναι πολύ σημαντικά για την ιστορία και τον [11] _____ όλου του κόσμου.

Φέτος [12] _____ το σχολείο. Είμαι στην Τρίτη Λυκείου. Από τη μια χαίρομαι που τελειώνω και από την άλλη λυπάμαι. Φέτος θα πάμε όλοι οι μαθητές της Τρίτης Λυκείου [13] _____ για πέντε μέρες στο εξωτερικό. Περιμένω με μεγάλη χαρά την εκδρομή αυτή. Θα περάσουμε τέλεια. Μετά, όμως, μας περιμένουν οι [14] _____ για το Πανεπιστήμιο. Εγώ θέλω να περάσω στην [15] _____ Σχολή. Από μικρός ήθελα να [16] _____ γιατρός. Μακάρι να τα καταφέρω!

Άσκηση 4

Μερικά από τα μαθήματα της ελληνικής εκπαίδευσης στο Δημοτικό, στο Γυμνάσιο και στο Λύκειο είναι τα εξής: **Γλώσσα, Μαθηματικά, Ιστορία, Αρχαία Ελληνικά, Αγγλικά, Θρησκευτικά, Μουσική** και **Γυμναστική**.

- Εσύ, ποια από τα παραπάνω μαθήματα γνωρίζεις;

- Υπάρχουν αυτά τα μαθήματα στα σχολεία της χώρας σου;

- Ποια άλλα μαθήματα υπάρχουν;

- Ποια μαθήματα σού αρέσουν πιο πολύ;

Γραμματική: Βλέπω και παρατηρώ ...

Διαβάζεις το παρακάτω κείμενο και απαντάς στις ερωτήσεις.

Την Τετάρτη, αν ο καιρός είναι καλός, η Έκτη τάξη του σχολείου θα πάει εκδρομή στο Δημοτικό πάρκο της πόλης. Αν ο καιρός δεν είναι καλός, η εκδρομή δεν θα γίνει. Θα φύγουμε από τον χώρο του σχολείου στις 9:30 το πρωί και θα επιστρέψουμε στις 14:00 το μεσημέρι. Αν έρθετε στην εκδρομή, πάρτε μαζί σας φαγητό και νερό. Στο Δημοτικό πάρκο υπάρχει και κυλικείο.

Ερωτήσεις:

1. Τι θα γίνει την Τετάρτη, αν ο καιρός είναι καλός;

2. Σε ποια περίπτωση δεν θα γίνει η εκδρομή;

3. Σε ποια περίπτωση οι μαθητές πρέπει να πάρουν μαζί τους φαγητό και νερό;

Βλέπω 👀

Βλέπεις με προσοχή τις παρακάτω προτάσεις.

α. **Αν** ο καιρός **είναι** καλός,   **θα πάμε** εκδρομή.

β. **Αν** ο καιρός δεν **είναι** καλός,   δεν **θα γίνει** η εκδρομή.

γ. **Αν έρθετε** στην εκδρομή,   **πάρτε** μαζί σας φαγητό και νερό.

και παρατηρώ ...

Απαντάς στις ερωτήσεις.

1. Σε τι μοιάζουν οι προτάσεις α, β, γ;

2. Ποιες είναι οι διαφορές τους στα τονισμένα γράμματα;

Άσκηση 1

Παίζουμε τένις! Παίζεις τένις με τον διπλανό / τη διπλανή σου. Χρησιμοποιείς τις φράσεις:

> *Αν βρέξει, Αν πεινάσω, Αν κρυώσω, Αν νυστάξω, Αν έχει ήλιο, Αν πονέσει το κεφάλι μου, Αν έρθει ο Γιώργος, Αν δεν πας στο γιατρό, Αν θέλεις, Αν μου αρέσει το παντελόνι*

Μαθητής Α:

_____ Αν βρέξει, _____

Μαθητής Β:

_____ θα μείνω μέσα. _____
_____ Αν πεινάσω, κτλ. _____

Άσκηση 2

Ενώνεις τις φράσεις στις δύο στήλες και κάνεις προτάσεις. Βλέπεις τις απαντήσεις του συμμαθητή / της συμμαθήτριάς σου. Γράφετε τα ίδια;

0. Αν διαβάσεις πολύ, _γ_
1. Αν έχει κύματα, _____
2. Αν είσαι άρρωστος, _____
3. Αν ο καιρός είναι καλός το Σάββατο, _____
4. Αν μείνω στο σπίτι, _____
5. Αν δεν ξυπνήσεις νωρίς το πρωί, _____
6. Αν κερδίσω πολλά χρήματα, _____
7. Αν δεν βρεις παρέα, _____

α. θα δω μια ταινία.
β. θα αργήσεις στη δουλειά.
γ. θα περάσεις τις εξετάσεις.
δ. μην μπεις στη θάλασσα.
ε. θα αγοράσω ένα καινούριο σπίτι.
στ. τηλεφώνησε στη Μαρία.
ζ. πήγαινε στον γιατρό.
η. θα πάμε στη θάλασσα για μπάνιο.

Άσκηση 3

Μαζί με τον διπλανό / τη διπλανή σου συμπληρώνετε τα κενά.

0. Αν ___καλέσεις___ (εσύ / καλώ) και την Ελπίδα στο πάρτι, δεν ___θα έρθω___ (εγώ / έρχομαι).

0. Αν ___φύγεις___ (εσύ / φεύγω) από το σπίτι, ___πάρε___ (εσύ / παίρνω) τα κλειδιά.

1. Αν _____ (αυτοί / έρχομαι) στο σπίτι, _____ (εμείς / περνάω) πολύ ωραία.

2. Αν _____ (εσείς / μένω) στο σπίτι το βράδυ, _____ (εσείς / βλέπω) την ταινία που έχει στην τηλεόραση.

3. Αν δεν _____ (εσύ / μαγειρεύω) το αγαπημένο μας φαγητό, δεν _____ (εμείς / τρώω).

4. Αν _____ (αυτές / ξεκινάω) αργά, δεν _____ (αυτές / βρίσκω) κανένα στο γραφείο.

5. Αν _____ (εσύ / πηγαίνω) στη θάλασσα, _____ (εσύ / παίρνω) μαζί σου και το παιδί.

Άσκηση 4

Συμπληρώνεις τα κενά με τις παρακάτω λέξεις / φράσεις. Βλέπεις τι γράφει ο συμμαθητής / η συμμαθήτριά σου. Γράφετε τα ίδια;

> *αν περάσει, μαγείρεψε, αν όχι, αν βρω, αν δεν έρθω, θα αγοράσω, θα πάρεις, δώσε, φάε*

Δημήτρη,
Έφυγα πιο νωρίς, γιατί έχω πολλή δουλειά. 0 _Αν δεν έρθω_
νωρίς το μεσημέρι, 1_____ κάτι και 2_____
_____ μόνος σου. 3_____ από το σπίτι
ο Πέτρος, 4_____ τον φάκελο που είναι πάνω
στο γραφείο μου. Σήμερα είναι και τα γενέθλια της Κατερίνας.
5_____ χρόνο, 6_____ ένα
δώρο. 7_____, 8_____ εσύ;
Φωτεινή

Άσκηση 5

Ρωτάς τον διπλανό / τη διπλανή σου τι θα κάνει ...

- αν χάσει το πορτοφόλι του / της.
- αν δεν περάσει στις εξετάσεις για το Πανεπιστήμιο.
- αν δεν του / της αρέσει το δώρο που του / της έφεραν στη γιορτή του / της.
- αν χαλάσει το αυτοκίνητό του / της στη μέση του δρόμου.
- αν μαλώσει με τον φίλο / τη φίλη του / της.
- αν βγει έξω σήμερα το βράδυ.

Απαντάς και εσύ στις παραπάνω ερωτήσεις.

→ ΚΑΤΑΝΟΗΣΗ ΠΡΟΦΟΡΙΚΟΥ ΛΟΓΟΥ

- Τι βλέπεις στις φωτογραφίες;

- Δουλεύεις; Αν ναι, τι δουλειά κάνεις;

- Πώς βρήκες αυτή τη δουλειά;

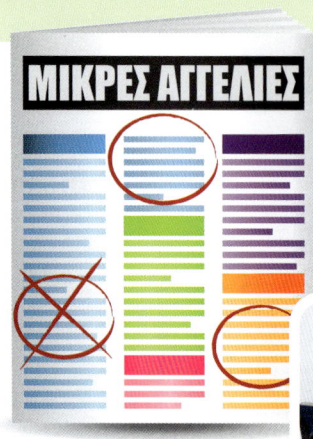

Συμβουλές:

Πριν ακούσεις τον διάλογο, βλέπεις την άσκηση και απαντάς στις ερωτήσεις:

1. Ποιο είναι το θέμα του διαλόγου;

α. Μια θέση εργασίας.

β. Μια αθλητική ομάδα.

γ. Μια σχολική γιορτή.

2. Η θέση εργασίας είναι για

α. γυναίκα.

β. άντρα.

γ. άντρα και γυναίκα.

Άσκηση 1

(cd 1, 24)

Ακούς προσεκτικά τον διάλογο και κρατάς σύντομες σημειώσεις.

ΦΟΡΜΑ ΣΥΝΕΝΤΕΥΞΗΣ ΥΠΟΨΗΦΙΟΥ

0	**ΘΕΣΗ:**	*πωλήτρια σε βιβλιοπωλείο*
1	**ΕΠΩΝΥΜΟ:**	
2	**ΟΝΟΜΑ:**	
3	**ΗΛΙΚΙΑ:**	
4	**ΩΡΑΡΙΟ ΠΟΥ ΕΠΙΘΥΜΕΙ:**	

5	ΟΙΚΟΓΕΝΕΙΑΚΗ ΚΑΤΑΣΤΑΣΗ:	
6	ΕΜΠΕΙΡΙΑ:	
7	ΣΠΟΥΔΕΣ:	
8	ΞΕΝΕΣ ΓΛΩΣΣΕΣ:	
9	ΑΛΛΕΣ ΓΝΩΣΕΙΣ:	
10	ΤΗΛΕΦΩΝΟ ΕΠΙΚΟΙΝΩΝΙΑΣ:	

Άσκηση 2

Κάνεις τρεις (3) ερωτήσεις στον συμμαθητή / στη συμμαθήτριά σου σχετικά με τον διάλογο που άκουσες. Απαντάς κι εσύ στις δικές του/της ερωτήσεις.

λεξιλόγιο

Άσκηση 1

Πες το αλλιώς. Ενώνεις τις φράσεις και γράφεις τα ζευγάρια. Βλέπεις τι γράφει ο συμμαθητής / η συμμαθήτριά σου και βρίσκετε τα λάθη σας.

0. Έχετε άλλη εμπειρία σ' αυτή τη δουλειά; ___β___

1. Δούλεψα για τέσσερα χρόνια στη Δημοτική Βιβλιοθήκη της Θεσσαλονίκης. _____

2. Το καλοκαίρι έχουμε και αρκετούς τουρίστες από το εξωτερικό. _____

α. Δούλεψα για τέσσερα χρόνια στη Βιβλιοθήκη του Δήμου Θεσσαλονίκης.

β. Δουλέψατε ξανά σ' αυτή τη δουλειά;

γ. Το καλοκαίρι έχουμε πολλούς ανθρώπους που ταξιδεύουν για διακοπές από το εξωτερικό στην Ελλάδα.

γράφω τα ζευγάρια

Έχω εμπειρία σ' αυτή τη δουλειά. = Δούλεψα ξανά σ' αυτή τη δουλειά.

Άσκηση 2

Συμπληρώνεις τα κενά με τις παρακάτω λέξεις στον σωστό τύπο. Βλέπεις τι γράφει ο συμμαθητής / η συμμαθήτριά σου και βρίσκετε τα λάθη σας.

άδεια, κομμώτρια, εμπειρία, ωράριο, γυμναστής, μάγειρας, ταβέρνα, υπερωρίες, εργασίας, μισθός, συνάδελφοί, σερβιτόρος, άνεργος, Δημοτικό, γραμματέας, προβλήματα

Ο Πέτρος είναι 0 _άνεργος_.
Εδώ και οκτώ μήνες ψάχνει για δουλειά. Δεν μπόρεσε να βρει τίποτα. Κάθε μέρα παίρνει εφημερίδες και ψάχνει στις αγγελίες μήπως βρει κάποια θέση 1 _____. Πέρσι δούλεψε 2 _____ σε μια καφετέρια για λίγο καιρό. Η καφετέρια, όμως, έκλεισε και έτσι έμεινε χωρίς δουλειά.

Η Πηνελόπη είναι 10 _____ σ' ένα κομμωτήριο στην Αθήνα. Έχει ανάγκη από χρήματα, γι' αυτό δουλεύει 11 _____. Είναι πολύ ευχαριστημένη από αυτή τη δουλειά. Οι 12 _____ της είναι πολύ καλοί και κάνουν καλή παρέα και μετά τη δουλειά.

Η Όλγα είναι 3 _____ σε ένα τουριστικό γραφείο. Έχει πολύ μεγάλη 4 _____ σ' αυτή τη δουλειά. Ο 5 _____ που παίρνει είναι καλός. Το 6 _____ εργασίας βέβαια είναι πολύ κουραστικό, γιατί δουλεύει κάθε μέρα από τις 9 το πρωί ως τις 7 το απόγευμα. Έχει δύο μικρά παιδιά και είναι πολύ δύσκολο να δουλεύει τόσες πολλές ώρες.

Ο Μιχάλης είναι 13 _____.
Δουλεύει στο 14 _____ κολυμβητήριο της Αλεξανδρούπολης. Τον άλλο μήνα θα πάρει 15 _____ και θα πάει ένα ταξίδι με τη γυναίκα του.

Ο Άρης είναι 7 _____ σ' ένα εστιατόριο της Θεσσαλονίκης. Δουλεύει εκεί δύο χρόνια. Τον τελευταίο χρόνο το αφεντικό του έχει οικονομικά 8 _____ και ο Άρης δεν παίρνει κανονικά τον μισθό του. Θέλει να φύγει από το εστιατόριο και να ανοίξει μια δική του 9 _____.

Άσκηση 3

Κάνεις ερωτήσεις στον συμμαθητή / στη συμμαθήτριά σου και βρίσκετε τα επαγγέλματα.

Μαθητής Α: _Τι έχεις στο Α1;_

Μαθητής Β: _Φοράει σκούφο και ποδιά. Δουλεύει στην κουζίνα. Κάνει ωραία φαγητά._

Μαθητής Α: _Μάγειρας._

Μαθητής Α	1	2	3
Α	_Μάγειρας_		
Β			
Γ			

Μαθητής Β	1	2	3
Α			
Β			
Γ			

Άσκηση 4

Ποιο επάγγελμα σού αρέσει πιο πολύ; Γιατί; Γράφεις 3 λόγους.

Ποιο επάγγελμα δεν σου αρέσει καθόλου; Γιατί; Γράφεις 3 λόγους.

Γραμματική: Βλέπω και παρατηρώ ...

Βλέπω 👀

Διαβάζεις με προσοχή τον παρακάτω διάλογο.

> Μαρία, τι έγινε; **Έμαθα ότι** πήγες στη συνέντευξη για τη δουλειά.

> Ναι, Γιάννα. Πριν τρεις μέρες. Και **νομίζω ότι** είμαι κατάλληλη για αυτή τη δουλειά. Μίλησα με τον διευθυντή. Μου **είπε πως** έχω πολύ καλό βιογραφικό. **Κατάλαβα ότι** δίνουν πολύ καλό μισθό. **Ξέρω**, όμως, **ότι** πήγαν πολλά άτομα για αυτή τη θέση.

> **Πιστεύω ότι** πρέπει να περιμένεις λίγες μέρες ακόμη. Μην ανησυχείς. Όλα θα πάνε καλά.

και παρατηρώ ... 🔍

Και απαντάς στις ερωτήσεις.

1. Τι έμαθε η Γιάννα; _____
2. Τι νομίζει η Μαρία; _____
3. Τι είπε ο διευθυντής στη Μαρία; _____
4. Τι κατάλαβε η Μαρία; _____
5. Τι ξέρει η Μαρία; _____
6. Τι πιστεύει η Γιάννα; _____

⚠️ Πρόσεξε!

Έμαθα	ότι πήγες στη συνέντευξη για τη δουλειά.
Νομίζω	ότι είμαι κατάλληλη για αυτή τη δουλειά.
Είπε	πως έχω πολύ καλό βιογραφικό.
Κατάλαβα	ότι δίνουν πολύ καλό μισθό.
Ξέρω	ότι πήγαν πολλά άτομα για αυτή τη θέση.
Πιστεύω	ότι πρέπει να περιμένεις λίγες μέρες ακόμη.

Μαθαίνω, Νομίζω, Λέω, Καταλαβαίνω, Ξέρω, Πιστεύω
ότι / πως

Άσκηση 1

Μαζί με τον διπλανό / τη διπλανή σου συμπληρώνετε τα κενά.

0. _Η Ελένη κατάλαβε ότι_ (Ελένη / καταλαβαίνω) έκανε μεγάλο λάθος.

1. _____ (Μιχάλης / ξέρω) αυτή η δουλειά είναι δύσκολη.

2. _____ (εμείς / μαθαίνω) ο Πέτρος και η Αντωνία έφυγαν στο εξωτερικό.

3. _____ (Κατερίνα / λέω) ο Μανόλης χτύπησε στο ατύχημα.

4. _____ (Αγγελική / δεν νομίζω) θα τα καταφέρει.

5. _____ (Χαράλαμπος / πιστεύω) θα περάσει στο Πανεπιστήμιο.

Άσκηση 2

Κάνεις ερωτήσεις στον διπλανό / στη διπλανή σου και συμπληρώνεις τον πίνακά σου.

Μαθητής Α: _Τι είπε η Αλεξία;_

Μαθητής Β: _Η Αλεξία είπε ότι η θάλασσα είναι πολύ κρύα._

Μαθητής Α	1	2	3
Α	Αλεξία/είπα _Η Αλεξία είπε ότι η θάλασσα είναι πολύ κρύα._	Τάσος: Αυτό είναι το σωστό.	Σπύρος/ξέρω _____
Β	Άννα: Πέρασα στις εξετάσεις.	Δημήτρης/πιστεύω _____	Αλεξάνδρα: Έγραψα καλά στην Ιστορία

Μαθητής Β	1	2	3
Α	Αλεξία: Η θάλασσα είναι πολύ κρύα.	Τάσος/καταλαβαίνω _____	Σπύρος: Πρέπει να πληρώσω τον λογαριασμό.
Β	Άννα/έμαθα _____	Δημήτρης: Είμαι πολύ καλός στα μαθηματικά.	Αλεξάνδρα/νομίζω _____

Γραμματική: Βλέπω και παρατηρώ ...

Βλέπω

Διαβάζεις με προσοχή τη συνέχεια του προηγούμενου διαλόγου.

Γιάννα: Έλα Μαρία, μπες μέσα! Τι έγινε;

Μαρία: Είμαι πολύ χαρούμενη, **γιατί μου τηλεφώνησαν** από την εταιρεία για τη δουλειά. Μου είπαν ότι με θέλουν για αυτή τη θέση και ότι μπορώ να ξεκινήσω από αύριο.

Γιάννα: Μπράβο, Μαρία! Το είπες στον Πέτρο;

Μαρία: Πήγα στο σπίτι του, **πριν έρθω** σε σένα. Λοιπόν, φεύγω τώρα. Θα μιλήσουμε, **όταν επιστρέψω** από τη δουλειά. Θα έρθω στο σπίτι σου, **για να σου πω** τα νέα από την πρώτη μέρα στη δουλειά.

Γιάννα: Καλή επιτυχία. Θα σε περιμένω.

και παρατηρώ ...

Απαντάς στις ερωτήσεις.

1. Για ποιο λόγο είναι χαρούμενη η Μαρία;

2. Πότε πήγε η Μαρία στο σπίτι του Πέτρου;

3. Πότε θα ξαναμιλήσει η Μαρία με τη Γιάννα;

4. Για ποιο σκοπό θα πάει η Μαρία στο σπίτι της Γιάννας;

⚠ Πρόσεξε!

1. Είμαι πολύ χαρούμενη, **γιατί** μου τηλεφώνησαν από την εταιρεία για τη δουλειά.

2. **Πριν** έρθω σε σένα, πήγα στο σπίτι του.

3. Θα μιλήσουμε, **όταν** επιστρέψω από τη δουλειά.

4. Θα έρθω στο σπίτι σου, **για να** σου πω τα νέα από την πρώτη μέρα στη δουλειά.

Απαντάς στις ερωτήσεις.

1. Ποια από τις παραπάνω προτάσεις δείχνει την αιτία; _____

2. Ποιες από τις παραπάνω προτάσεις δείχνουν τον χρόνο; _____

3. Ποια από τις παραπάνω προτάσεις δείχνει τον σκοπό; _____

Άσκηση 1

Μαζί με τον διπλανό / τη διπλανή σου διορθώνετε τα λάθη.

0. Είμαι πολύ στενοχωρημένος, ~~για να~~ έχασα το πορτοφόλι μου.   *γιατί*

1. Θέλω να σου μιλήσω, γιατί φύγεις.   _____

2. Πάω στην τράπεζα, όταν πληρώσω τον λογαριασμό της ΔΕΗ.   _____

3. Πριν είδα τη Γεωργία, κατάλαβα ότι δεν είναι καλά.   _____

4. Δεν του μιλάω, για να μου είπε ψέματα.   _____

5. Πριν ξυπνάω νωρίς, πηγαίνω γρήγορα στη δουλειά μου.   _____

Άσκηση 2

Ενώνεις τις προτάσεις. Βλέπεις τι γράφει ο συμμαθητής / η συμμαθήτριά σου. Γράφετε τα ίδια;

0. Δεν μπορεί να έρθει,   γ   **α.** πριν πας για ύπνο το βράδυ.

1. Ο Γιώργος αγόρασε καινούρια τηλεόραση, _____   **β.** για να γράψει καλά στις εξετάσεις του σχολείου.

2. Θα πάμε σινεμά, _____   **γ.** γιατί θα δουλεύει μέχρι αργά.

3. Δεν θα βγω το βράδυ, _____   **δ.** πριν αποφασίσεις.

4. Θα πάω διακοπές στην Ελλάδα, _____   **ε.** γιατί πονάει πολύ το κεφάλι μου.

5. Μην το κάνεις αυτό, _____   **στ.** όταν τελειώσεις το διάβασμα.

6. Πρέπει να πλένεις τα δόντια σου, _____   **ζ.** γιατί δεν είναι σωστό.

7. Άκουσέ με καλά, _____   **η.** για να δει τους αγώνες μπάσκετ.

8. Διαβάζει πολύ, _____   **θ.** όταν πάρω άδεια.

Άσκηση 3

Βάζεις σε κύκλο το σωστό. Βλέπεις τι γράφει ο διπλανός / η διπλανή σου. Γράφετε τα ίδια;

0. Έφυγε πολύ γρήγορα, όταν / γιατί / (για να) προλάβει το λεωφορείο.

1. Δώσε μου τον φάκελο, γιατί / για να / πριν φύγεις από το σπίτι.

2. Πήγε στην αστυνομία, για να / γιατί / πριν έχασε το πορτοφόλι του.

3. Θα δω τηλεόραση, για να / όταν / γιατί τελειώσω τη δουλειά μου.

4. Ο Πέτρος ήρθε, πριν / για να / όταν αρχίσει ο αγώνας.

5. Δεν κάνω παρέα μαζί της, γιατί / για να / πριν λέει πολλά ψέματα.

6. Πήγα στο γραφείο του, όταν / για να / γιατί ζητήσω άδεια.

7. Δεν μπορεί να ξυπνήσει, πριν / για να / γιατί είναι πολύ κουρασμένος.

8. Θέλω να με προσέχεις, για να / πριν / όταν σου μιλάω.

→ ΠΑΡΑΓΩΓΗ ΠΡΟΦΟΡΙΚΟΥ ΛΟΓΟΥ

Άσκηση 1

Τι δουλειά κάνεις; / Ποιο επάγγελμα σού αρέσει; Βάζεις σε κύκλο αυτά που σου αρέσουν στη δουλειά που κάνεις ή στο επάγγελμα που σου αρέσει και υπογραμμίζεις αυτά που δεν σου αρέσουν.

κάνω ταξίδια, δουλεύω μόνος / -η μου, δουλεύω με άλλα άτομα, βλέπω καθημερινά παιδιά, βλέπω άρρωστους ανθρώπους, βλέπω / γνωρίζω πολλούς ανθρώπους, έχω πολλές άδειες, δεν έχω πολλές άδειες, έχω εύκολο ωράριο, έχω δύσκολο ωράριο, δουλεύω υπερωρίες, δεν δουλεύω υπερωρίες, παίρνω μεγάλο μισθό, παίρνω μικρό μισθό, έχω καλό αφεντικό / διευθυντή, το αφεντικό / ο διευθυντής μου δεν είναι καλός, έχω καλούς συναδέλφους, δεν έχω καλούς συναδέλφους, η δουλειά μου είναι μακριά από το σπίτι μου, η δουλειά μου είναι κοντά στο σπίτι μου, η δουλειά μου είναι πρωινή, η δουλειά μου είναι απογευματινή, η δουλειά μου είναι βραδινή, έχω υπολογιστή, η δουλειά μου έχει κινδύνους, η δουλειά μου δεν έχει κινδύνους, κάνω συχνά διαλείμματα, δεν κάνω συχνά διαλείμματα

- Μου αρέσει το επάγγελμά μου / Μου αρέσει το επάγγελμα αυτό, γιατί ...
- Το επάγγελμά μου / Το επάγγελμα αυτό δεν μου αρέσει, γιατί ...

Συζητάς με τους συμμαθητές / τις συμμαθήτριές σου και βρίσκεις τι αρέσει και τι δεν αρέσει σε σχέση με το επάγγελμά τους σε αυτούς / αυτές και γιατί. Κάνεις τις παρακάτω ερωτήσεις. Απαντάς κι εσύ.

- Τι επάγγελμα κάνεις; Ποιο επάγγελμα σού αρέσει;
- Τι σου αρέσει σ' αυτό το επάγγελμα; Γιατί;
- Τι δεν σου αρέσει σ' αυτό το επάγγελμα; Γιατί;

Άσκηση 2

Απαντάς στις παρακάτω ερωτήσεις:

- Πώς είναι το σχολείο στη χώρα σου; Τι θέλεις να αλλάξει και γιατί;
- Ποια μαθήματα από το σχολείο / από τις σπουδές σου σου αρέσουν πιο πολύ και γιατί;
- Πώς βρήκες τη δουλειά σου;
- Τι δουλειές έκανες πιο παλιά; Γιατί σταμάτησες από την προηγούμενη δουλειά σου;
- Είναι εύκολο είναι να βρει κάποιος δουλειά;

Άσκηση 3

Βλέπεις τις παρακάτω φωτογραφίες και απαντάς στις ερωτήσεις.

- Πού βρίσκονται οι άνθρωποι;   - Τι κάνουν;   - Πώς νιώθουν; Γιατί;

- Πού βρίσκονται τα παιδιά;   - Τι μάθημα κάνουν;   - Πώς νιώθουν; Γιατί;

Άσκηση 4
Ακούς και συμπληρώνεις τα κενά.
(cd 1, 25)

Γιάννα: Γεια σου, Μιχάλη.

Μιχάλης: Καλημέρα, Γιάννα. Πώς κι έτσι πρωί πρωί; Τι έγινε;

Γιάννα: Δεν είμαι πολύ καλά. Έχω προβλήματα με τη δουλειά μου στο [0] _____γραφείο_____.

Μιχάλης: Σοβαρά! Πες μου.

Γιάννα: Εδώ και τρεις μήνες δεν μας πληρώνουν, γιατί δεν υπάρχουν χρήματα. Καταλαβαίνεις, χωρίς το [1] _____ μου είναι πολύ δύσκολα. Επίσης, μας ζητούν να δουλέψουμε πιο πολλές ώρες. Φυσικά χωρίς να μας πληρώνουν τις [2] _____.

Μιχάλης: Νομίζω ότι πρέπει να μιλήσεις στον [3] _____ _____ σου. Πρέπει με ευγενικό τρόπο να του πεις ότι έχεις ανάγκη αυτά τα χρήματα.

Γιάννα: Δεν θέλησε να μας δει. Τις πιο πολλές μέρες δεν είναι στο γραφείο. Και όταν έρχεται, μπαίνει μέσα στο γραφείο του και δεν θέλει να δει κανέναν. Επίσης, μας μιλάει [4] _____ και όλο μας κάνει παρατηρήσεις για τη δουλειά μας.

Μιχάλης: Οι [5] _____ σου τι λένε;

Γιάννα: Δύο άτομα έφυγαν, γιατί [6] _____ άλλη δουλειά.

Μιχάλης: Γιατί δεν φεύγεις κι εσύ;

Γιάννα: Και τι να κάνω; Πώς θα βρω άλλη δουλειά;

Μιχάλης: Ξεκίνα να παίρνεις εφημερίδες και ψάξε στις [7] _____. Πολλά γραφεία ζητούν άτομα με τη δική σου [8] _____.

Γιάννα: Ναι, έχεις δίκιο. Θα αρχίσω να ψάχνω. Από σήμερα κιόλας.

Άσκηση 5
Μαζί με τον διπλανό / τη διπλανή σου ετοιμάζετε το παρακάτω παιχνίδι ρόλων για 3 λεπτά και το παρουσιάζετε στην τάξη.

Συμβουλές:
α) Υπογραμμίζετε τις λέξεις-κλειδιά.
β) Γράφετε το λεξιλόγιο που θα χρησιμοποιήσετε.
γ) Κάνετε τον διάλογο.

Ρόλος Α
Τον τελευταίο καιρό έχεις προβλήματα στη δουλειά σου. Το αφεντικό σου δεν σε πληρώνει, σε κρατάει πιο πολλές ώρες, δεν σου δίνει άδεια και σου μιλάει με άσχημο τρόπο. Μιλάς με έναν φίλο / μια φίλη σου και λες το πρόβλημά σου.

Ρόλος Β
Ένας φίλος / μια φίλη σού μιλά για τα προβλήματα που έχει στη δουλειά του / της. Δεν τον / την πληρώνουν, τον / την κρατάνε πιο πολλές ώρες στη δουλειά, δεν του / της δίνουν άδεια και του / της μιλάνε με άσχημο τρόπο. Του / Της λες τι πρέπει να κάνει.

ΠΑΡΑΓΩΓΗ ΓΡΑΠΤΟΥ ΛΟΓΟΥ

Άσκηση 1

Ο Πέτρος είναι άνεργος και ψάχνει για δουλειά. Βρίσκει μια αγγελία για δουλειά γραφείου. Γράφει ένα γράμμα στον φίλο του και ένα γράμμα στον υπεύθυνο για τη θέση εργασίας. Γράφει για τις σπουδές του, τις γνώσεις του και την εμπειρία του για αυτή τη θέση. Διαβάζεις με προσοχή τα δύο γράμματα του Πέτρου και συμπληρώνεις τα κενά με τις παρακάτω φράσεις.

> *Λες αυτή τη φορά να είμαι τυχερός, Διάβασα μια αγγελία, Θα χαρώ πολύ, στη διαφημιστική εταιρεία του θείου μου, μιλάω μέτρια τη γερμανική γλώσσα, Περιμένω νέα σου, Διάβασα την αγγελία σας, Με εκτίμηση, πήγα σε σχολή γραμματέων, Λέω να στείλω, σε γνωστή διαφημιστική εταιρεία, γι' αυτό σας στέλνω, ξέρω πολύ καλά υπολογιστή, Τελείωσα σχολή γραμματέων, Γερμανικά μιλάω έτσι κι έτσι*

Αγαπημένε μου φίλε,

Τι κάνεις; Όλα καλά; Η δουλειά σου πώς πάει; Εγώ ξέρεις. Ακόμη δεν δουλεύω. Ψάχνω συνέχεια όμως.

Σήμερα το πρωί είδα πάλι τις αγγελίες για δουλειά στην εφημερίδα. 0 _Διάβασα μια αγγελία_ για υπάλληλο γραφείου. 1 _____ το βιογραφικό μου. 2 _____ μετά το Λύκειο. Ξέρω καλά υπολογιστή και μιλάω τέλεια τα αγγλικά και πολύ καλά τα γαλλικά. 3 _____. Έχω εμπειρία για αυτή τη θέση.

Θυμάσαι; Δούλεψα τρία χρόνια 4 _____ ως γραμματέας. Ο θείος μου έφυγε στην Αθήνα και μαζί έφυγε και η εταιρεία. Ύστερα δούλεψα σε ένα τουριστικό γραφείο για δύο χρόνια. Η εταιρεία έκλεισε και εγώ από τότε είμαι άνεργος. 5 _____ και να βρω δουλειά; Μακάρι. 6 _____

Ο φίλος σου,
Πέτρος

Αξιότιμε κύριε,

7 _____ στην εφημερίδα για τη θέση υπαλλήλου. Πιστεύω ότι είμαι κατάλληλος για τη θέση αυτή 8 _____ το βιογραφικό μου σημείωμα. Έχω και τις κατάλληλες σπουδές και την εμπειρία για τη θέση αυτή.

Τελείωσα το Λύκειο και αμέσως μετά 9 _____ στη Θεσσαλονίκη. Γνωρίζω πάρα πολύ καλά την αγγλική γλώσσα. Επίσης, ξέρω πολύ καλά τη γαλλική και 10 _____. Επίσης, 11 _____.

Δούλεψα τρία χρόνια σε εταιρεία ως υπάλληλος γραφείου 12 _____ και δύο χρόνια σε τουριστικό γραφείο στη Θεσσαλονίκη. 13 _____ να δουλέψω στην εταιρεία σας.

Μπορείτε να επικοινωνήσετε μαζί μου στο τηλέφωνο 6977890789 και στο email: petrosa@hotmail.com
Ευχαριστώ πολύ για τον χρόνο σας.

14 _____,

Πέτρος Αντωνίου

Άσκηση 2

Είσαι γυμναστής / γυμνάστρια και ψάχνεις για δουλειά. Σήμερα το πρωί βρήκες στο διαδίκτυο μια αγγελία από ένα γυμναστήριο που θέλει γυμναστές / γυμνάστριες. Γράφεις ένα γράμμα στον φίλο / στη φίλη σου και ένα γράμμα στον υπεύθυνο / στην υπεύθυνη του γυμναστηρίου.
Στο γράμμα γράφεις για τις σπουδές σου, τις ικανότητές σου, τις γνώσεις σου και την επαγγελματική σου εμπειρία για τη θέση αυτή. (50-60 λέξεις)

Συμβουλές:
α) Υπογραμμίζεις τις λέξεις που δείχνουν τι πρέπει να γράψεις.
β) Γράφεις το λεξιλόγιο που θα χρησιμοποιήσεις.
γ) Γράφεις τα γράμματα.
δ) Διαβάζεις τα γράμματα και βάζεις ✓ στον πίνακα.

Και τα δύο γράμματα έχουν τόνους.	
Και τα δύο γράμματα έχουν αρχή.	
Και τα δύο γράμματα έχουν τέλος.	
Και τα δύο γράμματα έχουν τελείες.	
Και στα δύο γράμματα έγραψα για τις σπουδές μου.	
Και στα δύο γράμματα έγραψα για τις ικανότητές μου.	
Και στα δύο γράμματα έγραψα για τις γνώσεις μου.	
Και στα δύο γράμματα έγραψα για την επαγγελματική μου εμπειρία.	

Ώρα για τραγούδι

Μαζί με τους συμμαθητές / τις συμμαθήτριές σου γράφετε το δικό σας τραγούδι.

_____
_____
_____
_____
_____
_____
_____
_____

⚠ Τώρα ξέρεις ...

	Ναι	Όχι
να καταλαβαίνεις πληροφορίες σχετικά με την εκπαίδευση σε μια χώρα;		
να δίνεις πληροφορίες σχετικά με την εκπαίδευση στη χώρα σου;		
να δίνεις πληροφορίες για την επαγγελματική σου εμπειρία;		
να δίνεις πληροφορίες για την εκπαίδευσή σου / τις γνώσεις σου;		
να λες τι θα κάνεις αν ...;		
να χρησιμοποιείς το όταν και το πριν για να δηλώσεις τον χρόνο;		
να λες για ποιο λόγο κάνεις κάτι;		
να λες για ποιο σκοπό κάνεις κάτι;		

Ώρα για επανάληψη

Άσκηση 1

Ενώνεις τις προτάσεις.

0. Σήμερα έχω γενέθλια. _β_
1. Πότε είναι τα εγκαίνια του καταστήματος; _____
2. Δεν θα μπορέσω να έρθω στη δουλειά.
Είμαι πολύ άρρωστος. _____
3. Τον προηγούμενο μήνα έγινε ο γάμος μας. _____
4. Σήμερα είναι 1 Ιουνίου. _____
5. Έλα στο σπίτι για καφέ το απόγευμα. _____
6. Πώς μπορώ να σας εξυπηρετήσω; _____
7. Πήρε φωτιά το σπίτι στον δεύτερο όροφο. _____
8. Πονάει πολύ η κοιλιά μου. _____
9. Πόσα φρούτα τρως την ημέρα; _____
10. Έχεις εμπειρία σ' αυτή τη δουλειά; _____

α. Καλό μήνα.
β. Χρόνια Πολλά! Να τα εκατοστίσεις.
γ. Κάλεσε αμέσως την πυροσβεστική.
δ. Στις 5 Δεκεμβρίου.
ε. Θα ήθελα μια πληροφορία.
στ. Θα πιεις ένα ποτήρι χαμομήλι. Κάνει πολύ
καλό.
ζ. Ναι, γιατί όχι;
η. Ναι, δούλεψα 2 χρόνια σε κατάστημα με ρούχα.
θ. Περαστικά.
ια. Να ζήσετε!
ιβ. Κανένα.

Άσκηση 2

Με ποιες από τις παρακάτω λέξεις / φράσεις ταιριάζουν οι υπογραμμισμένες λέξεις / φράσεις στις προτάσεις;

α. έχουν _____
β. σε δέκα μέρες _____
γ. μια άλλη φορά _____
δ. πράγματα _____
ε. μας πάντρεψαν _0_
στ. του Δήμου _____
ζ. ωραία ιδέα _____

· Η Ντίνα και ο Σπύρος ⁰ είναι κουμπάροι μας.
· - Θα μείνεις για φαγητό μαζί μας; - ¹ Ναι, γιατί όχι;
· - Θα πάμε στον κινηματογράφο. Έλα κι εσύ. - ² Δεν μπορώ σήμερα, ευχαριστώ.
· ³ Σε διάστημα δέκα ημερών θα χάσετε μέχρι 4 κιλά.
· Όλες οι συσκευές τους σπιτιού ⁴ κρύβουν κινδύνους.
· Μαζέψτε τα μικρά ⁵ αντικείμενα που υπάρχουν στο πάτωμα. Μπορεί να πέσει
το παιδί και να χτυπήσει άσχημα.
· Το γυμναστήριο που πηγαίνω είναι ⁶ δημοτικό.

Άσκηση 3

Με ποιες από τις παρακάτω λέξεις / φράσεις είναι αντίθετες οι υπογραμμισμένες λέξεις / φράσεις στις προτάσεις;

α. ανοιχτός _____
β. μικρούς _____
γ. είναι άνεργος _____
δ. μια άλλη φορά _____
ε. σπάνια _____
στ. δυνατή _____
ζ. ανάληψη _0_
η. κρύο _____

· Αύριο θα πάω στην τράπεζα για να κάνω μια ⁰ κατάθεση.
· - Θέλεις να έρθεις μαζί μας για καφέ; - ¹ Ωραία ιδέα, ευχαριστώ.
· Ο φούρνος θα είναι ² κλειστός μέχρι την επόμενη Κυριακή.
· Η κουζίνα του σπιτιού κρύβει ³ μεγάλους κινδύνους για τα παιδάκια.
· Για να καθαρίσετε καλά τη βρομιά, βάλτε λίγες σταγόνες λεμόνι σε πολύ
⁴ ζεστό νερό και τρίψτε το ύφασμα.
· Βάλτε όλα τα υλικά σε μια κατσαρόλα και αφήστε τα σε ⁵ χαμηλή φωτιά για μία ώρα.
· Ψωνίζω ⁶ συχνά από αυτό το κατάστημα.
· Ο Αντώνης ⁷ δουλεύει εδώ και εννιά μήνες.

Άσκηση 4
Διορθώνεις τα λάθη.

0. Σήμερα ο Παύλος έχει ~~γενέθλιο~~.
   Θα του πάρω ένα δώρο.   _γενέθλια_

1. Στις διακοπές του Χριστούγεννου
   περνάω πολύ ωραία.   _____

2. Μερικές κορίτσια από την τάξη
   μου είναι πολύ ζωηρά.   _____

3. Ο κύριος λέει για να θέλει
   ένα βιβλίο.   _____

4. Νομίζω γιατί είμαι πολύ
   καλή μαζί σου.   _____

5. Αν έχει ζέστη, πήγαμε
   στη θάλασσα.   _____

6. Αυτό βιβλίο είναι δικό μου.   _____

7. Κανένα συμμαθήτριά μου
   δεν ήρθε στη γιορτή.   _____

8. Κάθε ο δάσκαλος θέλει
   ησυχία στην τάξη.   _____

9. Στην πλατεία θα βρει
   πολλά ταξιά.   _____

10. Θέλω για να σου μιλήσω.   _____

11. Πάω στο φαρμακείο, γιατί
    αγοράσω ένα φάρμακο.   _____

12. Εκείνα παιδιά πηγαίνουν
    γυμνάσιο.   _____

Άσκηση 5
Συμπληρώνεις τα κενά με τις λέξεις στην παρένθεση.

0. Πέρασα από όλα ___τα μπαρ___ (το μπαρ)
   αλλά δεν τους βρήκα.

1. Δεν σταμάτησε κανένα από
   _____ (το ταξί) που πέρασαν.

2. _____ (μερικοί) γυναίκες
   αλλάζουν συνέχεια χρώμα στα μαλλιά τους.

3. _____ (κανείς) παιδί δεν ήρθε
   στον αγώνα.

4. Αν δεν έρθεις, _____ (παίρνω) με
   τηλέφωνο.

5. Είστε λίγο στενοχωρημένος; _____
   (τρώω) ένα μικρό κομμάτι σοκολάτα.

6. Κόβουμε το κρέας σε μικρά κομματάκια,
   _____ (βάζω) αλάτι και πιπέρι
   και το ρίχνουμε στην κατσαρόλα.

7. _____ (ανεβαίνω) με προσοχή
   τις σκάλες. Είναι επικίνδυνες και μπορεί να
   χτυπήσεις.

8. Αν βρέξει το βράδυ, _____
   (μένω) μέσα.

9. Αν δεν τρως γλυκά, _____
   (χάνω) γρήγορα τα κιλά.

10. Αν θέλεις, _____ (πίνω) λίγο
    γάλα. Θα σου κάνει καλό.

Άσκηση 6
Βάζεις σε κύκλο το σωστό.

0. Κάθε / (Μερικοί) / Τόσοι μαθητές αργούν πολύ στο μάθημα.
1. Τόση / Αυτή η / Καμία νοσοκόμα με βοήθησε πολύ.
2. Θέλεις να φας κάθε / τέτοιο / κάτι;
3. Πολύ ωραία η τσάντα σου. Θέλω και εγώ τόση / άλλη / τέτοια.
4. Κάθε / Κανένα / Άλλο Σάββατο πηγαίνω στο γυμναστήριο.
5. Αν θέλεις, θα πιεις / πιες / ήπιες λίγο χαμομήλι.
6. Η Ελένη είπε για να / όταν / ότι πήγε για ψώνια.
7. Αν δεις / βλέπεις / είδες τη Μαρία, πες της «Χρόνια Πολλά».
8. Αν τρως πολλά γλυκά, θα βάλεις / βάλε / έβαλες πολλά κιλά.
9. Η Ειρήνη ρώτησε / έμαθε / θέλησε ότι ο Γιάννης έφυγε για πάντα.
10. Είμαι πολύ λυπημένη, για να / ότι / γιατί έχασα το πορτοφόλι μου.
11. Πήγα στο σπίτι της όταν / γιατί / για να ζητήσω συγνώμη.
12. Μη μιλάς δυνατά, για να / όταν / πριν κοιμάται το μωρό.

Επιτραπέζιο παιχνίδι

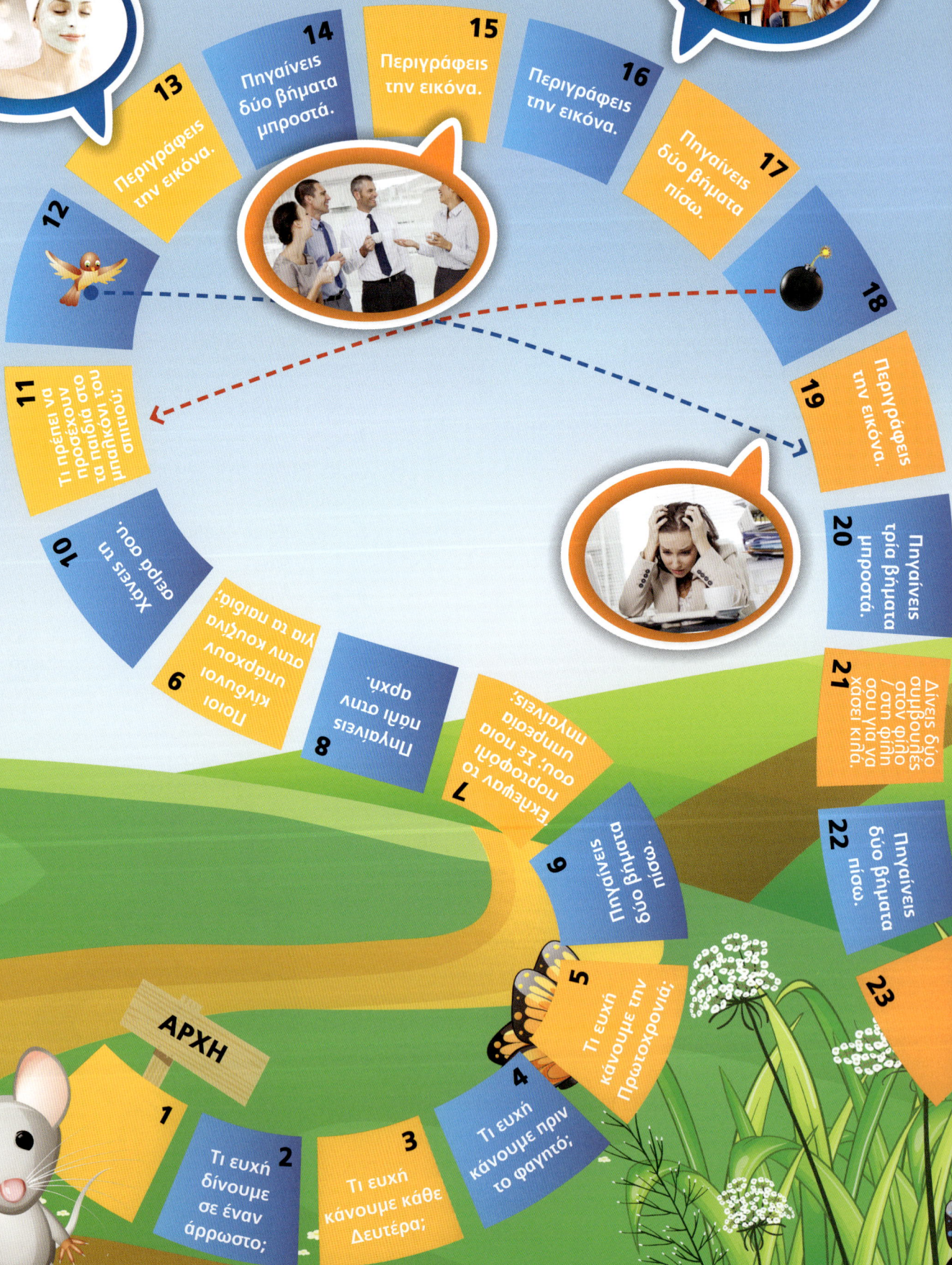

13 Περιγράφεις την εικόνα.

14 Πηγαίνεις δύο βήματα μπροστά.

15 Περιγράφεις την εικόνα.

16 Περιγράφεις την εικόνα.

17 Πηγαίνεις δύο βήματα πίσω.

18

19 Περιγράφεις την εικόνα.

20 Πηγαίνεις τρία βήματα μπροστά.

21 Δίνεις δύο συμβουλές στον φίλο / στη φίλη σου για να χάσει κιλά.

22 Πηγαίνεις δύο βήματα πίσω.

23

12

11 Τι πρέπει να προσέχουν τα παιδιά στο μπαλκόνι / στο σπίτι;

10 Χάνεις τη σειρά σου.

6 Ποιοι κίνδυνοι υπάρχουν στην κουζίνα για τα παιδιά;

8 Πηγαίνεις πάλι στην αρχή.

7 Έκλεψαν το πορτοφόλι σου. Σε ποια υπηρεσία πηγαίνεις;

9 Πηγαίνεις δύο βήματα πίσω.

5 Τι ευχή κάνουμε την Πρωτοχρονιά;

4 Τι ευχή κάνουμε πριν το φαγητό;

3 Τι ευχή κάνουμε κάθε Δευτέρα;

2 Τι ευχή δίνουμε σε έναν άρρωστο;

1

ΑΡΧΗ

34 Πόσα χρόνια είναι η υποχρεωτική εκπαίδευση στη χώρα σου;

35 Ποια είναι τα αγαπημένα σου μαθήματα; Γιατί;

33 Φτιάχνεις μόνος/ μόνη σου τα καλλυντικά σου ή τα αγοράζεις; Γιατί;

32 Πηγαίνεις δύο βήματα μπροστά.

36

37 Πιστεύεις ότι υπάρχουν εύκολα και δύσκολα επαγγέλματα; Γιατί;

31

38 Πηγαίνεις δύο βήματα μπροστά.

30 Ποιο είναι το αγαπημένο σου φαγητό; Πώς γίνεται;

39 Πηγαίνεις πάλι στην αρχή.

29 Πηγαίνεις πάλι στην αρχή.

28 Σου αρέσει να τρως στο σπίτι ή έξω; Γιατί;

40 Ποιο επάγγελμα δεν θέλεις να κάνεις ποτέ; Γιατί;

ΤΕΛΟΣ

42

41 Είσαι άνεργος/ άνεργη; Τι κάνεις για να βρεις δουλειά;

27 Πηγαίνεις δύο βήματα μπροστά.

26 Τι τρως συνήθως το πρωί, το μεσημέρι και το βράδυ;

24

25 Χάνεις τη σειρά σου.

ΠΙΣΤΟΠΟΙΗΣΗ
ΕΠΑΡΚΕΙΑΣ ΤΗΣ
ΕΛΛΗΝΟΜΑΘΕΙΑΣ

**ΕΞΕΤΑΣΕΙΣ
ΕΛΛΗΝΟΜΑΘΕΙΑΣ**

ΥΠΟΥΡΓΕΙΟ ΠΑΙΔΕΙΑΣ
ΚΑΙ ΘΡΗΣΚΕΥΜΑΤΩΝ
ΚΕΝΤΡΟ ΕΛΛΗΝΙΚΗΣ ΓΛΩΣΣΑΣ

ΕΠΙΠΕΔΟ **A2**

1. ΚΑΤΑΝΟΗΣΗ ΓΡΑΠΤΟΥ ΛΟΓΟΥ

ΔΙΑΡΚΕΙΑ ΕΞΕΤΑΣΗΣ: 30 λεπτά   **(25 ΜΟΝΑΔΕΣ)**

Ερώτημα 1   **(7 μονάδες)**
Διαβάζετε το παρακάτω κείμενο για τον τρόπο που ντύνεται ένας καλοφαγάς και σας ενδιαφέρει πολύ. Για να θυμάστε τι λέει το κείμενο, στον πίνακα που ακολουθεί σημειώνετε ένα ✓ κάτω από το ΣΩΣΤΟ για τις προτάσεις που συμφωνούν με το κείμενο ή κάτω από το ΛΑΘΟΣ για τις προτάσεις που δεν συμφωνούν, όπως στο παράδειγμα.
ΠΡΟΣΕΞΤΕ: Πρέπει να σημειώσετε συνολικά ΕΠΤΑ (7) ✓ χωρίς το παράδειγμα.

Ο καλοφαγάς

Ο καλοφαγάς είναι ένας άνθρωπος που αγαπάει το ωραίο και το νόστιμο φαγητό. Επίσης, του αρέσει το ωραίο ντύσιμο τόσο στους άλλους όσο και στον εαυτό του. Του αρέσει να παραγγέλνει τα ρούχα του σε ράφτη και διαλέγει καλά υφάσματα. Αφήνει πάντα λίγο πιο χαλαρή τη ζώνη στη μέση, για να έχει περιθώρια, αν φάει πάρα πολύ καμιά φορά. Φοράει πάντοτε μονόχρωμα και βαμβακερά πουκάμισα. Βάζει πάντα την ίδια κολόνια, αλλά όχι όταν πάει έξω για φαγητό, για να μην μπερδευτεί με τις μυρωδιές που βγαίνουν από τα πιάτα.

Τα παπούτσια του είναι συνήθως με κορδόνια, για να κρατούν το πόδι σταθερό και οι κάλτσες του είναι μάλλινες και λεπτές. Πάει πάντα στον ίδιο κουρέα, ο οποίος γνωρίζει καλά όλες τις συνήθειές του. Γενικά, είναι ένας κομψός κύριος που αγαπά πολύ το ωραίο.

Ηλία Μαμαλάκη, "Το ημερολόγιο του Bon Viveur 2002". Αθήνα: Τροπικός, 10-13 Οκτωβρίου (Διασκευή)

		ΣΩΣΤΟ	ΛΑΘΟΣ
0.	Ο καλοφαγάς αγαπά το ωραίο φαγητό.		✓
1.	Ο καλοφαγάς δεν ενδιαφέρεται πολύ για τα ρούχα που φοράει.		
2.	Ο καλοφαγάς δεν αγοράζει έτοιμα ρούχα από καταστήματα.		
3.	Ο καλοφαγάς δεν σφίγγει πολύ το παντελόνι του, για να μπορεί να τρώει περισσότερο.		
4.	Ο καλοφαγάς προτιμάει τα πουκάμισα με πολλά χρώματα.		
5.	Ο καλοφαγάς δεν θέλει να βάζει κανένα άρωμα, όταν πηγαίνει στο εστιατόριο.		
6.	Ο καλοφαγάς συνήθως φοράει παπούτσια που δεν χρειάζονται δέσιμο.		
7.	Ο καλοφαγάς δεν αλλάζει κουρέα.		

Ερώτημα 2 (6 μονάδες)

Βρίσκετε σ' ένα περιοδικό το παρακάτω κείμενο με οδηγίες για το βάψιμο διακοσμητικών αβγών. Διαβάστε προσεκτικά το κείμενο και τις φράσεις του πρώτου πίνακα. Βρείτε τη συνέχειά τους στο δεύτερο πίνακα και σημειώστε δίπλα τον αριθμό της φράσης που ταιριάζει, όπως στο παράδειγμα.

ΠΡΟΣΕΞΤΕ: Οι απαντήσεις είναι ΕΞΙ (6) χωρίς το παράδειγμα. Υπάρχουν δύο φράσεις στον δεύτερο πίνακα που δεν πρέπει να χρησιμοποιήσετε.

Βάψιμο διακοσμητικών αβγών

Μπορούμε να φτιάξουμε διακοσμητικά αβγά με διάφορα σχέδια πάνω τους με υλικά που έχουμε στο σπίτι μας. Χρειαζόμαστε φύλλα από μαϊντανό και κρεμμύδι. Παίρνουμε τα αβγά και κολλάμε πάνω τους τα φύλλα μαϊντανού. Μετά τυλίγουμε τα αβγά με τα φύλλα κρεμμυδιού και ύστερα τυλίγουμε κάθε αβγό με ένα κομμάτι ύφασμα και το δένουμε με κλωστή, για να μη φύγουν τα φύλλα κρεμμυδιού. Βράζουμε τα αβγά σε νερό και ξίδι για 20 λεπτά. Μετά το βράσιμο βγάζουμε την κλωστή, το ύφασμα, τα φύλλα κρεμμυδιού και ξεκολλάμε τα φύλλα του μαϊντανού. Έτσι μένει το σχήμα από τα φύλλα πάνω στα αβγά. Στο τέλος, γυαλίζουμε τα αβγά με λάδι.

Αν θέλουμε, μπορούμε να ρίξουμε κόκκινη μπογιά στο νερό την ώρα που βράζουν τα αβγά. Τα αβγά βάφονται κόκκινα εκτός από τα σημεία που είναι καλυμμένα με τα φύλλα μαϊντανού. Με αυτόν τον τρόπο τα αβγά παίρνουν γιορτινή εμφάνιση!

Νάντιας Σαραντοπούλου, Γιάννη Σαραντόπουλου «Εδεσματολόγιον Κωνσταντινουπόλεως». Αθήνα: Σαββάλας, σ. 141 (Διασκευή)

ΠΙΝΑΚΑΣ 1		
0.	Μπορούμε να φτιάξουμε σχέδια πάνω στα αβγά ...	α
1.	Σκεπάζουμε το αβγό ...	
2.	Η κλωστή δένεται γύρω από ...	
3.	Αφού βράσει το αβγό ...	
4.	Για να γυαλίσουν τα αβγά ...	
5.	Όταν τα αβγά βράζουν, μπορούμε να ...	
6.	Τα διάφορα σχήματα πάνω στο αβγό ...	

ΠΙΝΑΚΑΣ 2	
α.	με φύλλα από φυτά.
β.	το ύφασμα.
γ.	τα αλείφουμε με λάδι.
δ.	ρίχνουμε ξίδι.
ε.	με φύλλα από κρεμμύδι.
στ.	τους ρίχνουμε και μπογιά.
ζ.	του δίνουν γιορτινή εμφάνιση.
η.	τα βράζουμε.
θ.	ξεκολλάμε τα φύλλα από πάνω του.

Ερώτημα 3 (6 μονάδες)

Κάθε μέρα μπαίνετε σε μία ομάδα συζήτησης στο διαδίκτυο (ίντερνετ) και διαβάζετε διαλόγους για διάφορα θέματα. Ξεχωρίσατε τους παρακάτω πέντε διαλόγους που σας ενδιαφέρουν πολύ και καθώς τους διαβάζετε, επιλέγετε και σημειώνετε με √ , στον πίνακα της επόμενης σελίδας, τη σωστή απάντηση, όπως στο παράδειγμα.

ΠΡΟΣΕΞΤΕ: Οι σωστές απαντήσεις είναι ΕΞΙ (6) χωρίς το παράδειγμα. Κάθε πρόταση έχει μόνο μία σωστή απάντηση.

Διάλογος 0

Πέτρος: Απαγόρευσαν το κάπνισμα σε νοσοκομεία, δημόσιες υπηρεσίες, εστιατόρια κτλ.

Χαρά: Ωραία! Δεν θα μυρίζουν τα ρούχα μου, όταν θα βγαίνω έξω!

Πέτρος: Μην είσαι τόσο σίγουρη.

Χαρά: Καλά λες!

Επίπεδο Α2 | **143**

Διάλογος 1

Μαίρη: Παιδιά, ξέρετε κανένα μέρος για ήρεμες διακοπές, χωρίς πολύ κόσμο;

Γιώργος: Ε, πήγαινε σε κανένα βουνό.

Μαίρη: Α, δεν μ' αρέσουν τα βουνά!

Γιώργος: Ε, τότε μείνε στο κρεβατάκι σου!

Διάλογος 2

Ελένη: Είδα χθες την ταινία «Περιμένοντας».

Γιάννα: Πώς σου φάνηκε;

Ελένη: Μμ, δεν μ' ενθουσίασε.

Γιάννα: Α, εγώ τη βρήκα πολύ ευχάριστη.

Ελένη: Πότε την είδες;

Γιάννα: Πριν μια βδομάδα.

Ελένη: Δεν καταλαβαίνω. Χθες άρχισε η προβολή της στους κινηματογράφους.

Διάλογος 3

Σωτήρης: Έχω έναν όμορφο σκύλο ράτσας «κανίς». Τον θέλει κανείς;

Ισμήνη: Αχ, τρέλα θα είναι. Τον θέλω! Πόσο τον δίνεις;

Σωτήρης: Δεν θέλω χρήματα! Μόνο να τον αγαπάς!

Διάλογος 4

Κυριακή: Χθες γιόρτασα τα γενέθλιά μου. Κοιτάξτε τις φωτογραφίες!

Μαριάννα: Εμένα γιατί δεν με κάλεσες;

Διάλογος 5

Θεμιστοκλής: Έχω πολλή δουλειά αυτόν τον καιρό! Ποιος θα με βοηθήσει;

Νίκος: Εγώ!

Θεμιστοκλής: Ποιος είσαι εσύ;

Νίκος: Ο παλιός σου συμμαθητής!

---

0. Στον διάλογο 0 η Χαρά και ο Πέτρος νομίζουν ότι:

α. όλοι θα σταματήσουν να καπνίζουν. ☐

β. κάποιοι δεν θα σταματήσουν να καπνίζουν. ✓

γ. η απαγόρευση του καπνίσματος δεν έπρεπε να γίνει. ☐

δ. δεν θα μπορούν να καπνίζουν πουθενά. ☐

1. Στον διάλογο 1 η Μαίρη που ψάχνει μέρος για ήρεμες διακοπές

α. βρήκε αυτό που ήθελε. ☐

β. πήρε πολλές ιδέες. ☐

γ. δεν βρήκε αυτό που ήθελε. ☐

δ. δεν πήρε απάντηση. ☐

2. Στον διάλογο 2 η ταινία «Περιμένοντας»

α. άρεσε στην Ελένη. ☐

β. άρεσε στη Γιάννα. ☐

γ. άρεσε και στις δύο. ☐

δ. δεν άρεσε σε καμία. ☐

3. Στον διάλογο 2 η Ελένη ρωτάει τη Γιάννα

α. πότε είδε την ταινία. ☐

β. γιατί είδε την ταινία. ☐

γ. πού είδε την ταινία. ☐

δ. εάν είδε την ταινία. ☐

4. Στον διάλογο 3 ο Σωτήρης ψάχνει κάποιον ή κάποια, για να

α. πουλήσει τον σκύλο του. ☐

β. χαρίσει τον σκύλο του. ☐

γ. κρατήσει τον σκύλο του για λίγο. ☐

δ. γιατρέψει τον σκύλο του. ☐

5. Στον διάλογο 4 η Κυριακή

α. δείχνει φωτογραφίες. ☐

β. βγάζει φωτογραφίες. ☐

γ. ετοιμάζει μια γιορτή. ☐

δ. προσκαλεί σε πάρτι. ☐

6. Στον διάλογο 5 ο Νίκος θέλει να

α. ρωτήσει κάτι τον Θεμιστοκλή. ☐

β. αλληλογραφήσει με τον Θεμιστοκλή. ☐

γ. βοηθήσει τον Θεμιστοκλή. ☐

δ. δώσει δουλειά στον Θεμιστοκλή. ☐

Ερώτημα 4 (6 μονάδες)

Το παρακάτω κείμενο βρίσκεται στο διαδίκτυο (ίντερνετ) και δίνει πληροφορίες για μια μουσική συναυλία στην πόλη. Από το κείμενο λείπουν μερικές λέξεις. Διαβάστε προσεκτικά το κείμενο και συμπληρώστε δίπλα σε κάθε λέξη του πίνακα τον αριθμό του κενού στο οποίο αυτή ταιριάζει, όπως στο παράδειγμα.

ΠΡΟΣΕΞΤΕ: Οι αριθμοί που πρέπει να συμπληρώσετε είναι ΕΞΙ (6) χωρίς το παράδειγμα. Υπάρχουν τρεις λέξεις που δεν ταιριάζουν σε κανένα κενό.

Internet   ⊖ ☐ ⊗

File   Edit   View   History   Bookmarks   Tools   Help

🔍 search...

Φεγγάρι σε ρυθμούς ροκ

Στις 23 Αυγούστου, ημέρα [0] _____, έγινε συναυλία ροκ μουσικής στον Πύργο του Τριγωνίου στα κάστρα. Ήταν μια [1] _____ βραδιά κάτω από την πανσέληνο. Το συγκρότημα των «Βορείων» [2] _____ σε ρυθμούς ροκ τους θεατές που ήταν εκεί και τους ενθουσίασε. «Φέτος καλέσαμε συγκροτήματα που [3] _____ διάφορα είδη μουσικής και νομίζουμε ότι οι εκδηλώσεις του δήμου είχαν [4] _____. Αυτή τη φορά ο κόσμος και ιδιαίτερα οι νέοι ήταν πολύ περισσότεροι», είπε ο δήμαρχος του Αγίου Παύλου.

      Πριν από το συγκρότημα των «Βορείων», τη συναυλία άνοιξε μία [5] _____ μουσικών από την Καβάλα, η οποία έπαιξε έργα τζαζ και ροκ. Η διαφορά αυτών των μουσικών είναι ότι δεν χρησιμοποιούν τα [6] _____ μουσικά όργανα για αυτά τα είδη μουσικής, αλλά ελληνικά παραδοσιακά όργανα!

«Αγιοπαυλίτικα Νέα», τχ. 8 (διασκευή)

0	α. Δευτέρα		ε. φτιάχνουν		η. διαφορετικά
	β. γρήγορη		στ. επιτυχία		θ. ομάδα
	γ. διασκέδασε		ζ. παίζουν		ι. ξεχωριστή
	δ. συνηθισμένα				

---

2. ΚΑΤΑΝΟΗΣΗ ΠΡΟΦΟΡΙΚΟΥ ΛΟΓΟΥ (cd 1, 26)

ΔΙΑΡΚΕΙΑ ΕΞΕΤΑΣΗΣ: 25 λεπτά   **(25 ΜΟΝΑΔΕΣ)**

Ερώτημα 1 (6 μονάδες)

Η Μαρίνα δείχνει στη φίλη της φωτογραφίες από μια εκδρομή. Έχετε μπροστά σας διάφορες φωτογραφίες. Ποια φωτογραφία περιγράφει η Μαρίνα κάθε φορά; Θα ακούσετε τις περιγραφές δύο (2) φορές. Σημειώστε τον αριθμό της φωτογραφίας στο σωστό κουτάκι, όπως στο παράδειγμα.

ΠΡΟΣΕΞΤΕ: Πρέπει να σημειώσετε αριθμούς σε ΕΞΙ (6) φωτογραφίες χωρίς το παράδειγμα. Υπάρχουν τρεις (3) φωτογραφίες που δεν ταιριάζουν σε κανένα διάλογο.

α. [0]   β.   γ.   δ.   ε.

στ.   ζ.   η.   θ.   ι.

Ερώτημα 2 (6 μονάδες)

Θα ακούσετε δύο (2) φορές τη ραδιοφωνική εκπομπή «Το μικρόφωνο σ' εσένα». Η δημοσιογράφος παίρνει συνέντευξη από έναν νεαρό. Καθώς ακούτε τις ερωτήσεις της δημοσιογράφου, σημειώνετε με ένα ✓ στο ερωτηματολόγιο που έχετε μπροστά σας τις απαντήσεις που δίνει ο νεαρός, όπως στο παράδειγμα.

ΠΡΟΣΕΞΤΕ: Οι σωστές απαντήσεις είναι ΕΞΙ (6) χωρίς το παράδειγμα. Για κάθε ερώτηση υπάρχει μόνο μία σωστή απάντηση.

0.	Ο Γιώργος σπουδάζει	**α.** δάσκαλος.	✓
		β. δημοσιογράφος.	
		γ. δικηγόρος.	
1.	Ο Γιώργος μένει	**α.** σε ένα μικρό χωριό.	
		β. στο κέντρο της πόλης.	
		γ. σε μια γειτονιά.	
2.	Ο Γιώργος ζει στην πόλη	**α.** εδώ και τέσσερα χρόνια.	
		β. από πέρσι το φθινόπωρο.	
		γ. μόνο κάθε χειμώνα.	
3.	Η ζωή στην πόλη	**α.** αρέσει πολύ στον Γιώργο.	
		β. είναι εύκολη για τον Γιώργο.	
		γ. είναι δύσκολη για τον Γιώργο.	
4.	Ο Γιώργος δουλεύει	**α.** όλη την εβδομάδα.	
		β. δύο μέρες την εβδομάδα.	
		γ. τα σαββατοκύριακα.	
5.	Όταν έχει ελεύθερο χρόνο, ο Γιώργος πηγαίνει	**α.** για τρέξιμο.	
		β. μια βόλτα.	
		γ. στην εξοχή.	
6.	Το πρόβλημα του Γιώργου είναι	**α.** τα ακριβά καταστήματα.	
		β. η κίνηση στους δρόμους.	
		γ. τα σκουπίδια στους δρόμους.	

Ερώτημα 3 (6 μονάδες)

Θα ακούσετε δύο (2) φορές ένα κομμάτι από το θεατρικό έργο του Ντάριο Φο «Δεν Πληρώνω! Δεν Πληρώνω!». Καθώς ακούτε τη Ρόζα να μιλάει, σημειώνετε ένα ✓ κάτω από το ΣΩΣΤΟ δίπλα στις προτάσεις που συμφωνούν με αυτό που ακούτε ή κάτω από το ΛΑΘΟΣ δίπλα σε αυτές που δεν συμφωνούν, όπως στο παράδειγμα.

ΠΡΟΣΕΞΤΕ: Πρέπει να βάλετε συνολικά ΕΞΙ (6) ✓ χωρίς το παράδειγμα.

		ΣΩΣΤΟ	ΛΑΘΟΣ
0.	Η Ρόζα μιλάει στη Μαρία.	✓	
1.	Η Ρόζα πήγε για ψώνια.		
2.	Η Ρόζα θέλει να αγοράσει μόνο ρύζι.		
3.	Στο μαγαζί ήταν πολλοί άνθρωποι.		
4.	Η ζάχαρη έγινε πιο φτηνή.		
5.	Η Ρόζα βρίσκει καλές τις νέες τιμές.		
6.	Τελικά οι πελάτες πλήρωσαν με τις νέες τιμές.		

Ερώτημα 4   **(7 μονάδες)**

Θέλετε να ξεκινήσετε μαθήματα μουσικής σε ωδείο. Τηλεφωνείτε και ζητάτε πληροφορίες. Θα ακούσετε την τηλεφωνική συζήτηση με τη γραμματέα του ωδείου δύο (2) φορές. Καθώς ακούτε, κρατάτε σύντομες σημειώσεις (1-3 λέξεις) στον πίνακα που έχετε μπροστά σας.

ΠΡΟΣΕΞΤΕ: Τα κενά που πρέπει να συμπληρώσετε είναι ΕΠΤΑ (7) χωρίς το παράδειγμα.

Ωδείο 0 _____ *Νεάπολης* _____

Μουσικό όργανο: 1 _____

Ημέρες μαθημάτων: 2 _____

Ώρες μαθημάτων: 3 _____

Τιμή μαθημάτων: 4 _____ τον χρόνο

Έκπτωση σε: 5 _____

Τα μαθήματα ξεκινούν στις: 6 _____

Διεύθυνση: 7 _____

---

3. ΠΑΡΑΓΩΓΗ ΓΡΑΠΤΟΥ ΛΟΓΟΥ

ΔΙΑΡΚΕΙΑ ΕΞΕΤΑΣΗΣ: 45 λεπτά   **Πρώτο μέρος (12 ΜΟΝΑΔΕΣ)**

Γράφετε ένα γράμμα στον αδερφό / στην αδερφή σας, για να του / της πείτε για τον νέο φίλο / τη νέα φίλη που γνωρίσατε στις διακοπές σας. Γράφετε διάφορες πληροφορίες για το πρόσωπο αυτό (όνομα, ηλικία, ενδιαφέροντα, πώς γνωριστήκατε κτλ.) και ό,τι άλλο νομίζετε ότι είναι σημαντικό. (80-100 λέξεις)

ΠΡΟΣΕΞΤΕ: Στο τέλος του γράμματος μη γράψετε το όνομά σας. Χρησιμοποιήστε άλλο όνομα.

_____ *Μαΐου* _____

Αγαπητέ μου Πάνο, / Αγαπητή μου Μαρία,

Σου γράφω για να σου πω ... _____

Σε χαιρετώ, _____

Δεύτερο μέρος (13 ΜΟΝΑΔΕΣ)

Εργάζεστε σε ένα εστιατόριο που άνοιξε πριν από λίγο καιρό. Γράφετε ένα κείμενο στην εφημερίδα της πόλης σας για να γνωρίσουν οι κάτοικοι της περιοχής το νέο εστιατόριο. Στο κείμενο περιγράφετε πού βρίσκεται το εστιατόριο, πώς είναι, τι φαγητά έχει και ό,τι άλλο σημαντικό θέλετε. (80-100 λέξεις)

ΠΡΟΣΕΞΤΕ: Στο τέλος του κειμένου μη γράψετε το όνομά σας. Χρησιμοποιήστε άλλο όνομα.

_____ Μαΐου _____

ΝΕΟ ΕΣΤΙΑΤΟΡΙΟ ΣΤΗΝ ΠΟΛΗ ΜΑΣ

_____

_____

4. ΠΑΡΑΓΩΓΗ ΠΡΟΦΟΡΙΚΟΥ ΛΟΓΟΥ

ΔΙΑΡΚΕΙΑ ΕΞΕΤΑΣΗΣ: 12 λεπτά   **(25 ΜΟΝΑΔΕΣ)**

Πρώτο Μέρος

- Πώς σας λένε;
- Από πού είστε;
- Σε ποια πόλη μένετε;
- Σας αρέσουν οι ξένες γλώσσες;

- Γιατί μαθαίνετε ελληνικά;
- Είστε πολλά χρόνια στην Ελλάδα; (για υποψηφίους στην Ελλάδα)
- Έχετε φίλους / συγγενείς στην Ελλάδα; (για υποψηφίους εκτός Ελλάδας)
- Έχετε κάποιο χόμπι;

Δεύτερο Μέρος

1. Σας αρέσει να γράφετε γράμματα ή να παίρνετε τηλέφωνο τους φίλους και τις φίλες σας; Γιατί;
2. Σας αρέσουν οι διακοπές; Πού πηγαίνετε / Τι κάνετε συνήθως στις διακοπές σας;
3. Δουλεύετε; / Σπουδάζετε; / Πηγαίνετε σχολείο; Είστε ευχαριστημένος / -η από τη ζωή σας;

4. Σας αρέσει ο αθλητισμός; Κάνετε κάποιο άθλημα; Τι μπορεί να κάνει κάποιος άνθρωπος για την υγεία του;
5. Σας αρέσει να μένετε στο σπίτι το βράδυ ή να βγαίνετε βόλτα; Γιατί;
6. Ποιος καιρός σας αρέσει; Όταν έχει κρύο ή όταν έχει ζέστη; Γιατί;

Εικόνα 1

- Τι βλέπετε στην εικόνα;
- Τι κάνει η κοπέλα;
- Σας αρέσουν τα φρούτα / τα λαχανικά;
- Ποιο είναι το αγαπημένο σας φρούτο;
- Σας αρέσει να μαγειρεύετε;
- Πηγαίνετε για ψώνια; Αν ναι, σας αρέσει να ψωνίζετε σε μικρά ή μεγάλα μαγαζιά; Αν όχι, ποιος κάνει τα ψώνια στο σπίτι σας;

Εικόνα 2

- Τι βλέπετε στην εικόνα;
- Τι κάνουν οι άνθρωποι;
- Σας αρέσει ο αθλητισμός / Σας αρέσουν τα σπορ; Κάνετε κάποιο άθλημα / σπορ;
- Γιατί είναι καλό να γυμνάζεται ο άνθρωπος;
- Παρακολουθείτε αθλητικούς αγώνες; Αν ναι, πηγαίνετε στο γήπεδο;
- Παρακολουθείτε αθλητικά γεγονότα / σπορ στην τηλεόραση; Αν όχι, ποιες εκδηλώσεις σας αρέσει να παρακολουθείτε; (θέατρο, σινεμά).

Τρίτο Μέρος - Παιχνίδια ρόλων

1. Στο ζαχαροπλαστείο

Ρόλος Α

Δουλεύετε σε ένα ζαχαροπλαστείο. Ένα πελάτης / Μια πελάτισσα μπαίνει στο μαγαζί και ζητάει κάποιο γλυκό (μπακλαβά). Εσείς δεν έχετε αυτό το γλυκό. Του / Της λέτε, τι μπορεί να αγοράσει (σοκολατάκια, κέικ και άλλα γλυκά). Του / Της δίνετε αυτό που ζητάει και κάνετε τον λογαριασμό.

Ρόλος Β

Θέλετε να φάτε ένα γλυκό. Μπαίνετε σε ένα ζαχαροπλαστείο και ζητάτε έναν μπακλαβά. Ο υπάλληλος / Η υπάλληλος σάς λέει ότι δεν έχει. Ρωτάτε τι μπορείτε να αγοράσετε. Τελικά αγοράζετε κάτι, πληρώνετε και φεύγετε.

2. Ψάχνω για δουλειά

Ρόλος Α

Ο φίλος / Η φίλη σας είναι στενοχωρημένος / -η. Δεν έχει δουλειά εδώ και τρεις μήνες. Προσπαθείτε να βοηθήσετε. Του / Της λέτε τι μπορεί να κάνει για να βρει δουλειά (να διαβάσει αγγελίες στην εφημερίδα, να τηλεφωνήσει σε φίλους κτλ.).

Ρόλος Β

Εδώ και τρεις μήνες είστε χωρίς δουλειά και είστε πολύ στενοχωρημένος / -η. Λέτε το πρόβλημα στον φίλο / στη φίλη σας. Ρωτάτε τον φίλο / τη φίλη σας τι μπορείτε να κάνετε. Τον / Την ευχαριστείτε για τη βοήθεια.

ΤΟ ΒΙΒΛΙΟ

ΚΛΙΚ ΣΤΑ ΕΛΛΗΝΙΚΑ

Επίπεδο Α2

ΤΥΠΩΘΗΚΕ ΚΑΙ ΒΙΒΛΙΟΔΕΤΗΘΗΚΕ ΤΟΝ ΟΚΤΩΒΡΙΟ ΤΟΥ 2015

ΣΤΟ ΤΥΠΟΓΡΑΦΕΙΟ ΖΗΤΗ

ΣΤΗ ΘΕΣΣΑΛΟΝΙΚΗ

ΣΕ 1.500 ΑΝΤΙΤΥΠΑ

ΕΚΔΟΣΕΙΣ ΖΗΤΗ

18° χλμ. ΘΕΣΣΑΛΟΝΙΚΗΣ – ΠΕΡΑΙΑΣ

www.ziti.gr